U0909505

A MOST DANGEROUS BOOK

Tacitus's germania from the roman empire to the third reich

一本最危险的书

塔西佗《日耳曼尼亚志》

从罗马帝国到第三帝国

［美］克里斯托夫 · B. 克里布斯◎著
荆腾◎译　焦崇伟◎校

北京联合出版公司
Beijing United Publishing Co.,Ltd.

图书在版编目（CIP）数据

一本最危险的书：塔西佗《日耳曼尼亚志》：从罗马帝国到第三帝国 /（美）克里斯托夫·B. 克里布斯著；荆腾译；焦崇伟校. —北京：北京联合出版公司，2018. 2

ISBN 978 – 7 – 5502 – 9642 – 8

Ⅰ. ①一… Ⅱ. ①克… ②荆… ③焦… Ⅲ. ①古罗马 – 历史 Ⅳ. ①K126

中国版本图书馆 CIP 数据核字（2017）第 016856 号

北京市版权局著作权合同登记：图字 01 – 2017 – 5894

一本最危险的书：塔西佗《日耳曼尼亚志》：从罗马帝国到第三帝国

项目策划 斯坦威图书

作　　者 （美）克里斯托夫·B. 克里布斯

译　　者 荆腾（译） 焦崇伟（校）

责任编辑 宋延涛

策划编辑 李佳铌　肖　宇

封面设计 异一设计

北京联合出版公司出版

（北京市西城区德外大街 83 号楼 9 层　100088）

北京鹏润伟业印刷有限公司印刷　新华书店经销

255 千字　880 毫米 × 1230 毫米　1/32　10 印张

2018 年 2 月第 1 版　2018 年 2 月第 1 次印刷

ISBN 978 – 7 – 5502 – 9642 – 8

定价：65. 00 元

日耳曼尼亚幽灵（中译序）

呈现在读者诸君面前的这本书，称得上是一本高级古典学八卦。它由哈佛大学一位堪称博学的古典学教授写就。耸人听闻的书名，引人入胜的故事，以及足以胜任这一任务的古典学修养，使得这本书读起来趣味盎然，引人深思。

这本书追述了一个幽灵的前世今生，这个幽灵可以称之为“日耳曼尼亚幽灵”。曾几何时，这个幽灵如鬼魅般游荡在欧罗巴的大地上，发出塞壬海妖般魅惑的歌声，俘获了一代又一代西方最优秀的文人雅士，但它承继的光荣和梦想最终在德意志第三帝国那场堪称“奥德赛式”返乡之旅的疯狂冒险中折戟沉沙。日耳曼尼亚幽灵建立在“种族”这一保守主义原则之上，它植根于“大地与鲜血”这一同样古老的异教土壤之中。这个幽灵从不掩饰其建构世界新秩序的雄心和抱负，可以想见，这必将对西方既有的霸权秩序产生巨大的威胁，这一秩序建立在自然法和契约原则之上，并具有雄厚的“联盟潜力”。日尔曼尼亚幽灵固然以对抗东方所谓的“犹太共产主义”、保卫欧洲为借口，但却对当时的西方秩序构成了严峻和紧迫的威胁；第三帝国不仅具有更加强烈的侵略性和扩张性，而且在它那里所呈现出来的“新异教主义”特征与早已基督教化了的西方传统和习俗格格不入；与其相比，甚至苏联的所谓“犹太共产主义”与西方基督教世界的主流价值都更具家族相似性。而且，以托洛茨基为首的托派被清除后，马克思主义被逐渐俄国化，苏联政权变得日渐保守和内敛，世界革命的危险大大降低。盟军和苏联的夹击使得第三帝国彻底覆灭，至此，来自西方世界自身的最后异教蛮族剩余被彻底清除。

当“二战”硝烟散尽，著名的犹太裔意大利古典学家莫米利亚诺（Arnaldo Momigliano）为世人开列了一个书单，“史上最危险的书”。在这份冗长的书单中，罗马帝国史家塔西佗的《日耳曼尼亚志》赫然入列，并荣登榜首。毋庸置疑，这一开列书单之举也是战后国际社会所进行的“德意志再教育”的一部分。作为犹太裔的莫米利亚诺，也有充足理由将《日耳曼尼亚志》视为“一本最危险的书”，其族裔在战争中所付出的沉重代价与这本书密不可分。这本出自罗马帝国，并仅为罗马帝国而撰写的古典学名著，在中世纪阴郁昏暗的修道院里尘封千年之后，最早被意大利人文主义者发现，但其真正的大放异彩之地却是在阿尔卑斯山以北那个古日耳曼旧地。在希特勒的第三帝国，这本书一度被尊奉为“黄金宝卷”和“日耳曼圣经”，堪称希特勒政权发动的那场所谓的“日耳曼革命”的终极灵感。这场以“大地和鲜血”的名义发动的“日耳曼革命”，表面上遵从和延续了俾斯麦为开创德意志第二帝国所走的特殊道路，即以反革命的原则进行革命的事业。但是，这两场革命的结局非常不同，俾斯麦的事业取得了成功，他统一了由拿破仑予以摧毁、变得日益松散和残败的德意志第一帝国的残余诸邦，建立了第二帝国；但希特勒的事业却收获了苦果，第三帝国以失败收场，战后的德意志再次被列强肢解。“德意志问题”再也不是个问题。

数百年来，不仅困扰着德意志人，而且也扰动着整个世界的所谓的“德意志问题”，追根溯源，其症结在于德意志第一帝国，亦即所谓的“日耳曼民族的神圣罗马帝国”的独特政体。正如法国哲人伏尔泰所调侃的，它既不神圣，也不是罗马，更不是帝国。这个由数百个奇形怪状、凌乱不堪的封建王国、公国、侯国、贵族和骑士自治领、自由邦和自治市等庞杂政治拼图组成的帝国，空有帝国之名，而无帝国之实，松散的联合和实际的分裂状态似乎是其亘古不变的自然法。各种盘根错节的利益纠葛和冲突使得各邦国彼此之间钩心斗角、纷争不断，各自为一己私利，甚至争相引入外部势力，德意志大地成了欧洲各国的战场，民不聊生，血流成河。旷日持久的三十年战争之后，德意志大地几成焦土和废墟。在《联邦党人文集》这本美利坚合众国的建国文献中，美国国父们对源自神圣罗马帝国的这种松散无力、极易引发战争灾祸的邦联政体及其天然缺陷进行了最为深刻的反思和总结。在其晚年撰写的那本具有无穷教益的回忆录中，对这一在他手上才得以救治的德意志痼疾，俾斯麦更是有着刻骨铭心的体会和认知。

但这些血淋淋的教训终究抵不过“神圣罗马帝国”这一虚荣名号，而且，保持德意志诸邦的分裂状态不仅符合欧洲诸国的利益，也符合罗马教廷的利益。长期以来，德意志世界也安于这种神圣的、罗马的、帝国的“三位一体式”的虚荣梦幻，而那个危险的、具有强烈异教气质的日耳曼尼亚幽灵在日耳曼森林中则沉沉睡去，谁也不愿去惊扰它。只是为了对抗穆斯林的巨大威胁，它才偶尔被轻轻唤醒。塔西佗就曾祈盼过，为了罗马帝国的永久和平，日耳曼诸族最好永远保持其内部的纷争状态。在山南罗马教廷看来，山北的日耳曼民族尽管头顶着帝国的虚荣王冠，但归根结底仍然是个有待驯化的蛮族，在危机时刻适合扮演雇佣军的角色，一如塔西佗所处的异教罗马帝国时代。1453 年，君士坦丁堡陷落，“罗马人”在莱茵河畔的法兰克福和多瑙河畔的雷根斯堡帝国城市相继召开两次重要会议，罗马教廷使节团的演讲家们发表了一系列著名的演讲，试图提醒和鼓动山北的德意志诸邦，效法其勇敢、忠诚的日耳曼先祖，为保卫共同的欧洲文明和基督教大家庭而进行圣战。看看后来成为教宗庇护二世的罗马教廷使节皮科洛米尼其中一篇著名演讲的题目吧——《君士坦丁的陷落以及对抗土耳其人的战争准备》。值得一提的是，君士坦丁陷落之时，塔西佗的《日耳曼尼亚志》刚刚被意大利人文主义者发现，它迅即成为圣战的宣传品和手册，而全然不顾这本书中留存着的异教野蛮残余，诸如人祭，以及这本书所隐隐提示的日耳曼民族和罗马帝国之间的千年仇恨。唯一能使这一尴尬自圆其说的事实是，君士坦丁堡已经被穆罕默德二世征服，新的“野蛮人”在叩击欧洲的门户。此类回荡在莱茵河畔和多瑙河畔的圣战鼓噪，意外地但却是不可避免地逐步唤醒了沉睡千年的日耳曼尼亚幽灵，它开始试图摆脱“罗马人”的压迫和束缚，伸张日耳曼民族的诉求和力量。文艺复兴和宗教改革都服务于这一反罗马的目标，在德意志更是如此。在德意志人看来，是那些“罗马人”使德意志民族变得腐化堕落，羸弱不堪，要想复兴德意志，必须唤醒体现在《日耳曼尼亚志》中的古日耳曼人的种种美德，诸如正直、淳朴、勇敢、忠诚和纯洁等等。扛起德意志宗教改革大旗的路德及其追随者竟然也对《日耳曼尼亚志》大力推重，并坚持不懈地对其进行翻译、注疏和评论，思之令人讶异。与加尔文教徒们只关注个体灵魂的净化和灵性拯救全然不同，在路德派那里，净化和拯救不光是个体的，属灵的，也是民族性的，属土的。对于德意志新教徒而言，每个人不仅要直接面对《圣经》，而且还要辅之以《日耳曼尼亚志》这一民族神话读本。这使德意志的宗教改革自始至终笼罩在民族偶像这一异教阴影之中，日耳曼的灵魂变得晦暗、滞重，全无加尔文教派的清澈和激越。

然而，真正使“德意志问题”成为一个“活着还是死去”这一哈姆雷特式的问题的，是拿破仑的入侵，以及第一帝国的灭亡。拿破仑的大军以所向披靡之势，以武力从外部强行终结了这个虚幻帝国的存在。在帝国瓦解和民族统一尚遥遥无期的迷茫和暗淡中，德意志该何去何从，“德意志问题”应如何解决，迅即成为一个刻不容缓的生死问题。正是在这一民族历史的最低谷，德意志著名哲学家费希特对德意志民族发表了他那个著名的系列演讲。在其第三次演讲中，他甚至将德意志民族当时的历史困境与那个“大以色列联合王国”的帝国梦最终破灭后被掳至巴比伦的犹太贱民相提并论，而把自己比作以西结，一位同样身处陌生且充满敌意的国度并肩负着民族复兴使命的先知。费希特先知般的巅峰体验在其对于旧约经文的大段引述以及关于日耳曼民族必将再次复活和重生这一末世预言和异象中趋于哀伤之颠：

这位迦巴鲁河畔的先知作为那些不是在本国、而是在外国被俘虏的人们的安慰者，是这么说的：“主的手降在我的身上，借助于主的灵带我出去，将我放在一片广袤的原野上，这原野布满骸骨，他引我到处观看，可以看到原野上骸骨很多，可以看到好多骸骨已经枯干。但主对我说，人子啊，你认为这骸骨会复活吗？我说，主啊，这只有你知道。他又对我说，你要给这些骸骨作出预言，你要向它们说，你们这些枯干的骸骨要听主的话。关于你们这些枯干的骸骨，主就是这么说的。我想用肌腱把你们连结起来，让肌肉在你们上面生长起来；我想用皮肤覆盖你们，想赋予你们以气息，使你们复活，而你们应当知道，我就是主……我遵命作出了预言。这时，气息进入了他们的身体，他们复活了，用他们的双脚直立了起来，而且组成了一支庞大的军团。”让我们的高尚精神生活的各个组成部分同样变得干枯吧，让我们的民族统一的纽带也因此而同样撕碎吧，并且就像这位先知看到的尸骨那样，让它们横七竖八、支离破碎地置于荒野；让这些部分在许多世纪的狂风暴雨和烈日暴晒中变得苍白和枯干吧；但是精神世界的那种能赋予生命的气息还没有停止吹动，它也将会吹动我们民族躯体中那些已经死亡的骨骼，把它们相互连接起来，使它们光辉地屹立于面貌崭新、容光焕发的生命之中。（费希特，《对德意志民族的演讲》第三讲，商务印书馆）

费希特进行这次演讲时，普鲁士邦正被法军占领，柏林的大街上充满敌意。但支配费希特发表这一系列演讲并以先知的口吻对德意志民族的复活和重生进行预言的灵感之源和精神动力不仅仅是《圣经》，更多是塔西佗的《日耳曼尼亚志》。根据德意志人文主义者数个世纪的辛勤爬梳和努力，这本书中所描述和刻画的那个“高贵的野蛮人”的形象据说忠实地保留了其日耳曼先祖的历史过往，而全然不顾其真正意图：它只不过是拉丁政治家兼史家的一篇修辞学短章，意在对陷于文明的腐化的罗马帝国进行训诫。在这种古典修辞学作品中，事实与虚构杂陈，实景伴随着幻象。这种“高尚的野蛮人”的形象不仅跃动在古日耳曼人那里，而且作为古希腊和拉丁修辞学传统上的一个“漂移的主题”，还曾附会在西徐亚人、古埃及人等等诸多野蛮人那里。近代以降，它又在孟德斯鸠的“日耳曼森林”、卢梭的“善良的自然人”等的政治想象和主题中回响。在堪称美国民族史诗的小说《白鲸》中，麦尔维尔将这一“高贵的野蛮人”的形象扩大到了更加宽广的地理和民族范围。对经典作品的过度解释、甚至曲解屡见不鲜，这无可厚非，而且，所幸在很长一段历史时期，德意志文人对《日耳曼尼亚志》的解释路径大体没有脱出欧洲人文主义的传统，正如在宗教改革家路德和哲学家费希特那里所呈现的，它们仍然是在欧洲的精神氛围和智识语境中展开。这一点同样体现在俾斯麦对“德意志问题”的解决之道上。

俾斯麦的德意志统一大业虽说是一场革命，但却是建立在欧洲古老的王朝和君主制这种保守主义原则之上，他的视野和行动也从没有脱离欧洲基督教大家庭这一基本语境和框架。这一保守的原则不仅是解决“德意志问题”的唯一具有现实可能性和力量的国内原则，而且也基于一种对解决“德意志问题”至关重要的精明的外交考量，即必须不遗余力地维持与俄国的传统盟友关系，以确保东方的和平，避免两线作战。为此，在其几十年的政治生涯中，无论是国内政策，还是外交战略，俾斯麦都遵循着这一保守主义原则，德意志帝国这一双头鹰始终对西方保持冷淡，而将柏拉图之恋固执地投向东方，为此，不惜在国内背负种种骂名。这是德意志险恶的地缘位置决定了的，也是俾斯麦留给德意志的外交遗训。此外，面对“德意志问题”这一“戈尔丁之结”，和那位古希腊统帅一样，俾斯麦也是借助武力斩断的，而不是寄托于法兰克福帝国议会上的“闲谈”。为此，他相继发动了对丹麦、奥地利和法国的三场战争，但这三场战争却是由明确的、有限的政治目标予以指引和控制，即统一德意志诸邦。这个目标令人同情，一点也不过分。战争的连续胜利虽然唤起了普鲁士军国主义的狂热并催生了那个“半人半神”的普鲁士陆军总参谋部，但在俾斯麦的说服和压制下，其军事行动大体能够服务于这一清晰、有限的政治目标。再加上俾斯麦丰富的外交经验和高超的外交技巧，普鲁士的德意志统一事业并没有扰动欧洲大陆以外的列强，如英国和俄国，而是获得了两者至关重要的谅解和默认。那时，日尔曼尼亚的幽灵只是在日耳曼森林中游荡，而且仅限于日耳曼森林，它不以扰动欧洲、甚至以建立世界新秩序为己任。至少，德意志仍然是、也仍然被视为欧洲基督教大家庭中的一员，虽然是令人生畏的后起之秀。

但俾斯麦离职以后，德意志的政治生态发生了巨大变化，人口的剧增、民主政治的压力以及制造业的异军突起，使得这个刚刚诞生的欧洲大国变得躁动不安，四处出击，寻求所谓的“生存空间”。在民众的压力下，威廉二世从俾斯麦手里接手的第二帝国有了更大的图谋，它开始大力发展海军，在全球范围寻求殖民地和市场，荷兰国际法之父格劳修斯关于“自由的海洋”的学说在德意志甚嚣尘上，受到广泛关注和宣传。一时间，那个曾经游荡在日耳曼森林中的“日耳曼幽灵”似乎被人遗忘，德意志不再怀旧和感伤，突然变得心在四极，志在八荒。但第二帝国这段与海洋的粗鲁而笨拙的短暂爱恋与传统的海洋霸主英国发生了剧烈冲突，大英帝国这个集海军和道义为一体并且具有雄厚的“联盟潜力”的海权霸主迫使德意志第二帝国解体，并回到其更为熟悉的日耳曼森林中苟延残喘。但《凡尔赛条约》的严厉制裁激起了德意志民族强烈的复仇欲望，现实的各种困境更是火上浇油，崛起的民主力量发生大分化，或者投身于共产主义的激进阵营，或者被纳粹的国家社会主义这一保守阵营吸纳，在这一双重夹击下，魏玛共和国再也无力支撑。俾斯麦之后，威廉二世治下，德意志试图融入西方秩序的努力最终失败。该是塔西佗的《日耳曼尼亚志》重新登场的时候了，这是一次明确无误的“奥德赛式的”回乡之旅，但却缺乏奥德赛的明智和审慎。《日耳曼尼亚志》恍若塞壬海妖发出的美妙歌声，诱惑着第三帝国的返乡客。如果说这是一本最危险的书，这本书里最危险性之处莫过于如下陈述：

> 我个人同意把日耳曼尼亚的居民视为世界上一种未曾和异族通婚而保持自己纯净的血统的种族，视为一种特殊的、纯粹的、除了自己而外和其他种人毫无相似之处的人。因此，他们虽然人数极多，而体格则完全一样：他们都有着凶暴的蓝眼睛、金黄色的头发、高大的身躯。（塔西佗，《日耳曼尼亚志》，商务印书馆，页48）

在古典学学术史上，塔西佗素以共和之友、暴政之敌的形象名垂青史，他的几部史著足以让那群罗马帝国的暴君们在地狱中寝食难安。《日耳曼尼亚志》虽只有区区二十多页的篇幅，但为腐化、专制的罗马帝国刻画了一幅“高尚的野蛮人”的经典形象，它既是一种怀旧，更是一种训诫和警示。近代法国思想家孟德斯鸠深谙塔西佗的古意，他将其钦慕不已的英国人的自由政体径自追溯到塔西佗笔下的日耳曼森林。在他看来，那片森林正是日耳曼民族的“自由的摇篮”；而且，正是在远离日耳曼腹地的海岛国家英国那里，保留了最为纯正的古日耳曼风习、美德和自由的遗风。与之相较，在德意志这个古日耳曼民族的发源地，尤其是在第三帝国时代，对于《日耳曼尼亚志》的解释却逐渐脱离塔西佗的初衷和意图，也与欧洲人文主义传统以及早已根深蒂固的基督教价值和理念渐行渐远，日益焕发出一种“新异教主义”色彩。

第三帝国的“新异教主义”可谓是一种异教的清教主义，与塑造和奠定了近现代西方世界秩序基础的基督教清教主义不同，这种在纳粹第三帝国大力鼓噪和煽动起来的意识形态，不是将其清洁之源和诉求指向个体灵魂的深处，而是指向肉身性的物理存在，诸如种族和血统的纯洁性，这可以还原为诸如金发、碧眼、高大的身躯等可以辨识的古日耳曼体貌特征。在第三帝国意识形态的缔造者希姆莱看来，他亲手组建的党卫军如同古日耳曼森林中曾经围绕在领袖周围的古日耳曼扈从队，他们的佩刀上所镌刻的“以忠诚为荣”这一塔西佗式誓词就是对古日耳曼先祖的回归和仿效。值得一提的是，正是这个希姆莱，在关键时刻可耻地背叛了元首。在希特勒青年团以及党卫军的宣传手册上，以及纽伦堡“日耳曼会堂”的墙壁上，还有无数报章杂志上，更是充斥着从《日耳曼尼亚志》中摘来的名言警句以及衍生附会之辞。而诸如《纽伦堡种族法》以及《德意志血统与荣耀保护法》的国家社会主义立法则是对《日耳曼尼亚志》这一古典学作品中所描绘的古日耳曼风习的拙劣模仿。还是那个希姆莱，甚至委托帝国保安局对中世纪的女巫审判案进行秘密调查，据信，那些女巫正是古日耳曼部落的女祭司，淳朴和良善的古日耳曼风习的守护者。他试图为遭受教会审判的女巫们公开翻案，作为对抗和清除基督教有害影响的有力武器。正是出于相同的理由，他对那位“欧洲之父”查理曼大帝恨之入骨。在第三帝国的官方意识形态看来，基督教使日耳曼民族变得虚弱、堕落和卑贱，德意志民族要想获得重生和拯救，再次变得强大、纯洁和高贵，必须摆脱基督教的有害影响。古老的日耳曼尼亚幽灵必须重回德意志的大地。这需要一场世界范围的更大的人祭，但这触犯了西方基督教世界的“人道”和“文明”的底线，其疯狂的军事冒险再次败于集海上和道义力量为一体且具有雄厚“联盟潜力”的西方海权联盟，与拿破仑的失败几乎如出一辙。

对于当时主要是来自英法两国的关于“人道”和“文明”的倨傲教诲，俾斯麦也曾固执地置之不理，甚至与数代普鲁士王（皇）后（不是英国出身就是法国出身）以及围绕在这些女人周围的自由派宫廷党进行过几十年的艰苦斗争，但他从不挑战“人道”和“文明”本身，也不否认其价值。他很清楚他的目标所在，而且，那个目标是清晰的，有限的，合情合理的。他更加清楚的是，为了达成这一目标，在当时的德意志，哪种原则和力量才是能够真正依靠的，而且在外交上是安全稳妥的。俾斯麦的事业同样是一场“奥德赛式”的回乡之旅，这位德意志的奥德赛成功地引领他的航船抵达了目的地，堪称伟大。与之相比，第三帝国的这场疯狂冒险固然也是一场“奥德赛式”的回乡之旅，但却带有一种无可置疑的癫狂特征，遍地是赝品，满大街是冒牌货。

林国基

2015 年 5 月于重庆

目　录

导　言　自负的过去　1

1. 罗马征服日耳曼人的神话　14

2. 幸存与拯救　45

3. 德意志祖先的诞生　74

4. 成长的时期　101

5. 英雄的歌谣　127

6. 自由豪迈的北方民族　154

7. 白种人血统　187

8. 一部国家社会主义者的圣经　224

后　记　另一种读法，另一本书　260

译后记　267

注　释　269

导言　自负的过去

由此，我们将重现辉煌，至少是我们当中的某些人。

——海因里希·希姆莱（Heinrich Himmler）

日记，1924 年 9 月 24 日

自知时日无多的纳粹党卫军特遣队快速地冲跑在砂卵石车道上，车道为两排稠密的树木所掩映，通向某个路口。此地位于安科纳（Ancona）[①] ——在亚得里亚海滨——以西的十英里处，北接小镇杰西[②]，该镇有一个已朝不保夕的机场，现在，党卫军与当地的支持者一起站在了位于这里的福特达摩别墅（Villa Fontedamo）前。这幢别墅共有三层，它的前部饰有六根廊柱和一个小阳台，并涂饰以浅色，以消解夏季午后的炎热，看起来似乎安静得很不协调。这是 1943 年的秋天。同盟国军队已经开始了对意大利南部的进攻。

受党卫军头目海因里希·希姆莱的指使，这些人敲打着别墅的大门，迫不及待地破门而入，踏上了一小片儿马赛克地板。地板上的土

① 安科纳，意大利马尔凯区首府，位于亚得里亚海滨中部，也是重要港口。该城于公元前 4 世纪由希腊人所建，存续至今，历史悠久。——译注

② 杰西，意大利马尔凯区的一个小县城，保留有诸多古迹。——译注

色镶嵌块表明了这幢别墅修建的年份：1855。纳粹党卫军特遣队冲进别墅，发现房内并没有人住，他们对每个房间和壁龛进行了系统的搜查，不放过任何一个角落。他们对房内墙上壁画、油画和书籍的糟蹋逐渐变为纯粹的破坏。然而希姆莱的目的没有达到，他们没有找到他们所想要的。

这幢别墅的主人，奥雷利奥·巴蒂斯奇·古列尔米·巴利亚尼（Aurelio Baldeschi Guglielmi Balleani）伯爵，已经将他的家人安置在附近奥西莫（Osimo）① 的另一处住所。这个古老的山顶村庄的居民将自己视作 i senza testa（意大利语），即“没有头颅的人”（这是暗指位于村镇中心的诸多被削去头部的雕像），它与机场有足够远的距离，并且从他的别墅可以进入纵横交错的地窖网络上，看起来是最为安全的地方。数千年来，这些赭色砂岩中凿出的竖井、隧道和那些隐蔽的角落给人们提供了防潮保护。如今，它们保护了伯爵以及他的妻子和两个孩子，并储备了所有的必需品，这要归功于他们的私人司机，约瑟夫·安哲利提（Giuseppe Angeletti），以及一位名叫里卡尔多·切利奥尼（Riccardo Cerioni）的当地侍仆的先见之明。当德国士兵敲击别墅的房门时，底楼回荡着敲击声。事实上，巴蒂斯奇·巴利亚尼一家人在过去就曾遭遇过这样的“造访”：20 世纪 20 年代的德意志民族主义者，以及 30 年代以来的德国纳粹和意大利的法西斯党徒。阿道夫·希特勒本人对这个家庭所拥有的东西也颇有兴趣。但是与党卫军搜查这幢别墅的结果一样，他们未能获得那个遗落了数个世

① 奥西莫，意大利马尔凯区安科纳省的一个城市，《奥西莫条约》即在此签订。——译注

纪后又突然落入一位牧师手中的东西，它就是1901年在巴蒂斯奇·巴利亚尼家族位于杰西小城中心的另一处别墅的图书馆中所出现的一部作品的现存最早的手稿，该著作被列为“一百部最危险的著作之一”。[1]

插图1：福特达摩别墅大厅入口处的马赛克地板。*C. B. Krebs*

这本著作创作于两千多年前，五百年前，它被手稿的搜寻者重新发现，此即塔西佗的《日耳曼尼亚志》，此时，它再次并且也是最后一次成为一些人梦想和欲求的目标。回顾历史，在杰西发现的那份15世纪的《日耳曼尼亚志》手写抄本，即所谓的埃希纳斯抄本（Codex Aesinas）①，逃出了纳粹的魔爪时，这事实上已经无关紧要，因为

① 埃希纳斯抄本（Codex Aesinas），指包含有塔西佗《日耳曼尼亚志》的唯一遗存的最古老的手稿，20世纪初被发现于巴蒂斯奇·巴利亚尼家族位于杰西的一处私人图书馆中，1966年曾在阿诺的洪水灾害中受到毁损，1994年，其残稿藏于罗马国家图书馆。——译注

塔西佗的作品已经产生了危害。

作为党卫军头目因而最终要为数百万人的处决行动负责的海因里希·希姆莱，在历史上并不是一个爱书的人。但为什么作为第三帝国第二号权势人物的他会如此上心于《日耳曼尼亚志》？随着整个世界被卷入战争，为什么他会对这样一部已经有两千多年历史的著作——它是古罗马历史学家塔西佗（Cornelius Tacitus）在公元 98 年①所撰写的一部“论日耳曼人的起源和风俗”的作品，并给这份令人垂涎的手稿冠以《日耳曼尼亚志》的标题——产生如此大的兴趣？是什么使得这本尚不足 30 页的民族志变得如此宝贵，以至于希姆莱会致力掠取？尽管只有专家才能辨读它，该书在整个纳粹德国一直有可用的现代拉丁文版本和译本——四百年来一直如此。

在纳粹德国，《日耳曼尼亚志》在学校被讲授，并被纳粹文章广泛引用，而且，从党的底层士兵到高层领导，它成为无数国家社会主义者的激情渊薮。作为对古代日耳曼民族仅有的一种全面说明，它被视为有关德国人过去的报道，并且被人们普遍地誉为一座“壮丽的丰碑”。[2] 然而不幸的是，它并非一种如实的报道，也并不关乎德意志人的过去。

“*Germanen*”（日耳曼人）——我要以这个名词来称呼日耳曼部族，并将之区别于德意志人——没有一种单一的定义。② 对于循着盖

---

① 全书所有年代都是公元（C. E.），除非另有说明。

② 英语仅仅是在形容词方面区分“德意志的”（German）和“日耳曼的”（Germanic）；这种区别是极其重要的。然而每当我翻译或转述作者自己提及或自己认为的“古代德意志人”这一提法的文本或理论时，我会用“German”（常为“old”，“ancient”等修饰）对参 Germanen（单数，-e），同样的考虑适用于国家：“*Germanien*”和“（ancient）Germany”。

约·朱利乌斯·恺撒之足迹的罗马人而言，日耳曼人乃是处于莱茵河以东的一个桀骜不驯的北方民族，他们游荡在北抵波罗的海，南达阿尔卑斯山，（一般来讲）东至维斯瓦河的广大区域中。虽然罗马的作家知道许多诸如哥特（the Goths），苏维比（the Survs），以及条顿（the Teutons）这样的日耳曼部落，但他们仍然在地理意义上将这些部落视作一个单一的种族群体。另一方面，对于一个现代的语言学家来说，“日耳曼语”（Germanic）乃是印欧语系的一个分支，从中产生出了现代德语、英语、瑞典语，以及其他相应时代的语言。从这一视角来看，日耳曼人包含了所有讲日耳曼语言的人。与此略有不同的是，考古学家最初将所有那些发现于北方且不属于罗马起源的事物归为“日耳曼的”；但在1900年左右，他们又重新审视了他们所运用的方法，从而将日耳曼人界定为那些具有相同物质文化的族群。[3]

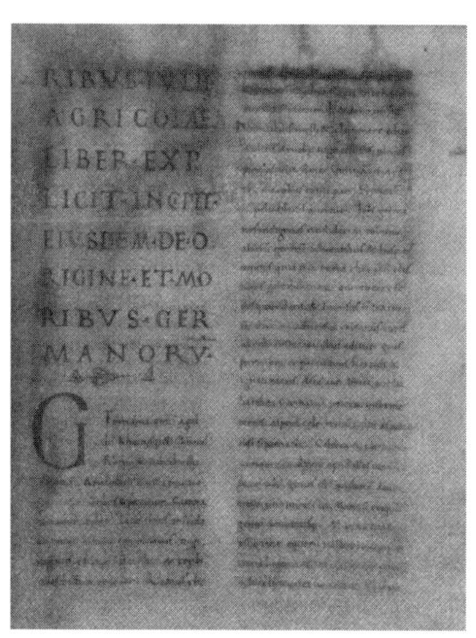
RIBVS·IVLII
AGRICOLAE
LIBER·EXP
LICIT·INCIPIT
EIVSDEM·DE·O
RIGINE·ET·MO
RIBVS·GER
MANORVM

插图2：埃希纳斯抄本：塔西佗《日耳曼尼亚志》的开头几行。罗马国立中央图书馆

这一模糊的形象存在有两个问题。罗马作家，包括塔西佗在内，都很少关注日耳曼部落的物质文化，更少涉及他们的语言。大部分他们称为 *Germani*（拉丁语形式）的人也许说着相同的语言，使用同样的工具，但我们对此并不清楚。三种资料来源——古代证据、语言和考古发现——并不能说明一个单一民族的存在。但不论如何定义“Germanen”，他们绝对不能被认为是现代德意志人的祖先，也不能说是“古代德意志人”。因为尽管塔西佗和其他罗马人所描述的日耳曼部落看起来就像是一个具有凝聚力的族群，并日渐成长为一个民族，但这些族群事实上并非如此。德意志人起源于哪一支日耳曼人（*Germanen*）？是什么共性将他们和他们所声称的祖先联结起来？如何理解那些生活于现代德国领土之外的日耳曼部落，就像瑞典人声称哥特人乃是他们原初的祖先那样？过去的日耳曼人与现今的德意志人之间的谱系是断裂的：“此（the）”日耳曼人（Germanen）非早期德意志人。总是会有一些塔西佗的读者意识到这一点；然而从 15 世纪到 20 世纪的大多数人用意识形态的棱镜来研究《日耳曼尼亚志》，并将其视为通向德意志过去的门径。

塔西佗的著作被认为是德意志历史的“黎明”，用来照亮古代德意志人的生活与风俗。[4] 黎明的亮光总是温醇的，大多数的读者因而产生了积极正面的印象。当 15 世纪《日耳曼尼亚志》在一个德国修道院的阴暗图书馆中一经被重新发现，就提供了随后很快成为德意志祖先的典范形象：单纯、勇敢、忠诚、质朴、正直，以及光荣。当希姆莱于上文提到的党卫军执行任务的二十年前读到《日耳曼尼亚志》时，它在其灵魂中就叩响了一种少有的心弦：“由此”，像我们日耳曼的祖先一样，“我们将重现辉煌”，他在他的日记中如此吐露心扉。[5]

希姆莱只是一长串读者名单中的一位，该名单开始于意大利人文主义者，詹南托尼奥·坎帕诺（Giannantonio Campano）①，他于 1471 年呼吁他的德意志听众去奋起而重拾他们的过去。许多世纪后，希特勒本人则考虑在《我的奋斗》（*Mein Kampf*）中将“日耳曼革命”作为其中一章的标题。尽管在 1936 年向墨索里尼索要埃希纳斯抄本的元首最终决定放弃这一标题，但对于那些要求回归故国（“homecoming” to former shores）的国家社会主义者来说，这确实能反映出（对希特勒非常适宜）一个重要的意识形态元素。[6] 为了回到这个德意志的乌有之乡，他们——包括在他们之前的数代具有浓厚德国情感的人——援引塔西佗作为他们的引路人，而这并非出于塔西佗的本愿。

塔西佗的这部作品在很长一段时期内——450 年——拥有如此巨大的影响力是因为“德意志”在许多个世纪以来不过是一种想象的产物。或者不如说，《日耳曼尼亚志》回答了“德意志”这一观念所产生的问题。成为一个德意志人就意味着要弄清楚作为一个德意志人意味着什么（在此借用 19 世纪哲学家弗里德里希·尼采的话）。[7] 为这样的自我审视作辩护可以说是一个合法性的问题：在北德意志联邦和德意志南部诸邦于 1871 年 1 月 18 日合并为统一的德意志帝国前，并不存在所谓的德意志民族国家，而那些地图绘制员也只能是面对中欧的混乱状态，在绝望中叹息。因此，19 世纪以前，德意志仅在情感上存在。在数百个分裂的邦国中，明显缺乏地理和政治方面的统一，在 1806 年以前，分裂的诸邦一直共存于“德意志民族的神圣罗

① 詹南托尼奥·坎帕诺（1429—1477）：意大利人文主义者，拉丁语诗人。——译注

马帝国”这种松散的混合形式中。① 支撑统一民族的观念需要共同的过去，共有的文化和母语，但即使是这种从政治的纷乱现实中脱胎出来的文化性的单一民族也只是存在于那些已经抱有德意志观念的人的情感中。现代学者已经揭示，这种所谓的文化民族几乎与政治的现状一样，也是驳杂而纷殊的：民众（*Volk*）幸福地生活在他们的共同体边界之中，而没有统一的民族文化，他们习于当地传统，并操着与德语几乎两样的当地方言。事实上，与许多19世纪的历史学家所抱有的幻想相反，一个德意志民族国家并不是在政治上或文化上被预设的产物；如此设想将会落入德意志目的论的谬误中。

然而尽管如此，提及1871年前的“德意志人”仍然可以自圆其说。在成为一个民族国家前，作为一个“想象的共同体”（imagined community），德意志民族在知识分子悖谬的期盼中存在了四百年。[8] 恩斯特·莫里茨·阿恩特（Ernst Moritz Arndt）——一个活着见到德意志帝国建立的德意志民族主义者——就充分地表达出了这种悖谬：“德意志民族？你是什么？你在哪儿？我找却找不到你”[9]。三百年前，也就是16世纪初期，生活在阿尔卑斯山以北的人文主义者已经有意识地称他们自己为“德意志人”，并呼吁他们的同胞进行研究学习，为了自己的祖国免于意大利的诽谤而凝聚起来。而就在塔西佗的《日耳曼尼亚志》中，他们找到了这样一个“祖国”——一个勇敢的民族，他们将之视为自己的先辈。尽管这些先辈们的文化与智识水平与精细繁复的罗马人比起来具有明显的不足，但这些不足却为他们的德行与坚毅所弥补，因而德意志人的祖先事实上是出类拔萃的。

---

① 1806年，拿破仑在瓦解了第三次反法同盟后，将德意志西部、南部16个邦国组成所谓的“莱茵邦联”，自任保护人，并宣布莱茵邦联退出德意志，从而使得古老的“神圣罗马帝国”瓦解。——译注

德意志人的敌对者在变，从罗马人到意大利人，从意大利到法国人，从法国人到犹太人，但敌对意识一直是德意志民族意识的典型特征。当“德意志问题”被问起的时候，日耳曼的历史，特别是《日耳曼尼亚志》就会被再三提及。19 世纪的德意志犹太诗人，海因里希·海涅（Heinrich Heine），却讽刺了这种不着边际的问题与答案：“日耳曼（*Germane*）始于何方？又在何处归于沉寂？一个德意志人可会吸食烟叶？大多数人认为不行。一个德意志人可以戴手套吗？是的，但不过是用牛皮制作的……可是一个德意志人可以饮啤酒：的确，他应该作为一个真正的日耳曼尼亚（*Germania*）子孙来喝他的啤酒，因为塔西佗明确地提到了日耳曼啤酒（*cerevisia*）……而不论是谁，不管他的血统来自于法兰西、犹太还是斯拉夫，统统都要被判流放。[10]”对于不足百年后国家社会主义者所尝试的日耳曼革命，这位离乡去国的诗人自然不会感到惊讶。

尽管海涅的讥讽与元首的主张是对立的，但呈现于希特勒面前的纳粹主义意识形态却并非无中生有，日耳曼神话也不是可追溯到种族主义运动甚至更远的数世纪之前的唯一因素。对于构成国家社会主义意识形态的那些核心概念——种族主义、民族（*Volk*）观念及其精神，以及完全相同的日耳曼神话——塔西佗的《日耳曼尼亚志》起到了主要的作用。阿纳尔多·莫米利亚诺（Arnaldo Momigliano）① ——一位嗜书如命并且在观念史方面具有博学的权威地位的学

---

① 阿纳尔多·莫米利亚诺（1908—1987）：意大利著名历史学家和古典学家，犹太裔，曾执教于都灵大学、牛津大学、伦敦大学以及芝加哥大学，主要研究希腊、罗马史，重视政治思想，此外，对史学理论和“犹太人问题”等亦有研究。可参见《古代世界的自由与和平》（《海国图志》第三辑，上海人民出版社，2010 年）——译注

者——就曾如此猜想。在纳粹政权垮台后，莫米利亚诺就将《日耳曼尼亚志》抬至“一百部最危险的书”中的首要地位。[11]他是正确的。因为这部被狂热的纳粹分子当作“圣经”并推荐给“每一个有思想的德国人”的书并不仅仅是被纳粹利用来支持他们的意识形态观点，更重要的是，数世纪以来，它就被尊崇为“黄金宝卷”（*libellus aureus*）、“一部令人钦佩的杰作”（*un admirable ouvrage*）、“一件不朽的作品”（*ein unsterbliches Werk*），它为那些意识形态思想的形成提供了核心观念，并被援引来支持这些意识形态思想。《日耳曼尼亚志》之所以是一部最危险的书不是因为它契合了那些意识形态理论框架，而是因为它促成了那些意识形态思想的形成。它实现了自己的诺言。尽管在很多方面国家社会主义者对塔西佗这一“特别的幸运之光”（particular stroke of luck）的接受被认为是延续了之前的趋势，但其中有一点明显的不同：在希姆莱的党卫军内外，有一种实实在在的尝试，它要把罗马人的描述变为德意志的现实，将过去引向未来，将“德意志”（*Deutsche*）引向“日耳曼”（*Germanen*）。[12]《纽伦堡种族法》① 当中的一项法律——于1936年通过的所谓的《德意志血统与荣誉保护法》（*Law for the Defense of German Blood and Honor*）——禁止犹太人与德意志人通婚，正如塔西佗著作中的日耳曼人被认为是限制与外族人通婚的。

观念就像病毒：它们以心智为宿主，它们在内容或形式上进行繁

---

① 《纽伦堡种族法》是纳粹统治德国期间颁布的反犹太法，主要由《德意志血统与荣誉保护法》和《帝国公民权法》构成，前者禁止德意志人与犹太人通婚或发生性关系，并禁止犹太人雇用45岁以下的德国妇女为家庭佣仆；后者剥夺非德意志人的公民权。——译注

衍和变异，并聚合起来形成意识形态体系。在纵向上，它们代际相传；在横向上，它们从一个社会群体传播到另一个群体。[13]《日耳曼尼亚志》的病毒自15世纪由意大利输入后，便在历史文本、语言学论文、政治和文化哲学、法律、种族理论，甚至在学校课本中显示出了各种各样的局部病征，所有这些都表明存在着一种严重的疾病。然后——经过三百五十年的潜伏期——在19世纪晚期，它发展到了一种系统性的感染，并最终造成了20世纪的重大危机。自那时起，在最初的回避后，对《日耳曼尼亚志》的研究也就主要是为了学术的缘故，而不再为意识形态服务。

撰写一部关于智识流行病学的著作需要探访病人，并且要考察各种历史的和文化的背景，在这些背景中，《日耳曼尼亚志》的出现看似无关紧要，但却影响恶劣。从15世纪被意大利人文主义者重新发现时的喧嚣到20世纪纳粹从意大利贵族手中掠取过来的暴力企图，《日耳曼尼亚志》传遍了整个欧洲的文学、科学和政治学领域。最初，塔西佗乃是为他的元老院同僚，甚至可能包括罗马皇帝及其顾问而撰写这部著作的，他认为他们会从这篇简短的记述中了解他所要表达的要旨。然而即使是在他同时代的听众与读者中，理解也各不相同。因为文本的意义须由读者涵咏体贴，决定文本意义的是读者在语言上的敏感，他们对文教传统的熟悉程度以及他们对现今政治和文化关切的认识，简言之，即倾听文本所言的能力和敏锐。塔西佗的同侪将他们所认为的事实不加限定地应用于塔西佗无暇顾及的那些读者。当数百年之后，即在被刻薄地称为中世纪的那个时期之后，人们再次回到塔西佗的著作时，他们已经生活在与塔西佗相比而言不同的世界，并以不同的语言进行思考。那些时代的杰出学者往往根据他们的知识和兴趣来解读《日耳曼尼亚志》，并经常草率地对之进行改写，以便论证日耳曼人的优越性。在那些年代，很少有人将自己置于塔西佗于98年在罗马发表《日耳曼尼亚志》的背景中倾听塔西佗本人的本意。恰恰相反，大部分人是为了自身的关切而阅读它。但罕见的是，它为一个狂热的纳粹分子以一种粗野的方式所利用，他认为，关涉“犹太人问题”的法律是恢复据说在塔西佗的小书中曾被提及的那种“种族纯洁”的最新努力。[14]在此，尽管罗马人的作品（大体）保存了下来，但它们的含义却按照人们当时的需要而发生了改变。

对《日耳曼尼亚志》的理解不仅会因时代的不同而不同，而且在任何时候都会有变化。因为没有任何传统是在单一的轨道上发展，其中有诸多不同的潺潺溪流，构成了对同一著作的不同理解。本书的结语部分简要地叙述了有关这一主题的其他方面的历史，但在其余的论述中，我选定追述一个最为主要的分支：将“日耳曼人”（*Germanen*）视为德意志人祖先的那一支，这一分支将其过去理想化，并声称它作为指路明灯将引导他们走向更为光明的未来。旅途的终点提供了一种视角：塔西佗文本中的思想是如何促生了那些使得国家社会主义从中出现的话语？就像所有的旅途一样，通过历史来追溯某种思想观念是有风险的：我们的眼睛注视着目的地，而很少注意到那些似乎并没有导向目的地的地方，我们将很多著作当作路标来阅读，尽管它们可能并非如此。这普遍被认为是一种“教义神话”（mythology of doctrine），并基于纳粹的情况而被斥为“过去的纳粹化”（Nazification of the past）。当然，塔西佗自己并不是“与我们（纳粹德国人）有种族纽带，因而同情我们祖先”的雅利安农民，《日耳曼尼亚志》也不包含任何国家社会主义者的思想观念。[15]然而这部“黄金宝卷”被一再地用来证明国家社会主义者最终拥之为自身信念的那些思想观念。*Ex ni-*

hilo nihil fit——没有什么东西是无中生有的。

作为一个国家社会主义者的海因里希·希姆莱特别热衷于《日耳曼尼亚志》，他于1943年秋对该书现存最古老的手稿的搜寻终结了这本书在意识形态影响上的历史，正如15世纪时对该书手稿的搜寻标志着这段历史的开始。党卫军的行动集中体现了一种痴迷（fascination），它不仅仅揪住了党卫军头目的心神，而且也包括国家社会主义者中的主流分子，以及之前数世纪的读者。寻求手稿的失败象征了古代“德意志”的难以捉摸，它被描述为一个乌托邦，一个字面含义为“nowhere（不存在的地方）”的词。因为《日耳曼尼亚志》并不是一种如实的报道：塔西佗很可能从来就没有去过莱茵河畔。他的撰述材料依赖于先前希腊和罗马的民族志作家，他着眼于罗马的事务，对于北方的世界，他只是瞬间一瞥。因此，这部以后被用来界定德意志民族特征的作品是一个罗马人对人类价值的创造性反思和一份政治申明。这无疑是历史的一个巨大讽刺。

1. 罗马征服日耳曼人的神话

始终为一群精挑细选的青年所拱卫，这是最高贵的荣耀，也是最伟大的力量。

——1935 年希特勒青年团手册格言，

摘自《日耳曼尼亚志》

不要指望一个喜欢拿着尖锐的铁笔戳刺苍蝇的人会干出什么好事。这种期望不会令人失望。弗拉维王朝（Flavian）的最后一位皇帝图密善（Domitian），以一种令人恐怖的统治肆虐罗马。当他最终于 96 年被谋杀后，罗马的贵族终于可以从中解脱而长舒一口气。他们中的许多人，尤其是那些勇敢无畏的人已经沦为了“那个最为残暴的野兽”——正如当时的一位作家对这位皇帝的描述[1]——的牺牲品。尤其是其统治的最后几年间，他在幅员辽阔的罗马帝国的首都中草菅人命。由于告密盛行而毫无言论和思想的交流，人们的生存只得通过顺从和沉默来换取。在经过十五年的恐惧后——一段使得青年行至暮年，老年行将就木的光景——即使那些幸存者也仅仅是他们昔日自我的影子，好像“他们是命数应尽而侥幸延年”[2]。其中就有那位杰出的罗马元老贵族，拉丁文学中伟大的历史学家，一部最危险著作的作者：科尼利乌斯·塔西佗（Cornelius Tacitus）。

作家不可避免地会在自己的著述之中嵌入自己的时代。塔西佗著作的每一页都带有历史的印记，他的第二部著作《日耳曼尼亚志》无疑也是如此，这部著作从一开始就立即将读者带入了阿尔卑斯山以北这个特定的地区：“未被划分的日耳曼尼亚以莱茵河和多瑙河为界，与高卢人［在西部］和瑞提亚人（Raetians）和潘诺尼亚人（Pannonians）［在南部］相分离；因群山或彼此之间的疑惧而与萨马提亚人（Sarmatians）和达契亚人（Dacians）［在东部］相区隔。其他的［在北部］则为大洋所包围”[3]。这不足30页的小册子以这些话作为开头，没有标题或前言，结尾突然而具有自讽的意味。它的第一部分介绍了日耳曼尼亚及其基本的分布区域；第二部分提供了关于诸日耳曼部落的概括性陈述。有人可能会问，为什么一个罗马的元老贵族在恢复言论自由仅仅数月之后，会考虑将“论日耳曼人的起源和风俗”作为其值得关注和着力研究的主题，特别是由于他甚至可能从来没有走近过那片他所关注的地区？

暴君造就杰出作家

他们按贵族出身来选举国王，以其勇猛来选拔将军。

——孟德斯鸠（Montesquieu），引自《日耳曼尼亚志》，1748 年

关于塔西佗的时代，已经所知甚多，但关于塔西佗本人则所知甚少。这位史家对自己缄口不谈，恰如其名在拉丁文中的含义：“沉默”（*tacitus*）。然而，除了在其作品中零星分散的自传性评论外，他那娴于辞令的友人小普林尼（63—113）的书信和两个极其残缺不全的铭文中，也有一些评述。其中一个铭文在19世纪晚期发现于今天土耳其西南部的麦腊萨（Mylasa），其中用塔西佗的名字来代替日期（在当时，记录事件的日期往往是参照当时首要的地区官长之名）。另一个只是最近才与这位史家牵扯上关系，它似乎是从罗马大理石块儿上抛落下来的残余的三行字母："CITO"在第一行，下面两行记录了其罗马的公职生涯，鉴于罗马人的名字很少以-*citus* 结尾（名字以-*cito* 结尾是其与格形式），而塔西陀是其中我们所知道的唯一一个在元老院待过的人，[4] 故几乎可以肯定这是塔西佗的墓葬碑文。经由这些著作文献和铭文资料，我们或许能够重构其职业生涯的关节点。然而我们应该谨记，大多数的日期都只是推测，他的名字尚未被确证的事实表明了他的情况大都不确定。因此下文所呈现的就只能是一个轮廓，而非一幅肖像。

插图 3：塔西佗墓葬碑文。*Livius. org*，2008

塔西佗似乎出生在一个历史久远的罗马行省，要么是位于法国东南部的纳尔傍南西斯高卢（Gallia Narbonensis），一个“更像是意大利的而不是行省”的地区；要么就是意大利北部的山南高卢（Gallia Cisalpina）（阿尔卑斯山南边的高卢），这一地区在塔西佗的时代已不再是一个行省，而是成为意大利的一部分。[5] 这个怡人的地区为比利牛斯山、阿尔卑斯山、波河以及地中海所包围，并经常受到带有淡淡盐海气息的微风的轻抚，它不仅以其土壤的肥沃和经济的繁荣而著称，而且也因其居民的德行而为人所知。那些寻找罗马传统德行——虔敬、淳朴、守纪之品性——的人们将会在这里找到它们，正如塔西佗自己会写道的那样，这里“仍然保持着古老的生活方式”。对于满足罗马的公务之需，这正是一个理想的征募之地。[6]

塔西佗的父亲属于骑士等级，① 并处理财务方面的事务——如果他就是普林尼的舅父②所提到的罗马骑士（鉴于塔西佗这一姓氏非常罕见，这一猜测应该是可能的）。③ 他凭借其勃勃雄心和充裕的资产，使儿子接受了完好的教育，并给了他以后在罗马安身立命的必备财资。塔西佗出生于55年左右，恰巧在此时，年轻的皇帝尼禄（37—68）作为其呆拙的叔伯和继父克劳狄（Claudius，前10—54）的帝位

---

① 骑士等级，源于古罗马王政时代后期塞尔维乌斯改革中的骑兵森都利亚（centuries）。该改革将罗马公民按财产多寡划分为五个等级，各等级提供数目不等的森都利亚（百人队），此外，第一等级中最富有者还要组成18个骑兵森都利亚。到公元前3世纪时，骑兵大部分为辅助军队所取代，骑士仍保留其社会地位，但作用改变，即随着罗马的对外扩张、贸易和金融商业的发展，骑士作为富裕的土地所有者大多从事金融（罗马禁止元老从事金融业）或包税事务，从而使得骑士阶层之实质转变为富裕的金融商业阶层，并在与元老贵族的冲突中深刻地影响了罗马政治传统。——译注

② 指小普林尼的舅父老普林尼。——译注

③ 老普林尼在其《自然史》中提到过与之相识的一个名叫科尼利乌斯·塔西佗的罗马骑士。——译注

继承人——后者死于一次晚膳，可能是食用了有毒的蘑菇，而且也许就是他的妻子所为——开始当政。年老痴拙的克劳狄为口吃所困扰，并迫于难堪的家庭而多年避于公众视野之外，但之后他却被拥立为罗马帝国的皇帝。没有人比克劳狄自己更为惊讶，正如在他死后人们写下的一句戏言［“神赐的”（“Pumpkinification”）］所表明的，他从来就不清楚自己是如何毫不费力地登上帝位的。尼禄，朱力亚－克劳狄王朝（Julio-Claudian Dynasty）最后一位皇帝，一个年少而看起来谦逊的 17 岁孩子，与其前任相比颇受欢迎。

这个年少的皇帝最初的那些犹豫不决的政治行为是一个好的兆头——同时也是个错误的兆头。人们希望尼禄将会“为其贫疲不堪的臣民带来幸福的光景，并打破法律的死寂”[7]。的确，由于他的家庭教师——著述甚丰的廊下派哲学家小塞涅卡（Seneca the Young）即是其中之一——所给予的稳健的教导，罗马安享了五年的祥和与稳定，一段被誉为“黄金五年”的时间。皇帝寻求文娱食色之乐——这相比于后来的纵欲享乐是有所节制的——帝国则有他人代为治理。但当其家庭教师对他的影响日渐衰微，并摆脱他那心怀叵测的母亲小阿格里庇娜（Agrippinna the Younger）的控制后，他的统治很快就沦为了绝对权力的恣意妄为。那次“预谋已久的罪恶计划”，即谋弑他的母亲，标志着一种最为恶劣的转变；而阿格里庇娜的死则结束了罗马皇帝的姐妹、妻子或母亲对政事的干预。[8]

此后，告密、诛戮，以及“疑似”自杀的事件接踵而至，数不胜数。罗马大火“是出于偶然还是皇帝蓄意为之，很难说清”，但传言说尼禄和着大火的噼啪声抚弄他的竖琴。[9] 每一个罗马人都可能明白，如果不是那场大火将已有的房屋烧得一干二净的话，皇帝的金宫——一座从埃斯奎里安丘岗（Esquiline Hill）延伸至帕拉廷（Platine）的占地约一百英亩的繁复建筑——是不可能建起来的。被焚毁的残迹变成了人造湖泊、茂盛的牧场和富丽堂皇的王宫大厅——其中镶镀有大理石、象牙或黄金，并饰以马赛克和壁画。“罗马被改造成了一个王宫”，其宏伟只有它主人的自大才能比拟。[10]

尼禄挥霍无度，人们的不满亦日渐滋生。元老贵族们在私底下喏喏地抱怨说他们除了性命外已经一无所有——这事实上反映了他们的幸运。一系列的阴谋叛乱随之而来。陷入不安的皇帝“不分青红皂白地随便找个借口就处死任何一个人”[11]。［这些受害者中有尼禄的前家庭教师塞涅卡，对于他的自杀，彼得·保罗·鲁本斯（Peter Paul Rubens）① 在17世纪早期有过著名的描画。］但所有这些都是徒劳的。68年，尼禄为情势所迫，失去了帝位，也丢掉了性命。在皇帝自杀时，塔西佗正值少年，大概15岁。塔西佗在何种程度上参与了罗马的情势变化，这已非历史的探究所能及（这与尼禄统治时期的真实处境相符，因为古代的历史叙述是有偏颇的）。然而，此时正是这位未来的历史学者成长为史家的时期，后来他就把尼禄的统治视为暴政而写入他的第二部长篇著作《编年史》（*Annals*）中。这里的叙述正是以这部著作为基础。而这将不会是他唯一一次与暴政相遇。

尼禄死后，内战随之而来。这“漫长而独一无二的一年”目睹了，或者不如说瞥见了四位皇帝：除了最后一位，他们都祈拜已经注意到他们各自继承者的罗马神灵。[12]“罗马的首都被军队所占领，意

① 彼得·保罗·鲁本斯（1577—1640）：佛兰德斯画家，巴洛克画派早期代表人物。——译注

大利满目疮痍，各行省遭到搜刮抢掠。”塔西佗的家庭也受到切身的影响，劫掠成风的罗马军队从一位短命皇帝曾驻守过的欧洲北部过来，在通往意大利的路上抢掠烧杀，而他的家因与之邻近而日夜惶恐。许多年以后他了解到，他妻子的祖母就在那段令人备受摧残的日子中被杀害。在那三个不幸的皇帝败亡之后（关于他们，塔西佗讥讽说“无论谁赢得胜利都将是更糟糕的结果”），和平、稳定以及一个新的王朝在东方出现，它由提图斯·弗拉维乌斯·韦伯芗（Titus Flavius Vespasianus，9—79）所开创。[13]

据说理想的统治者无心御权为治，韦伯芗正是如此。当他获悉罗马新的事态发展时，他正被派驻到罗马的犹太行省（包括今天的以色列和巴勒斯坦地区）镇压犹太人的起义。他对第一个短命的皇帝宣布效忠不久，即得知那位皇帝突然死亡。他已明白，如今的皇帝“能够在任何一个地方同在罗马一样被拥立”（迄至尼禄，所有的罗马皇帝都是在罗马为元老院所拥立）。[14]当附近的叙利亚罗马总督建议其竞逐皇权时，他虽最终听从却回答得勉强而犹豫。韦伯芗是一个谨慎的人，这很大程度上是由于尼禄那个附庸风雅的罗马皇帝给他造成的命运沉浮的新近体阅：在这位自诩为最伟大之天才的皇帝唱歌的时候，韦伯芗要么打瞌睡，要么离场而去，结果遭到了贬黜。（罗马传记作家苏维托尼乌斯记载说，一个妇女生孩子也没敢在那位握有生死大权的“艺术家”表演时离开。[15]）但犹太的叛乱使得尼禄不得不回头依靠他这位最有能力且久经磨炼的将军，对此，韦伯芗已在不列颠和阿非利加等不同的地方证明了自己。而在他年近六十之时，他发现自己再度处在一个重要的权力位置上，而且拥有统治罗马乃至世界的支柱力量：军队。

韦伯芗举兵的消息一经传开，即赢得了诸多的支持：埃及总督投入了他的阵营，其他的军官和地区长官亦随之而来。在东部，从北到南，迅速积聚的风暴即将降临罗马。就在他的拥护者们进行战争的时候，他待临于帝国的南部，固守于埃及这个罗马的粮仓。在其坚定的支持者之中，他可以倚赖他的长子，即不久以后成为其共治者的提图斯（Titus），但在当时，他被任命去负责围攻耶路撒冷。另一方面，他的小儿子图密善则是“倚仗他父亲的权势纵欲寻欢”[16]。然而，这句话写于这位暴君被杀以后，乃是事后作出的无须顾虑的评价。

韦伯芗的军团进入罗马标志着弗拉维王朝统治的开始。也许就是在韦伯芗当朝的最初几年，年少的塔西佗为了完成他最后的学业而来到了罗马。当时的学校教育包括三个阶段：第一阶段是享有特权的学童跟随一个不惮于使用教鞭的老师学习阅读和写作，往往是用希腊语和拉丁语。然后大致从 11 岁开始，他们要通过学习文法来充分理解希腊语和拉丁语的文学作品，许多内容还必须要记诵。那些文法教师也会教给他们一些精致优雅的修辞术。在此基础上，这些学生从 15 岁开始要师从一位雄辩家来训练演说方面的良好技艺。最后将有一段实践和见习期：一个经验丰富且颇具声誉的公众人物将会把某个年轻人收入门下，这个公众人物一般是充当一种模范的作用，不过在更多情况下，他会把学生介绍给一些政治领导互相认识，或带他去法庭，给他解释一些法律程序方面的知识。在一个没有好的口才就没有机会获得公职的社会，扎实的修辞术教育是极为重要的，“寡言少语、不善言辞被认为是可耻的”[17]。因此毫不奇怪，年少的塔西佗会用心去聆听那些杰出的长者们之间的对话，并在后来完成了一部与此相关的短篇作品，《关于演说家的对话》（*Dialogue on Oratory*）。用不了多久塔西佗就会成为罗马的一位优秀的演说家，并受到其他年轻人的追捧。

如果他的写作体现了他的演说风格，那么塔西佗则具足讽刺和挖苦之能事。述作甚丰的书信作家小普林尼将他誉为“最雄辩的”演说家，并赞其演说风格“庄重凝肃”。[18]几乎从一开始，塔西佗就给人留下了令人难忘的印象。他在公众场合的表现引起了一直寻找人才以满足罗马及其广大帝国行政之需的皇帝的注意。成功很快随之而来。带着一种外省人的雄心壮志，塔西佗发现自己正处于令人羡慕的世界中心，他与一个颇具声望的家族联姻，从而步入了传统的仕途。

韦伯芗成为皇帝时，已经61岁。政治的稳定需要明朗持续的前景——虽则这只是王朝的特质，因此，强权统帅再次争夺空缺皇位的幽灵必须被消除。一俟他的长子提图斯结束攻陷耶路撒冷并洗劫其神殿的那场成功的毁灭性战役，于71年回到罗马，韦伯芗就正式地宣布他为共治者。与其父一样，他获得了恺撒的称号，并被任命统领驻守在罗马附近的近卫军（Praetorian Guard）。尽管近卫军负责护卫皇帝的生命安全，但他们亦多次被怂恿去参与对皇帝的谋害。（而建立一支近卫军的初衷本是为了安全守卫。）在韦伯芗御政的最后几年中，他有意将提图斯培养成继任者，允其在显赫战功之外积累治国经验。但时运不济，在父亲于79年去世后独自当政不过两年，提图斯就去世了。据说，他在临终时曾言：“我的所作所为没什么值得懊悔的，只有一桩事情除外”[19]。无疑，他是个幸运的人，甚至是个幸福的人，因为没有人知道他是懊悔哪一个无法释怀的错误。

可能就是在提图斯短暂的御政时期，塔西佗当选为财务官

（*quaestor*），即一个管理罗马或某一行省之财政事务的公职。这一职位标志着他在罗马仕途上第一个重要的基点，并使得他可以自由地进入罗马元老院。*senatus* 一词源于拉丁语中的“长者”（*senex*），其确切的意思是“长者们的议会”。在罗马共和时期，它是最高等级的，也是最重要的统治机构；而在帝国时代，其重要性已有所变化，但是，即便被专横的皇帝所无视，它仍然是等级最高的议会机构。而随着他的任职，塔西佗也就步入了将会纵横三十余年的权力长廊之中。

当韦伯芗的小儿子图密善（51—96）于 1 世纪 80 年代初继承帝位时，有传言说其兄长之病乃是他下毒所致。若果真如此，那么这肯定是源于嫉妒，因为图密善缺乏提图斯所具有的那些资历或声望：军事成就，作为一个政务管理者所应有的认可，以及和善的品性，最为重要的是，在犹太战争中所取得的胜利已使得提图斯作为一个能堪大任的统帅而获得认可，他的胜利为至今保存着的一个展现其各项功绩的拱顶所记颂着。而这些功绩之多正映衬了图密善的诸多缺点。当图密善的兄长已经成为他们父亲的共治者时，他只是担任过几次执政官，以及一些不重要的祭司职务，而在责任的幌子下，他肯定察觉到了自身无足轻重的地位。此外，正如他戳刺苍蝇的轶事所表明的，图密善可能也缺乏一些社交技能。有一次，当他独自在宫中待了几个小时后，守卫在其宫门前的近卫兵被一位路过此处的人问及说是否有人同皇帝在一起时，近卫兵一针见血地答道：“连一只苍蝇都没有。”[20]

根据历史上的传统说法，这个新皇帝将偏执和一种自卑的变态心理（后者往往伴随着一种狂热的自我确信）带到了他的统治当中。据传他说过，直到由自己的死来证实之前，没人会相信一个皇帝对阴谋的恐惧。在其统治的后期，他更喜欢散步于壁面极其光滑的长廊中，这样他可以看到自己的反射影像——更重要的是，他可以看到身后发生的一切。恐惧引发恐惧。元老贵族们不久也开始注意他们的身后。

他进行了若干急于求成而事倍功半的军事征伐，这只换来了元老院对他的不屑。莱茵河与多瑙河周围一带的北部和东部是图密善时期存在军事问题的主要地区。早在83年他就曾为征战卡狄人（Chatti，一个日耳曼部落）而庆贺其第一次的胜利，而此时卡狄人还尚未被征服。当时对他心怀敌意的一些人对此嘲讽说，相比于赢得胜利，他更喜欢庆祝胜利。他们暗示说，那些按传统在罗马凯旋仪式中展列出的俘虏在图密善这里乃是被买来装扮而成的。[21]对他们而言，图密善在钱币上将*Germanicus*的缩写印铸在皇帝的名号之中，并非名正言顺。（这也许为塔西佗在图密善被谋杀两年后撰写《日耳曼尼亚志》，以揭示所有的日耳曼尼亚尚未被征服提供了一种理由。）然而，另有证据表明，皇帝进行的那些受到非议的战争的确巩固了罗马的疆土：他建立了两个日耳曼行省，开始构筑抵挡蛮族进攻的罗马大坝［被称为边墙（*limes*）］，此外还通过与颇具实力的戴恺巴鲁斯王（king Decebalus）① 缔结和约而稳定了多瑙河地区。但即便如此，图密善的元老院反对派宁愿被杀也不愿给予其信任；而且，据塔西佗所述，许多人

① 古罗马图密善时期达契亚人部落的首领，86年率军渡过多瑙河，多次击溃罗马军队，并一度唆使一些日耳曼部落和萨马提亚部落一同进攻罗马边境，图密善军事失利，遂于89年不得不与之缔结和约以缓解帝国边境所受之威胁。依和约，戴恺巴鲁斯保存了自己的领土，并从罗马那里得到了赔偿金，但承认自己为图密善之藩属。参见科瓦略夫《古代罗马史》，王以铸译，北京三联书店1957年，第755页。——译注

就这么做了。

同样狂热的是，这个皇帝自封为监察官，即一个监督道德风尚并惩处劣行的官职。从其御政之初，图密善就想涤荡罗马之污腐。从当时的作家那里判断，这肯定事出有因。他惩罚维斯塔贞女（the Vestal Virgins），即侍奉灶星神维斯塔圣火的备受尊崇的女祭司，不过是他维护罗马习俗之严酷行径的最显著之例。维斯塔贞女一旦被控丧失贞洁，犯罪者就会被下令活埋[①]——图密善因此而得来的声誉则是：在其统治之下“尽管没有动荡也是残酷的”[22]。

作为一个专横暴戾且独断朝纲的皇帝，图密善在元老院的举动犯下了最为严重的错误。他喜欢被称为“主人和神”，其中有“主人”（拉丁语：*dominus*，等同于英语 master）这个易惹众怒而致使其他皇帝避之不及的词。每当皇帝被致以“主人和神”的名号时，元老院就想到了自己奴隶般的处境，尤其当它还对权力抱有幻想时则尤为痛苦。但复仇的时刻会来的。在这位“主人”被他的宫廷侍卫弑杀后——他那被放逐而后又被召回的妻子即参与其中——元老们下令“销毁记忆”（*damnatio memoriae*），他们赢到了最后。人们抹除了这位暴君的名字：他的肖像被捣毁或者（通过替换头部）被重新利用起来，并且除去了带有他名字的题词，就好像他从来没有存在过一样。[然而有些时候，抹除恰恰加深了记忆：正如每一个威尼斯大国

---

① 维斯塔贞女是古罗马起源最早的一种宗教之一，因侍奉圣火者须守贞而得名。古罗马惩处维斯塔贞女之不洁的习俗即将犯罪者活埋于地下，这种惩罚方式并不被认为是死刑，因为在活埋的同时要随葬一些食物。参见苏维托尼乌斯《罗马十二帝王传》，张竹明、王乃新等译，商务印书馆 2000 年，第 331 页注②。——译注

会厅（the Sala del Maggior Consiglio）① 的参观者都知道的，在历任总督之中，第五十五任总督马里诺·法列罗（Marino Faliero）② 被涂黑的画像总是——而且往往是仅有的一位——在导游册当中被提到]。最终，图密善注定不会被忘记，他作为一个恶棍保留在了人们的记忆当中。诸如塔西佗这样的元老院作家必然会将他的统治判定为专横暴政而使之遗臭万年。他们使他至今恶名昭彰。然而就像尼禄的统治一样（讽刺作家们把图密善称为“秃头的尼禄”而将其比之于前者），图密善的统治亦未盖棺定论：阿谀奉辞腐蚀着当时的作品，厌恶愤恨弥漫着事后的解释。[23]

在 98 年撰写的那部关于其岳父阿古利可拉传记的文字处女作的开篇中，塔西佗陈言，人生十五年的青春在图密善的统治下被折杀了。正是在这十五年期间，他从一个官职逐级稳步地攀升到另一个官职。在他少有的一段私人评述中，这个“沉默的人”告诉他的读者，在88 年，他除了卸下其作为一名行政官（*praetor*，罗马第二等级的共

① 指威尼斯总督府中的大国会厅。威尼斯总督府始建于 9 世纪，属中世纪罗马风格建筑，但亦受到伊斯兰建筑的影响，其中的大国会厅装饰精美，内置元首宝座和国会议员座椅，为意大利最大的大厅。——译注

② 马里诺·法列罗：1354 年以 80 岁高龄当选为威尼斯共和国元首，之后在一次宴会上，一个名叫斯泰诺的年轻人亲吻了他新婚的年轻妻子，法列罗无法容忍，遂将这名年轻人关入监狱，但“十人会议”对这位年轻人的判决却仅是关押两个月后驱逐出威尼斯，法列罗不满这样的决议，遂纠集同谋者阴谋消灭“十人会议”中的显贵，但计划败露，威尼斯共和国成立审判法列罗的法庭，并最终判处其死刑。如今在威尼斯总督府的“十人会议”厅中，陈列着威尼斯共和国历任元首的肖像，但本应摆放法列罗的地方却只有一个空荡荡的椭圆形框，框下有一行题词：“这是因背叛而被处死的马里诺·法列罗的位置”。1820 年，著名诗人拜伦即据此创作了其著名历史剧《马里诺·法列罗》。——译注

和制高级官职）的职责外，他还在一个祭司团体中担任职务，该祭司团被称为十五人祭司团（“*quindecimviri*”，这一名称一直保留，即便其成员扩充为十六人）。[24]他们的职责包括在困境时祈询希腊神谕，以及组织一些非宗教性的赛会，正如在图密善接替其兄长提图斯之帝位将近七年后，于88年所举办的那场竞技会。① 由于这个职位通常分配给颇具声望的年长政治家或者血统优良的世家子弟，因此塔西佗的上任或者证明了其所具有的特别才干，或者说明他得到了特殊的赏识——或者最有可能的是——两者兼而有之。一般来说，这样的职务地位预示着以后的坦荡仕途，对塔西佗而言，当是如此。在其罗马仕宦之后，塔西佗离开了罗马而赴外省做了一名官员；其去向并不确定。而后在97年，即图密善死后不久，他获任为执政官，该职位在共和制时期乃是政治上的最高官职，在帝国时期仍然是最高等级的公职——尽管在很大程度上仅具有代表意义。而年近四十的塔西佗可能是被那位令人憎恶的暴君所任命的。

但是这一时期的晋升乃是以沉默为代价的，而沉默则助长了恶行。因而最终手上沾满血迹的，不是暴君，而是“将［政治家和执拗的哲学家］赫尔维狄乌斯（Helvidius）拖入监狱的我们”[25]。正直

---

① 指世纪竞技会（又称百年祭），该竞技会大体制定于公元前249年，规定每百年举行一次，第二次是在公元前146年，公元前46年没有举行。奥古斯都据西比拉（西方传说中能够预言未来的女巫）预言书中所说的一百一十年的世纪和十五人祭司团的传统，于公元前17年举行了该竞技会。克劳狄时期又恢复百年世纪，并举行了所谓的自罗马建城以来（前753—公元47）的第八个百年竞技会。图密善举办那次竞技会的计算年头从奥古斯都举办的那次算起，但他却于88年提前六年举办了此次赛会。参见苏维托尼乌斯，《罗马十二帝王传》，张竹明等译，商务印书馆1995年，第327页；另参见塔西佗，《编年史》（下册），王以铸等译，商务印书馆2009年，第327页及其注③。——译注

似乎本应该战胜恐惧。但与此同时，担任公职才会在罗马得享尊荣，作为一个罗马人，应该“首先考虑什么有利于其祖国，其次是他的双亲，最后才是他自己”[26]。以帝国（而且往往是反叛者的生命）为代价反抗皇帝正应和了塔西佗直言不讳的批判和隐秘的钦赞。

塔西佗的首部著作超越了一部常规传记的标准，该著作反思了如何在“如此残暴，如此对美德抱以冷诮的时代”[27]，秉持优良品性这一问题。他试图去证明人性价值能够持存于一个非人性的体制之中，“即使在暴君的统治下也存在贤德的人物”。而他的岳父就是一个为公务出力却又不同流合污的典型。然而，其中或有更深层的动机促使了该书的写作。或许塔西佗如此立论也是在为自己辩护。如果是这样的话，他似乎并未使自己信服。因为自我责难的语气深切地蕴涵于他的第一部作品之中，这部作品发表时，罗马刚从长期的昏暗之中摆脱出来，更为美好的时代似乎就在眼前。发表的时机本身包含了一个信息：缄默的声音能够再次声言，此时，人们可以“按其愿望去想，按其心里想的去说”[28]。之后，塔西佗即回顾了弗拉维王朝，在其第一部长篇历史著作，即《历史》（*Histories*）中，记述了这个王朝的统治，以及之前的那些短命的皇帝。他在开篇中坦言，自己在弗拉维王朝中平步青云，毫不讳言在图密善治下的升迁。但是他还能做什么呢？每一个身在罗马的读者定然明白，作者自称对体制的批评中正平和，却已为这体制出过力。

然而弗拉维王朝的统治，特别是图密善一朝，以另一种方式影响了塔西佗：尽管文本的阐释者在将一部作品过于紧密地与作者的生平联系在一起的时候（如果某些诗人将他们诗中的酒悉数饮遍，爱过他们诗中所有的女子，他们哪里还会有时间作诗），不免会冒有被嘲笑的危险，然而毫无疑问，他在图密善统治下的经历将之造就成了一名作家。如果他出生于这位暴君统治的末期，在“贤君”图拉真（Trajan）统治的早年时期形成其政治意识，并且幸福地度过马可·奥勒留（Marc Aurelius）当政的日子，那么他可能仍然是一位著述家，只是这将是一位极为不同的著述家——或许他甚至不再是一名历史学家。可以说，暴君图密善造就了史家塔西佗。因此，他那关于元老院奴仆的尖刻言辞肯定吞噬了他自己的自豪感。

塔西佗对于价值（values）如何取决于社会和政治情势的关注贯穿了他整个的写作生涯。对于这一问题，他也在自己的第二部短篇作品中有所展开，此即《日耳曼尼亚志》。

一部臆想的民族志

> 日耳曼尼亚的部落居民因不与任何异族通婚而没有破坏其血统之纯净，他们是一种特殊的、纯粹的、仅与他们自己相似的人。因此，甚至他们所有人都具有同样的体格……凶暴的蓝眼睛、褐黄色的头发、高大的身躯。
>
> **——塔西佗《日耳曼尼亚志》**
>
> **休斯顿·斯图尔特·张伯伦**
>
> **（Houston Stewart Chamberlain）摘引于 1899 年**

一个暴君被刺杀的意义乃是由它的后果所决定的。“坏皇帝倒台后的好日子只是个开头”，只有一个更贤良的继任者才能为谋杀的行径辩护。[29]元老院选择马库斯·科克凯乌斯·涅尔瓦（Marcus Cocceius Nerva，30—98）作为图密善的继承者，他被推举为帝乃是由于其丰富的政治经验，同时也因为他年老而没有子女，鉴于王朝败落的最为切近的教训，后者尤为受到青睐。他让自己及其政策与他那令人嫌憎的前任保持适当的距离，并且发誓，元老贵族将不会遭到残杀。在意志消沉了数年后，罗马的“精气终于恢复”[30]。涅尔瓦开启了这个最为幸福也是最为昌荣的时代，正如杰出的历史学家爱德华·吉本所认为的那样。所有因其颇具潜力的才干而被他们的前任过继为子的五位皇帝，将会督视帝国近一个世纪的和平与繁荣，而此时的帝国最为辽阔，它包括了整个西欧、北非、中东以及黑海西部和南部的区域。96年时，已年逾六十的涅尔瓦是第一位收养某一继承者为其义子的皇帝。这是一个及时的举措：涅尔瓦于即位当政15个月后去世，而后，上日耳曼尼亚行省总督马库斯·乌尔比乌斯·图拉真（Marcus Ulpius Trajanus，53—117）即位为帝。

图拉真并没有仓促入主罗马，而是留在他所驻的行省以巩固图密善当政时即已开始的事业，即上下日耳曼行省和边界工事的建设。而与此同时，在罗马，没有人知晓这位新皇帝的意图。当时的一位诗人祈求莱茵河将皇帝送还给“他的人民和城邦”[31]。然而依据“宽宥臣服者，击垮傲慢者”这一罗马信条，许多贵族也许会希望他最终会跨过莱茵河并征服整个日耳曼尼亚（包括莱茵河以东的地区）。[32]自日耳曼人和罗马人于意大利北部第一次交锋之后，时已过去二百一十多年。在经过诸多的胜利之后，罗马的将领们为征伐那尚未被征服的敌人而举行了庆典，而此时——也许——一位颇具将才的统帅站在了莱茵河畔？

然而，上述的“日耳曼人”并不知道自己生活的地方叫“日耳曼尼亚”。罗马人划定了边界。征服高卢继而征服罗马共和国的征服者，朱利乌斯·恺撒将莱茵河作为高卢部落和日耳曼部落之间——即那些受到他打击而驯服的部落和那些因其反抗而激怒于他的部落之间——的分界线。他似乎是第一个将这两个部落群体（许多后来的作家重新判定他们同属一个凯尔特民族）进行区分的人。日耳曼人作为一个生活于日耳曼尼亚的民族乃是由恺撒创造的：通过有意地忽略莱茵河西岸的日耳曼居民，他将日耳曼尼亚划定为莱茵河以东的区域，称其居住民为日耳曼人，好像他们已形成了政治上的联合。然而事实上诸多的部落彼此存在着争斗与仇视，他们几乎不可能共享一顿没有纷争的餐宴（后来塔西佗即祈祷这样的日耳曼纷争继续下去，“因为命运所能赐予罗马帝国的恩典无过于敌人的内讧”）。[33]恺撒重新划定地理和种族的动机是政治的，并且其政治策略会始终切合罗马在北部欧洲的利益。然而在许多述及日耳曼尼亚的人们中间，元老院议员塔西佗乃是唯一一个对此撰有专著的人。

像朱利乌斯·恺撒一样，但与当时的政治习惯有所不同，塔西佗将莱茵河视为日耳曼尼亚的西部边界（因此基本排除了两个罗马行省）。尽管他充分意识到存在着诸多不同的部落，这些部落接连出现于这本小册子的第二部分中，但他（又像恺撒一样）将他们想象成并说成是一个族群。读者们通过《日耳曼尼亚志》的第一部分了解到这个日耳曼民族——它的形成与出现，以及它的风俗、习惯和制度。塔西佗假定，没有人会愿意迁居到他们的故土上，因为那里“景物荒凉，气候恶劣，不适宜居住和生存”[34]。他那地中海居民的眼睛丝毫不觉得那片被他描述为“密树参天、湿沼满地而令人嫌恶”的土地有什么吸引人之处。但是塔西佗接着写道，这个地方的土地诞生了神祇忒斯托（Tuisto）。这个出生于大地的神祇有一个儿子，曼努斯（Mannus），他们被古代日耳曼的歌谣——“他们传述历史的唯一方式”——颂奉为日耳曼民族的始祖。[现代语言学揭示，忒斯托名字中包含着日耳曼词汇 *twi*，其含义为“两个的”（two），这可能反映了神祇的双性特征，而他儿子的名字曼努斯所表达的含义则是“人”。][35]塔西佗进而又讲道，由于他们故土恶劣的自然条件，在大地之中诞生的这些土生土长的日耳曼人一直与其他民族保持着隔离的状态。在上文引述为本节题记的那一段最有影响的文字中，他认同那些相信日耳曼民族之土著身份和种族纯洁性的人，而这些所谓的日耳曼民族的体貌特征则是源于希腊和罗马作家所描述的北方人特征。

为了避免一种类似于购物清单的无关联罗列，塔西佗运用了一种想象性关联的文学表达方式（在古代的民族志著作体裁中尤为普遍），使之编排的结构联系紧密却又不显得生硬艰涩。他的叙述开始于对日耳曼地区的讨论，并将“未被划分的日耳曼尼亚”置于其著作的开端（拉丁语就像乐高玩具一样，它的单词几乎能够以任何一种顺序来排列）。然后他以严格的结构化的叙述方式进入“日耳曼人”当中，并结合相关的气候和土地情况，完成对于“日耳曼人”的描述。接下来的章节开始于对“地貌”（*terra*）的谈论，然后叙述和讨论了与之相关的金属资源，接着转向对其武器装备的述说，继而叙述了他们的兵伍组织，并补充谈论了他们首领统帅的大致情况。《日耳曼尼亚志》是一个编织精巧的叙述，可以看出，它的作者并非一个初习写作的人。

塔西佗展现了日耳曼人在私人和公共领域的一些生活细节，并详细叙述了那些他特别关注的人性价值：自由、坚毅、正直，以及淳朴。这些人性价值似乎仍然能够找到，如果不是在罗马的话，那它们至少可以在日耳曼尼亚被找到。罗马生活与日耳曼尼亚生活之间的那种——往往只是隐含的——对立贯穿塔西佗的整个叙述。在那里，他们不知道“炫耀卖弄的生活方式”，这由他们那朴陋的住所、古朴的武器，以及仅仅具有实用性的工具即可证明。他们将陶制的和金属制的器皿“同等地轻视”（一个塔西佗式简明叙述的典型例证：日耳曼人对两者都不大看重）。[36]在那儿，他们反对奢侈及其与生俱来的罪恶、堕落。剑舞是他们所知的唯一的大场面，而骄奢淫逸的宴会则仅仅出现在罗马。由于质朴助益于美德，而不见可欲，亦可使心不乱，因而其通奸的情形是极其少见的，同样罕见的是他们对此的严酷性：“她们的头发要被剃光，并且将衣服剥去”，与人通奸的妇女要“当着其亲属的面被赶出家门”。正如在塔西佗著作中经常出现的那样，一句切时的隽语总结了对于性行为方面约制的叙述：“那里优良的风俗习惯要比其他地方的优良法律更有效力”。然而剥离语境后的这句话会飘扬在德意志人文主义者的旗帜上，以求重塑被诟病为野蛮的过去。

在这个族群之中，“没有人会对恶习仅仅付之一笑；而且堕落以及受人引诱而致堕落也不被视为‘时髦的风气’”[37]。他们既不“奸诈机巧又不精于盘算”，他们在空阔开放的环境中虔心敬畏“神明力量之伟大”，① 并且做好了准备去为荣誉和忠诚而牺牲。他们那受到塔西佗特别关注的忠诚超越了友人和家庭的狭小圈子：男性加入一个日

---

① 日耳曼人认为把诸神围在墙垣之中是亵渎神明的行为。参见塔西佗《阿古利可拉传 日耳曼尼亚志》，马雍译，商务印书馆 1977 年，第 60 页。——译注

耳曼将军的扈从队（*comitatus*）之中，以争得统帅的尊敬与信任。那些与他人竞享权力与威望的将军为他们的扈从提供给养与声誉，而这些扈从则宣誓为其统帅战斗，直至战死。“一个扈从从战场上生还而其统帅战死被认为是可耻的，而且也是毕生的污点。”在大约两千年后，党卫军成员即戴上了镌刻有这句德语名言的皮带扣环：我的荣誉就是忠诚（“*Mein Ehre heißt Treue*”）。

日耳曼人的生活热衷于战争的勇武与坚毅，而“无所事事的安逸对于这个民族来说则是可憎的”[38]。正如15世纪人文主义者坎帕诺以塔西佗的描述为基础所写道的那样，他们是“天生适于战争和军事纪律”的战士。当一个青年男性作为一个成人开始进入社会时，这个青年会得到一面盾和一支矛（*framea*）来学习技艺，回报社群对他的期望；甚至是丈夫带入婚姻的财产中也包含了武器（此外还有牛和马匹等其他物项）。原因很简单，“没有武器什么都做不成”。无论是身在故土还是异乡，作为战士的他们都在捍卫自由：即便他们的国王都不能实行绝对全权的统治。塔西佗以其特有的嘲讽方式总结了他对两百多年来日耳曼—罗马战争的历史考察：日耳曼人成为“宣耀军功的对象，而不是真正胜利的目标”。毫无疑问，“日耳曼人对于自由的渴望比帕提亚（Parthian）的专制要可怕得多”（后者乃是罗马在东方最具威胁的敌人）。

塔西佗不会想到，他所列举的那些日耳曼美德会有助于未来的德意志人以淳朴、忠诚、英勇以及正直来定义他们的民族品性；考虑到在他的笔下，后人信奉并理想化的品格是非常自相矛盾的，就更是如此了。因为使得日耳曼人得以奋勇捍卫其自由的勇敢品性乃是以其他文化上的追求为代价的，并且，塔西佗以他们征战的才能衬托了他们农业方面的落后，而希腊人和罗马人则将之作为职业的高级形式。尽管日耳曼人对自由的渴求将罗马训练有素的军团推入了窘境，但是它也造成了他们自己部落之间血腥的纷争。此外，尽管质朴的生活方式助益于品性的养成，但它也使他们欠缺了文艺方面的教养，而且往往是堕落为极端的荒蛮。对于日耳曼人淳朴的生活方式来说，他们的大部分品性价值都具有明显的偶然性：男人和女人是勇敢和正直的，但这些品性并非出于他们的选择，而是出于生活上的必要，而且在许多方面，他们类似于低等文化发展之早期特质的典型代表。塔西佗对于日耳曼人的描绘将人性价值抛入了一种幽微的光亮之中，展现了它们之间一张一弛的关系，以及那些幽暗的侧面。一些真正负面的特点也有所展露：由于他们性情中存在的某种奇特的矛盾，故而“同样的这些人既贪好闲逸又嫌憎宁静”；他们要么打仗战斗，要么懒散怠惰。[39]如果他们开怀纵饮，想喝多少就供给多少，那么他们就会败在酒上。他们嗜赌而不顾后果，他们的房屋、他们的妻子以及他们自己都被当作了赌本。塔西佗后来的读者，即那些有意强调日耳曼人之野蛮品性的读者将仅仅会看到这些消极的面相，相反，对日耳曼人抱有同情心的读者则会简单地对此予以忽视。而两种读法都不全面，因为塔西佗的画布上包含有诸多的色调。

不论读者们是借《日耳曼尼亚志》来谴责日耳曼蛮族，还是将他们称颂为品性优良的战士，在20世纪初之前，塔西佗的这本著作都被当作一种关于真实的日耳曼生活的历史资料而得到了广泛的阅读。在第一次世界大战期间英年早逝的卡尔·特鲁丁纳（Karl Trüdinger）在巴塞尔大学撰写了一篇关于希腊和罗马民族志历史的论文。这篇论文发表于1918年，它将《日耳曼尼亚志》置于古代民族志的传统之中，这就向民族志学者提出了一系列的问题。就拿一个显而易见的例子来说，当塔西佗论及日耳曼部族的起源和“纯粹”时，他在既有的民族志表中按图索骥：日耳曼人是一种土生土长的族群（由于他们反对移民），并且是种族血统纯净的族群（因为反对与异族混居通婚）。特鲁丁纳在定式化的问题与答案之间仔细地进行了区分。然而爱德华·诺登（Eduard Norden）——一位同时代最著名的拉丁文学学者——几乎同时发表了一项研究，说明了归之于日耳曼人的各种特性是如何从一个异族“游荡”到另一个民族。正如诺登所宣称的，这样一种“主题游荡”的最著名例证是日耳曼人作为一种“除了自己之外与其他种人毫不相似民族”。[40]尽管许多世纪后，这种说法将被拿来作为一种关于日耳曼人的真实报道，并且被当作一种声言雅利安种族纯洁性的论据，但它的确只是类似于希腊人和之后的罗马人眼中的许多异族的典型形象，而其他作家过去就曾将这种典型形象用来描述埃及人和西徐亚人，在此仅举两例即已足够。那时学界内外的普遍观点使特鲁丁纳和诺登所得出的见解遭到了人们的忽视和诽谤，《日耳曼尼亚志》仍然保留了作为第一手史料的文献地位。

相比希腊人和罗马人对异族的其他描述——就像行事迅捷的统帅恺撒来到、看到并撰写的有关高卢人和日耳曼人的那些略偏主题的著作——《日耳曼尼亚志》看起来像是希腊人和罗马人之典型形象的一种拼凑，它的作者很可能从来没有去过阿尔卑斯山以北，他所关切的乃是一种道德的和政治的价值观念，而不是客观确切的事实。塔西佗并非一个见证者，而只是一个读者，为了撰述这本小书，他从许多的文献资料中拣选材料，并从商人、士兵以及其他握有第一手信息的人那里充实相关的细节。当然，这并不是说《日耳曼尼亚志》作为一种历史资料毫无用处，只不过游荡在塔西佗字里行间的日耳曼人在许多方面都是典型的北方蛮族形象，作者受希腊和罗马民族志传统影响，旨趣所在亦是罗马及其帝国。后来，《日耳曼尼亚志》被尊奉为对真实的德意志民族的准确描述，然而事实上，这部著作是一个身在罗马的罗马人写给罗马人看的。只是在后来，这一特殊文化时期的速写才被转变为德意志民族自身的民族肖像。

98 年，罗马人再一次对日耳曼尼亚有了政治上的兴趣。与图密善为他对日耳曼人的胜利所做的宣传相反，这些蛮族仍然是自由的。塔西佗是否会希望他的《日耳曼尼亚志》将会有助于劝服这位皇帝去打击日耳曼人？这似乎很有可能。[41] 然而尽管他的动机是政治性的，但是他的意旨却决然是哲学上的。对于日耳曼人那毫无矫揉造作的勇敢、气节以及为自由奋斗的激昂热情满腔热血，塔西佗表现出了怜惜之情。然而他同样也表露了悲戚之感：因为不可能同时拥有所有美好的价值。席地而眠练就勇猛顽强的士兵，但谁又想摒弃舒适的床榻？

不论塔西佗的最终意图是什么，图拉真很快就将兵锋从莱茵河调转至多瑙河，他正确地认识到多瑙河一带才是更为棘手的边境。罗马人从来没能征服日耳曼人所据的地区。然而他们的军团兵士失败之处，他们的作家却成功了：塔西佗的《日耳曼尼亚志》将会确定数世纪的日耳曼神话。

权力的病变

据记载，即使是日耳曼妇女也会偶尔拿起武器，复续她们男人的战争努力。

——詹南托尼奥·坎帕诺（Giannantonio Campano），

对《日耳曼尼亚志》的阐释，1471 年

图拉真被指定为皇帝后，于 100 年从日耳曼尼亚最终返回了罗马，他敬奉其养父为神圣之君，其所作所为表现得礼让得体。元老院就此而打消了之前的疑虑，对新皇帝采取了合作的态度，并以适当的方式予以配合。在图拉真完成了对达契亚（包括多瑙河、特拉西瓦尼高原、维斯瓦河，以及黑海东岸一带的区域）的两次重要的军事征伐，从而使得罗马帝国的疆域越过多瑙河而逐渐扩张到极致［其疆域在包括了阿拉比亚行省（Arabia）后即达到了最大］后，元老院即奉献了一根石柱以恭颂其荣耀。该石柱——一根记述了图拉真军事成就的大理石石柱，至今仍然矗立于威尼斯广场（Piazza Venezia）附近的罗马广场北部——也将会在他死后成为他的墓碑。能够被安葬在罗马城中是一种特殊的荣耀，就图拉真而言，被赋予该荣耀不仅仅是由于其在帝国之外的功绩，而且还得益于他在帝国之内的成就。他设置了掌管罗马内外财政职务的行政官僚（*curatores*），例如小普林尼，即塔西佗那性情温良的通信友人，他曾任职于比提尼亚（Bithynia）行省（位于今土耳其中北部），并通过信件向皇帝的臣僚反映他的困难、问题与建议。在处理基督徒问题时，小普林尼即向皇帝请示了意见并收到了相对温和稳重的指令：坚持依法律程序行事，并杜绝滥告滥罚。[42]

这位皇帝在处置达契亚战利品时也表现出了慎重：这些战利品被用于促进整个罗马帝国的基础设施建设；并且在罗马建设了帝国

最大的公共场所——图拉真广场，富丽堂皇的乌尔比亚巴西利卡（Basilica Ulpia）就在这个广场的底部。① 与之前的皇帝一样，建筑乃是为了宣扬皇帝的丰功伟绩。但图拉真对人民的真诚关切同时表现在建筑工程和行政治理上。最具象征意义的是在尼禄"金宫"的旧址上建立公共浴场，而"金宫"废墟也为公共浴场的建设提供了石材。皇帝再一次将自己塑造为一名公仆，他的许多成就并没有被忽视，因为他不久以后就被——先是非正式地，而后又被正式地——赞颂为 *optimus*，即"最好的元首"。[43]

自然的死亡乃是一个皇帝最终的荣光。图拉真在当政近二十年后，于 117 年在其病床上溘然长逝。与图密善不一样，他的统治是一种开明专制（affable autocrat）。就在他去世之前——并且带着一点耐人寻味的疑虑——他拟定了普布利乌斯·艾利乌斯·哈德良（Publius Aelius Hadrianus，76—138）来作为自己的继承者，而罗马帝国在后者强有力的统治下继续享有和平与繁荣。可以说，即使在其最后的决策中，图拉真也做到了尽善尽责。后来的罗马人只能企盼，他们的皇帝祈祷"天瑞祥于奥古斯都"（奥古斯都巧妙稳健地将罗马共和制转变为第一公民的统治：元首制）和"德善弘于图拉真"的愿望能够上达天听。[44]塔西佗自己在《阿古利可拉传》的开篇里明确提到最好的元首（*optimus princeps*），以此来表达他对这个最幸福的时代的感激。然而令人不解的是，他决定不去写这段幸福的王朝。

① 巴西利卡：古罗马时期一种综合法庭、交易和会场的大厅性公共建筑，其形制对后来的基督教教堂和伊斯兰教礼拜场所均有影响。乌尔比亚巴西利卡位于图拉真广场底部。——译注

塔西佗在新王朝中仍旧担任着公职。小普林尼叙述了他的两次演讲：一次是在97年的一场葬礼上作为一个颂扬者所做的演讲，一次是在100年时作为一名控告者所作的雄辩演说。而他随后几年的情况则鲜为人知。然而很有可能的是，他在政治上仍然活跃，因为正如前文提到的麦腊萨铭文所透露的，他在112年到113年间成为亚细亚行省的总督。阿非利加和亚细亚是最具声望的两个行省，塔西佗必定足够杰出才会得到这样的任命。关于其最后二三十年的其他详细情况，包括他去世的日期也并未确定。但是有一个事实是确定的：在那些年里，他在苦心孤诣地撰写他重要的历史著作。他从图密善那令人愁苦的统治中脱颖而出，并成为罗马极其卓越的历史学家，其杰出乃是得自于他那颇为新颖的写作风格，对暴政的真切叙述，以及对统治秘术（*arcana imperii*）的反思。在完成《阿古利可拉传》和《日耳曼尼亚志》数年之后，他撰写了他第三部短篇作品（这些短篇作品也被称为“历史的尝试”），即关于自由的又一沉思的《关于演说家的对话》。这部作品看起来似乎是在讨论演说技艺的衰落，而事实上，它是把这个话题当作一片棱镜，用来聚焦言论的自由——它的境况、意义以及政治影响。他后来的长篇著作则会描绘出这样一个世界，其中，言论的自由被兢心斟酌的沉默和阿谀虚矫的言辞所取代。

《历史》（*Histories*）一书上起四帝之短命统治的漫长一年（69年），下迄图密善之死（96年），正如该著的前言对读者的提醒（在面对塔西佗致密严谨的风格所带来的挑战时，译者总是感觉他们自己有所遗失；在此，对著作的描述逐渐转变为对时代的描写），这本书“充满了灾难，其中有战争的暴戾、激烈的内讧，即使没有干戈纷争也残暴凶险”[45]。罗马已经丧失了传统的德行。为了呼吁一种早已失落的责任感，四帝时期的首位皇帝伽尔巴（Galba）在69年时曾宣称："我要选拔自己的士兵，而不是收买他们"；不久以后，他就为他的这种说法付出了生命的代价。塔西佗简洁有力地评述道："假使他从未领有过统治大权，人们还会认为他是个有能力的统治者"。尽管其中偶尔出现文雅得体之举，以及转瞬可见的明朗时日，但完成于2世纪最初十年结束之时的《历史》却让人们看到，"诸神并不关心我们闲逸无忧的安全，而是更多注意我们应受的惩罚"。然而，人们只能想象塔西佗对图密善统治时代的描写可能会是什么样子的；因为不幸的是，这部（可能）有12卷的涵盖了二十八年历史的著作，只有前四卷和第五卷的开篇留存到现在（保存于一份11世纪的手稿中，该手稿藏于洛伦佐·美第奇［Lorenzo de' Medici］图书馆，并以该图书馆命名，被称为美第奇二号手稿）。它们只呈现了不到两年的历史。*Habent sua fata libelli*：书亦自有其命。

《编年史》（*Annals*）是塔西佗的第二部长篇史著，而且对于许多人来说亦是其巅峰之作，对于那种将绝对权力委于一人，同时将正义弃予偶然和命运的政治体制，这部史书继续进行了剖析。与他早先所作的说明不同，塔西佗在这部著作中不写他自己在贤君涅尔瓦和图拉真统治下所经历的时代。相反，他回溯既往，开始着手一段关于暴政的考古学。他的记述始于奥古斯都之死（在14年），正是奥古斯都——尽管他似乎只是自称"平等人之中的第一人"——开始了第一人（the first man）的统治；而他的叙述结束于尼禄之死，即朱利亚·克劳狄王朝最后一位皇帝，这也是（早先撰写的）《历史》开始之处。也许塔西佗的旨趣在于历史事件的"来龙去脉"，这让他更加深入到过去、权力阴谋，以及人性之脆弱的反思之中；[46]抑或他认为不去记述这些“幸福的时代”要更为稳妥些——除了在描绘早已死去的暴君时偶有提及？无论如何，《编年史》主要是一部关于独夫之治的研究著作，对于那些“被诸神赋予至高无上的事务裁决权”的人，以及那些“只留下谄媚顺服之荣光”的人来说，这部著作都会让他们心神不宁。它生动地刻画了脾气乖张的提比略（Tiberius）、笨拙痴愚的克劳狄，以及矫揉造作的尼禄等诸帝的形象。这些皇帝在统治之前还是温良仁善的，而且道德的伪善是可以期待的最好结果。然而既非提比略，亦非“被所有正常的和不正常的残暴行径弄得污秽不堪”的尼禄保持了他们最初的努力。在这样的境况之下，自由只可能存在于帝国之内的外来移民中，或者是在帝国之外，例如，在日耳曼人之中。

另一方面，罗马像是“一个景况凄凉的国家”，在这位皇帝的统治之下，被委于诸趋炎附势之人。[47]一位精于政治阴谋的人士曾提醒提比略的母亲“不要把宫闱秘事，心腹亲信出的主意以及士兵们干的事情声张出去；而且提比略不应把任何事情都交给元老院，从而削弱元首（*principate*）的权力。专制权力所必需的一个重要条件，即人们如果只听命于一个人，事情才能够得到妥善的处理”。在《编年史》中，塔西佗还给读者抄录了一份很长的遭人诟病的财务单；但是这部共计 18 卷的著作（是否完成，以及在何时完成，并不确定），而今却只有 1—6 卷和 11—16 卷遗留给我们（这要归功于来自 9 世纪和 11 世纪的两份手稿）。关于卡里古拉（Caligula）——那位惜爱一匹名为“疾足者”（Incitatus）的马爱到打算将其任命为执政官的疯癫皇帝——一朝的情况，这部书一页内容也没有留下来。

约翰·弥尔顿称塔西佗为“暴君们最有可能的敌人”[48]。他还是一个戴着白色手套而不手染鲜血的杀手。他所选择的武器是含沙射影。他先是报道传闻：关于奥古斯都之死，“一些人怀疑是他的妻子暗中作祟”[49]。然后展现了具有破坏性的另一面：皇帝和他的母亲没有参加他们亲人的葬礼，是因为他们“认为公开场合的哀悼将会有损他们的尊严——或者是担心人们在注视他们的行为举止时，会看穿他们的伪善”。他仅仅通过并置的方式就可以产生影射的作用：尼禄的纵欲放荡被火把所照亮；之后我们就听说了罗马的大火——当然，“这是出于偶然还是皇帝蓄意为之，很难说清”。那么，在这样的旁敲侧击之中，谁应担负罪名昭然若揭。

他对人物、政治分析以及败坏的道德准则的揭露性描写使其读者着迷了近两千年，他对16世纪晚期和17世纪政治言说的深刻影响使得这一时期被称为“塔西佗时代”。毫无疑问，他的影响在很大程度上应归功于他那尖刻犀利的叙述风格，他以这种风格剖析了病入膏肓的罗马政治体制。他那颇具神采而又犀利洗练的文风启发了直至20世纪的诸多作家，包括20世纪最伟大的塔西佗主义者（Tacitean）罗纳德·塞姆爵士（Sir Ronald Syme）。① 当这位20世纪的历史学家写下“人世朝代虽有更迭，而文风依旧”的时候，他心里想的可能就是他自己以及他从这位罗马史家那里所得来的恩惠。[50]

这种十分独特的文风让人为难：它以几近晦涩的简洁，不拖泥带水的明快讽刺，不对称的句式结构，以及难以捉摸的含混双关为特征。这种简明的风格往往会使其读者透不过气来，并且它总是集中在令人难以忘怀的字句之中：“他宁愿因犯下罪行而受到控告，而不愿

---

① 罗纳德·塞姆（1903—1989）：英国伟大的塔西佗主义者，生于新西兰，著有《罗马的革命》、《塔西佗》（两卷）。——译注

仅因有犯罪的企图而受控告。”[51]他避免平白无奇而毫无起伏的叙述编排，并尽量避免使用日常词汇，从而在翻过每一页时都会让读者出乎意料。尼禄开始付诸实行“那项蓄谋已久的罪恶”，乃是因为他的情人并在之后成为其妻子的波佩娅（Poppaea）通过“频繁的嗔怪并偶尔以嘲笑的方式”刺激了他，塔西佗本可以叙述为“以频繁的嗔怪和偶尔的嘲笑”。但他避开了这样对称的句式，从而使其读者始终屏息凝神。同样不对称的是，他对事实的呈现方式，其中最复杂最重要的事情往往只是被一笔带过。他是一个令人难以捉摸的作家，他引导其读者发现他们已经误入歧途，并且通过其暗示来破除那些误导性的成见。源于塔西佗主义者的那句时髦话语：“因其缺席而引人注目”，恰好可以作为其文风力量的一点标识。[52]

塔西佗因其语言所具有的那种诗性的力量而被誉为罗马民族中少有的伟大诗人之一；他无疑也是他们最伟大的讽刺作家之一。他对人性的缺陷和软弱冷眼相看，同世人若即若离。他饱含悲愤，评论却不失机智风趣。然而，他终究按捺不住，始终持守着对超越于日常喧嚣之上的人性尊严的一种永恒的信念。对此，人们或许会产生些许疑问，关于数世纪后人们对于《日耳曼尼亚志》的利用，塔西陀会作何感想。

2. 幸存与拯救

塔西佗在何处？

——科鲁奇奥·萨路塔提（Coluccio Salutati），1392

在古代晚期和中世纪的大部分时期里，我们几乎没有听到关于塔西佗的任何消息。而后，在丝毫不会引起人们注意的1425年年末，罗马的波焦·布拉乔利尼（Poggio Bracciolini，1380—1459）坐下来以“潦草迫切的笔触”给他在佛罗伦萨的终生朋友尼科洛·尼科利（Niccolò Niccoli）写去书信。[①] 波焦以文书人员为业，同时也是一位热情的人文主义者，他在自己笔耕不辍的书信中记录其生活的大致状况，特别是他搜寻手稿的事情。这一次他则有重大新闻。作为一个娴于布局的作家，他懂得将此珍闻为他那同样嗜书的通信好友留至最后：

---

① 波焦·布拉乔利尼：意大利著名学者、文学家、人文主义者、政治家，于1453年至1458年间任佛罗伦萨共和国执政官。身为人文主义者，他致力于探寻古典文献，并于1414年至1418年间，在今天瑞士、法国和德国的一些修道院中发现了诸如昆体良、西塞罗、塔西佗、卢克莱修等人的作品。他本人留下的作品有《论贪婪》（*De avaritia*），《反对伪善》（*Contra hypocritas*）等一些哲学著述，小册子《咒骂》（*Invectivae*），一部逸闻语录（Facetiae），一部佛罗伦萨史以及诸多书信。——译注

差不多就是这些了。我把最好的消息留在了最后。我的一个修道士朋友从德意志的一个修道院给我写信说，他发现了一些我们颇有兴趣的那种书卷。在这些书卷中，有我们此前一直不了解的朱利乌斯·弗朗提努斯（Julius Frontinus）和科尼利乌斯·塔西佗的著作。[1]

在创作完成将近一千五百年后，《日耳曼尼亚志》将会再次被人们阅读；沉默了数世纪的塔西佗将会再次开口说话。但是他的幸存一度是危险的。经过了时代的风云诡谲，他带着他那几部短篇作品中唯一留下来的一部手稿到达了安全的15世纪。如果被火焚毁，被阳光晒湮字迹，或者被雨水淋坏，那么，他的这本最危险的书将必定不会成为500年后的海因里希·希姆莱想要得到的东西。

一段平静的旅程

撒克逊人最关心他们的种族及其高贵的特质，并且不与其他部落的人通婚而随意玷污他们的血统，尤其是那些劣等的族群部落；他们试图培育出一个仅与自己类似的独特而又纯粹的民族。

——富尔达的鲁道夫（Rudolf of Fulda），ca. 865

后世之人多靡靡健忘，像《日耳曼尼亚志》这样一部写于两千年前的作品直到今天还在被人们传阅着，似乎显得十分不可思议。它从1世纪开始流传，最初是以塔西佗所处时代的早期抄本形式，到后来则是以另一种手抄稿本的形式。虽然我们无从得知其中的细节，但我们也许能够重构其流传的大致情况。

在完成《日耳曼尼亚志》以后，塔西佗可能曾将它送交给了一个朋友，也许就是他娴于辞令的通信友人小普林尼，塔西佗习惯与他在撰著方面进行交流。小普林尼作为这部作品的首位读者拿到的是一份纸莎草卷本；其中是塔西佗的一个奴仆用苇笔或铜笔蘸着某一种墨水（罗马人制作墨水所使用的原料有碳烟、乌贼墨囊等）抄录下的原文。小普林尼在一个军营中写道："我读了你的书，并且尽我所能对我认为应该修改以及应该删去的地方做出了必要的评注。"[2]在这样的意见指导下，塔西佗又重新校阅了《日耳曼尼亚志》，然后将复本交给更多的朋友，再次征求意见。他也可能召集了他的友人（*amici*）——朋友、元老院议员，以及他的一些客人——一起阅读、讨论，并在最后做出厘定。

随着这些最后修改的完成，这本书最后得以出版：更多的复本将会在一个不断扩大的圈子中被传阅给更多相识的人，可谓是"一石激起千层浪"。随后，塔西佗这本书流入了私人和公共的图书馆，比如宏伟的乌尔比安（Ulpian）图书馆，这座图书馆作为图拉真广场的一部分于 110 年左右建成完工，是罗马四座大型图书馆中最为宏伟的一座。此外，人们在当时的书店中也许可以购买到《日耳曼尼亚志》，这些书店集中于城市中心附近，它们会将书的摘录贴到柱子上供过路人阅读，因为实体的书卷容易出现磨损或被撕坏，故而要将其妥善地保存在书店里面。当时的私人抄本不得不用手写——可能是用罗马正体字（*capitalis*），即粗细笔画结合写出来的横平竖直的大写字母，其中，粗细笔画交错并置使用，而不是写成一线——并且没有任何两份抄本会出现有同样的错误。大体而言，很少有证据表明，书在当时是一种昂贵的商品，而且，甚至像里昂（Lyon）这样规模的乡镇里也有书店存在。也许正如小普林尼在其一封书信中所提到的他本人曾做过的事情，塔西佗可能也与书商达成了协议。但不论实际的情况如何，《日耳曼尼亚志》必定在创作完成不久后即流传开来，因为在当时其他的著作中可以见到这本书的踪迹。[3]

文学的卓越造诣永垂于世间，而诸无常之命运（the Fates）则必须将作者的生命延续至死亡之后，这是一种司空见惯的情形。然而不得不说的是，这在塔西佗那里却显得极为勉强而吝啬。小普林尼曾以自己类似的希望所燃起的热情预言道："您的（指塔西佗的）《历史》将会永传于世"[4]，其作者亦会永世流芳。然而塔西佗却留存于支离破碎之中。诸多世纪以来，他的作品遭到了严重的损佚，而在文艺复兴时期重新出现的所有作品也只存留于一份手稿之中。手稿的抄写保证了一部作品的传播：如今，没有任何罗马作者的手迹留存下来，而且现在也很少有 4 世纪的手稿仍然保存着。只要是没有被奴仆或（后来的）修道僧侣以倾斜的笔触传抄，作品就会湮没佚失，而其作者所留下的丝缕踪迹也会最终戛然消逝。塔西佗是一个复杂的作家。他的著作并没有被包含在经院作家们的重要经典之中，因此他的著作也并没有受到人们的反复抄录。一份尚未得到确证的材料里讲道，马库斯·克劳狄乌斯·塔西佗（Marcus Claudius Tacitus，275—276），即罗马帝国逐渐走向瓦解时期的一位短命皇帝，曾下令抄录和传播塔西佗的著作。这位与塔西佗同名的皇帝伪称自己乃是塔西佗的后裔，而且他还表露了对这位作家之声名"可能会因其读者们的疏失而归于殒寂"的担心。[5] 不论此事真确与否，如此的忧虑似乎是有先见之明的，因为，可能仅仅在塔西佗去世一个半世纪之后，这位罗马史家的恒久声名就已经难以确保。然而就像其他被认为是值得保存的著作一样，塔西佗的作品在受到帝国关注的短暂境况中也同样由纸莎草卷本整理编订为羊皮纸卷本（形式上类似于现代书册）。在这期间，即从 3 世纪到 4 世纪这一时期，那些短篇作品被完整地编订在了一起。[6]

接下来是黑暗时代，而对于通过阅读和抄写手稿才能保证作者的声音得到倾听而言，这也是一个沉默的时代。一般而言，许多个人作品数世纪的流传经历大同小异，这往往可以比之于沙漏：一些像维吉尔的《埃涅阿斯纪》或者奥维德的《变形记》（*Metamorphoses*）这样的作品手稿在罗马帝国晚期得到了相当广泛的流传，直到 6 世纪中叶，一些文书人员仍然誊写了许多新的抄本，故而此时流传的诸多作品手稿相当于充满了沙漏的上玻璃斗。然而从 550 年到 750 年间，即所谓的黑暗时代，这一时期可以说是沙漏的瓶颈，世俗作品的传抄几近于停滞。就罗马民族诗人维吉尔的情形而言，他是一个特例，其手稿（或其中残存下来的）存留于这个时期之前：4 世纪的手稿留存下来的有 6 部［其中就包括带有插图的维吉尔·梵蒂冈（Vergilius Vaticanus）手稿］；① 5 世纪的留下了 5 部，而 500 年左右的则只留下 3 部。但是直至过去了二百五十年，加洛林王朝的学者和抄写员才在查理曼（747—814）的保护下于 8 世纪下半期重新开始了抄写誊录手稿的工作。他们搜寻所有那些覆满灰尘并被人遗忘的羊皮纸文稿，将古

---

① 维吉尔·梵蒂冈手稿：抄制于 400 年左右之罗马的一部手稿，装饰华美，内容包含有维吉尔《埃涅阿斯纪》和《农事诗》的残篇。该手稿是《埃涅阿斯纪》现存最古老的文本之一，也是仅有的三部附有插图的古典文学作品手稿中的一部。——译注

典的作家们从湮没之中重新翻检出来，并且在其中碰巧找到了塔西佗和他的《日耳曼尼亚志》。然而，许多其他的作品手稿及其作者并没有那么幸运。

欧洲大陆的政治景观在 8 世纪期间经历了结构性的转变。一俟查理曼于 768 年开始其统治，他就接续了祖父和父亲扩张法兰克统治的事业；他的领土很快就从比利牛斯山以南的西班牙边境区扩展到英吉利海峡，从易北河以西的萨克森地区延伸至意大利的中北部，即伦巴第王国。在它的首都，即今属德国并与荷兰和比利时毗邻的亚琛（Aachen），查理大帝统治着一个唤起了昔日罗马情感的欧洲帝国，而当他于 800 年被教宗利奥三世（Pope Leo III）加冕为皇帝时，他也就被正式与罗马帝国联系在了一起。不久，在当时硬币上的缩写文字中，他就被颂誉为 KAROLVS IMP（erator）AVG（ustus）。[①] 如同罗马的首位皇帝奥古斯都一样，查理曼也推动了文艺的兴盛发展，这场文化复兴——就如同其王朝的名称一样——以他祖父的名字命名，即“加洛林文艺复兴”。

纵观整个查理曼帝国，人们可以听到诸种不同的语言。大体而言，莱茵兰以西和以南地区的人们讲着一种粗俗的，逐渐蜕变为罗曼语的晚期拉丁语。[②] 在莱茵河东岸一带，拉丁语是官方语言，但是在此之外，人们则讲着日耳曼方言。那位多才多艺的皇帝讲着一种法兰克语的方言，然而他也精通拉丁语。查理大帝个人致力于拉丁语和学

---

① Carolus Imperator Augustus，即奥古斯都查理大帝。——译注

② 莱茵兰即“莱茵河左岸地带”，今德国莱茵河中游。——译注

问的推广和促进，使之超出圣经注解和帝国行政需要的狭隘范围。他让他的儿女们接受文艺诸科的教育，让他们学会阅读，而且自己在晚年还努力学习写作——尽管据其传记作者艾因哈德（Einhard）所说，他的这项工作收效甚微。

暴君总是害怕那些比他们自己精明聪慧的人；而贤君则会善用这些贤良之士。查理曼身边围拢有诸多因其学识而被他从帝国各地延请来的文人墨客，他将这些人安置在亚琛的宫廷学校，使之一度就像是一座亚历山大里亚式的学术圣殿。在这些学者们中间，有虔诚而博学的诗人阿尔昆（Alcuin，735—804），他来自于诺森比亚（Northumbria）的约克郡，作为皇帝的首席顾问，他在学术和教育方面发挥了主导性作用。而后，新的学校建立起来，学科设置也得到了规范："要让每一个修道院和主教区教堂都成立教授孩子赞美诗、乐谱、唱歌、算术和语法的学校……而且，如果需要抄录福音教义、诗篇或弥撒书，那就让年富力强的人们尽心勤勉地去抄写"[7]。一些罕见的和被忽视的手稿就此被发掘了出来。那些坐在缮写堂的抄写员抄写手稿时使用了一种新的书写字体，即加洛林小草书体。这种字体简洁明了，其圆润的字母清晰易辨，单词之间由均匀的空间隔开，而这种字体也从阿尔昆在亚琛的学校传布到了整个帝国。总之，正是在这一时期，这第一波的复兴（rediscoveries）将大量现存的古典作品带给了后世的子孙。但通常要通过 15 世纪的又一次重新发现，加洛林王朝学者们发现和传抄的作品才能留传至今，就像塔西佗的情形那样。

在今属德国中部黑森州的富尔达（Fulda）建立了一个致力于传布文学和学术的修道院。795 年左右，富尔达第二任修道院长鲍古夫（Baugulf）收到了由查理曼发往所有修道院的关于"文教"的帝国信函。在信中，皇帝要求那些即使天资聪颖的人也要研习文法，“以便那些以好的生活尽心取悦上帝的人们不会疏惰于以好的言辞取悦他”。由于加强语法学习乃是一种虔诚之举，故而他告诫自己的臣属要着手语法方面的学习，“以便更为容易和准确地理解圣经之玄奥”[8]。就在查理曼个人曾经驾临过的富尔达附近，现存唯一的《日耳曼尼亚志》抄本将会在15世纪时被人们重新发现；而且正是在富尔达，《日耳曼尼亚志》在人文主义时代到来之前得到了最为广泛的使用。

一个人的不朽声望往往以许多人的默默无闻为代价。对此，富尔达的鲁道夫就代表着那一长列无名的僧侣抄写员，而那些古典文本的保存即归功于他们的秉烛抄录。在一些图画中，可以看到他们俯身在倾斜的书桌上，娴熟地挥动着羽毛笔——除此以外，他们有时也会以书写上的勤勉用功来弥补他们在语言能力上的欠缺。他们对于拉丁语的认知随着时代的发展以及地区的差异而有相当的不同，正如经常在他们的手稿边页的解释——注释——中所看到的那样，这些注释有一些是拉丁语，有些则是方言。虔信而诚挚的鲁道夫曾师从博学的拉班努斯·莫鲁斯（Rabanus Maurus），后者乃是阿尔昆的一个学生，后来在822年到842年间，任富尔达修道院的第五位院长。

在富尔达修院，鲁道夫与他的老师一道，将修道院转变为一个学术中心和古典文化的传布场所。在图书馆和学校的高墙之内，羊皮纸的沙沙声日益不绝于耳。拉班努斯孜孜不倦地搜寻古典文物，并督理着一个缮写堂，其中，抄写员们用来自于爱尔兰和大不列颠的盎格鲁－撒克逊书体誊写出了许多优美的抄本书卷。其典型风格是每行字母从左至右逐渐缩小；然而，这种书体逐渐由加洛林小草书体所取代。

拉班努斯和鲁道夫的努力取得了成功。不久以后，他们收集了两千份手稿，从而使这个修道院在数世纪以来成为一所具有重要地位的图书馆。其珍贵的馆藏中就包含有塔西佗《日耳曼尼亚志》的一份极其罕见的抄本。[9]

鲁道夫也是一位作家（最引人注目的是圣徒传作品），863 年，他受人委托，答应撰写一部著作，叙述殉道者亚历山大的圣物如何在 851 年从罗马迁转到威尔德豪森［Wildeshausen（在萨克森）］。这些圣物埋藏于一所新建立的教堂里，以劝息那些冥顽不化的异教信仰（萨克森人对查理曼之权力和基督教化抵抗了近三十年）。鲁道夫通过回溯萨克森人作为异教徒的过去而开始了他的叙述："据古时候的记载，萨克森人出现于不列颠的英格兰居民之中，他们驾船渡海，在竭力寻找庇护之地时逐流到了德意志海岸。"通过运用这种历史的视角，他希望"明智的读者"能够看到异教的萨克森人的一些详情，以便可以使读者"意识到他们因着上帝的仁慈与恩典而从一种多么可怕的过失中获得了拯救"[10]。若我们悉心地加以审视即会发现，这些过去的异教徒被裹上了塔西佗式的外衣。鲁道夫从《日耳曼尼亚志》中择取了三章，其中的变化则主要是将塔西佗的现在时转变为教士的过去时。在鲁道夫的叙述中，萨克森人甫到新居地就将他们自己与其他部族区别开来，并试图把他们自己培育为"一个仅与自己类似的民族"。塔西佗《日耳曼尼亚志》的第四章将来会产生很大的影响，在鲁道夫这里则是首次被附会改写，尽管其中的萨克森人是被作为移民来看待的（他们并非如塔西佗所说的日耳曼人那样是土著居民）。

不仅如此，鲁道夫还从塔西佗那里借取了更多的素材。在其描绘中，萨克森人就像是塔西佗笔下的日耳曼人，过着一种淳朴、正直和率真的生活。而且，“如果他们对其造物主并非蒙昧无知的话”，那么他们将会发现真正的幸福。此外，鲁道夫还描述了他们如何“在诸神之中奉墨丘利（Mercury）为至尊之神”，并“在特定的日子里以人献祭”。在此，塔西佗著作里高贵的蛮族（*barbarians*）在一定程度上成为鲁道夫笔下高贵的 *pagans*（异教徒）。时代在变化，一些文本之意涵也随之发生了改变。

富尔达修道院还见证了另一个重要的发展，其中，塔西佗似乎起到了同样重要的作用。在 9 世纪前，拉丁语 *Theodiscus*（德意志人）被用来作为德意志人的专有名称。语言学家已经表明了这个名称与含义为“民众”（the people）的日耳曼词语 *theudo* 所具有的关系。由于拉丁语扎根于方言词语中，故而这样的用法似乎颇为平常。然而在 876 年的《富尔达编年纪》（*Annals of Fulda*）中，出现了 *Teutonicus*［条顿人（德意志人）］一词。尽管该词与德意志语言没有关系，但它却取代了之前那个词语而成为“德意志人”的标准拉丁语形式，直到人文主义者以 *Germanus* 取而代之。为什么一个外来词汇会成功地取代一个既有的词语，这令许多学者困惑不已。然而这似乎是接受自塔西佗，因为他写过一个叫“条顿人”（Teutones）的日耳曼人部落，从而使得这一部落名称成为指代所有德意志部落的一个词语。[11]

然而，鲁道夫并没有提及一个单一的德意志民族，而且也不认为他们是一个有凝聚力的族群。他仅仅把萨克森人看作是生活于德意志地区的诸多部族之一。他对《日耳曼尼亚志》的改写附会局限于萨克森部落，因此与 15 世纪时出现的那些用《日耳曼尼亚志》来确定共同的德意志人祖先的人们明显不同。这可能是为什么鲁道夫诉诸塔西佗却又没有得到响应的一个原因；在整个中世纪，他的附会改写似乎是仅有的一次。《日耳曼尼亚志》只有在不同的情境下才会发挥它那独特的影响。因此塔西佗的作品将会再次在时代的海洋上飘荡，悬浮在遗忘的深渊之上，并最终为人文主义者所攫取。

虚渺的发现

在德意志人之中，科尼利乌斯·塔西佗仍然保持着沉默。

——波焦·布拉乔利尼，1428

在鲁道夫隐秘的附会借用之后，塔西佗便再一次归于沉寂；然而，它并非彻底地沉默，在随后的几个世纪中撰写的一些著作中，《日耳曼尼亚志》中的一些段落章节仍然被有所征引。一些对塔西佗的引用表明，12 世纪时，卡西诺山（Monte Cassino）修道院中——该修道院在罗马以南 80 英里处置设有一个差务繁忙的缮写堂和一个中世纪最优秀的图书馆——保存着一份塔西佗短篇作品集的抄本，如果存在的话，它也已被人遗忘；而鲁道夫在富尔达所使用的那份抄本并未遭人遗忘。

五百年过后，加洛林的抄写员早已逝去，许多拉丁语作家需要再次被拯救。昆体良（Quintilian）即是其中之一，[①] 昆体良与塔西佗同时代，是罗马最全面的修辞学手册的作者：

① 昆体良：古罗马 1 世纪时的著名教育家，精于修辞学、雄辩术，著有《雄辩术原理》。——译注

> 毫无疑问，这一秉负荣耀之人［昆体良］是如此的优雅、纯贞，并富有美德和智慧，他再也无法忍受监狱的污秽、肮脏，以及狱卒的残忍野蛮。像注定要死去的人一样，他满心悲伤，身着丧服；他的胡子肮脏，头发也沾满了污泥，以至于从其表情和外貌即可看出他被召去忍受了那并不应得的惩罚。他似乎要伸出他的双手，去乞求罗马人的忠诚，要求将他从一个不公正的判决中解救出来。[12]

昆体良的诉求——生动地呈现在波焦·布拉乔利尼于 1416 年写的一封信中——并没有落入聋子的耳朵里。同波焦一样，许多意大利人文主义者四处跋涉，搜寻手稿，他们纵贯北欧修道院，翻检、寻找、解禁并抄录那些受到不当对待的罗马古典著作。塔西佗的作品就是其中之一。后来在 15 世纪后半期，塔西佗短篇作品——其中就有《日耳曼尼亚志》——在热切的人文主义者之间的传抄使人们在意大利看到了一个被修剪干净、衣着端正的塔西佗。由此，从监禁之中幸存下来的塔西佗便逃出了尘封，尽管九死一生。

15 世纪 20 年代早期，人文主义圈子听说了塔西佗的短篇著作。而后南方的微风即携带着各种传言吹到了为伺候枢机主教博福特（Cardinal Beaufort）而不得不固守在伦敦的波焦那里。为赚取生计，他远离地中海的家乡，依靠与人文主义者同侪通信来获取新闻和慰藉。其中有人告诉他说，传闻米兰大主教巴托洛米奥·弗兰西斯·德·拉·卡普拉（Bartolomeo Francisci de la Capra）已经找到了那些尚不为人知的罗马史家所撰述的作品。波焦没有急于承认别人成就的习惯，而他的兴奋也因怀疑而顿减。他在 1422 年 6 月 10 日写道，谁会相信一个如此有野心的主教竟会依赖于琐碎的流言来传布他的发现？他本可以公之于众！而且，倘若只是复制抄写这些书卷的话，那么一个身处他这样位置、“得到皇帝惠赐之支持”并管理着那些“野蛮的倔驴”的人，获取那些书卷岂不易如反掌？而即便是他——波焦——在游历至德国时，也总是随身带着一个抄写员。他总结说，还远远没有什么真正的发现，那位主教只是将“传闻作为事实”来传布。[13]波焦只相信眼见为实。但是数年后，对于尚未亲见的东西，他不仅会相信，而且还会竭力追寻。

据说，风格即人。波焦书信的读者可以从一些插图中认出这位作者。在这些插图中，他身材略显矮墩，面庞干净，一身学者派头的打扮，并且眼神中透着一种坚毅专注的光芒，咧开的嘴角则带着一种具有讽刺意味的微笑。在他的前额上有一条意志坚定的沟纹，一条眉毛略微地皱起，也许他正处于惊异之中。可以肯定的是，他的家族背景并没有决定他的学者事业，他的工作表明，其学术训练与专注乃是受激于他那穷困的青年时代。1416 年时，他从积覆了数世纪的灰尘中救取出了上文所提到的昆体良著作，这部著作由关于“演说家的修养”的 12 卷书组成，他用了整整 54 天抄录了该书。坚韧、才干以及学养使得他成为一个杰出的人文主义者和手稿搜寻者，而其经历也都被详尽地记载于他自己保存起来的书信集当中。

在 15 世纪的意大利，人文主义（意大利语：*umanista*）意味着一个研究古典学问的学生，反之，也可说是关于具有古典学问的老师。这一用语源于西塞罗的 *humanitas*（人性）概念，最初是用来指精通“自由技艺”（the *studia humanitatis*）的人。但是从弗朗西斯科·彼特

插图 4：波焦·布拉乔利尼木刻版画。
霍顿图书馆，哈佛大学，Typ52097.225

拉克（Francesco Petrarca）——他蔑视中世纪，并热心于追寻像罗马最伟大的演说家西塞罗那样的古典作家——开始，一个人文主义者即被认为是热衷于古典学问的人，特别是罗马文化，其次则是希腊文化。[14]彼特拉克致力于古典文献的重新发掘和修复。他试图在一份手稿——更好的是——同一部作品的几份手稿之中，去重整原初的文本及其含义——古典作家的一字一句（*ipsissima verba*），因为这些手稿在数世纪的抄录中已经遭到了文义变乱的危险。现存的《日耳曼尼亚志》手稿就是一个例子，在塔西佗写到日耳曼战歌并在后来产生巨大影响的段落中，同时出现了 *barditum* 和 *baritum*：到底哪一种变格是正确的？除了这些学术上的努力，他们还渴望去创作一些足以与古典著作相媲美的作品。其中特别风行的一种写作体裁是书信体，即看似朴实无华但却极其精巧的书信文学，就如同由波焦悉心的“潦草笔触”所写的那些。对人文主义者而言，通信并非只是取代交谈。他们在写信时心存未来的读者，而且勤勉地抄写、收集自己的信件，并为信件的失佚而伤感哀怨，这样的书信使得它们的作者能够“在他们的此生之中对身后人讲话”[15]。

波焦的一生以近乎狂热的嗜书癖为特征。对古典著作的热衷点燃了人文主义者重新发现这些作品的渴望，而他们探寻的方式有些时候则颇为不当。塔西佗《编年史》前几卷所仅存的手稿乃是从位于北莱茵-威斯特法伦州（North Rhine-Westphalia）① 的科尔维（Corvey）修道院中盗取而来，而后被教宗利奥十世花了一小笔钱购得。[这位深怀悔罪之感的教皇给那些愤怒的僧侣们送去了一份装饰精美的手稿复本以及一份教宗的赎罪印券，而不是将这份被称为美第奇一号（the First Medicean）的手稿返还给原来的主人]。在那些偶尔显得残忍无情的文献搜寻者之中，波焦显得极其突出——正如他的同时代人所知悉的。他不纠结于道德，倾心专注于手头的工作：当他发现一份包含有尚不为人所知的拉丁铭文五折书（[quinternion] 中世纪时五页文本叠折在一起的卷集）时，他便顺手牵羊，将其放进了自己的袖子里。他的勤勉使之受益良多。当他再一次搜检了德意志地区——在意大利人的眼中，这是一个蛮荒之地——的一些图书馆之后，他兴奋

① 德国西部联邦州，简称“北威州”，为德国人口最多的州。——译注

而得意地说道："我想让你知道，我已经通过自己的努力找到了许多过去的伟大人物所留下来的著作。我独自一人两次游历德国，最近，我又有了新的成果：我发现了七篇过去佚失的 M. 图里乌斯演说文书"[16]。他的发现让一些人颇为欣喜，却也让另一些人心怀不悦。人文主义者庆贺彼此之间的发现时，表面上热情洋溢，心里却又充满羡慕与嫉妒，但没有人会小觑他们的重要性，波焦得到了他应得的感激："你的作为将不会归于沉寂或在历史中消泯，对于我们来说，通过你的勤勉来追复和整理那些被认为遗失了的古典手稿的故事将会永远地留传下来"[17]。

波焦从伦敦返回后，在罗马担任了教宗秘书一职。① 他掌理教宗信件，负责呈介教廷事宜，并草拟谕令。1425 年夏，一位德意志僧侣因波焦的这一公职身份而试图贿赂于他。这个僧侣认为，通过给这个知名的藏书家打点一些他们图书馆中的稀有书卷，他就可能会助益于他的修道院事务。当他得到适当的指示并回到其修道院后，便编录了一份他能够从其图书馆中寻取出的著作清单，其中就有"闻所未闻的科尼利乌斯·塔西佗的著作"[18]。当波焦于 10 月末左右看到这位僧侣所写的书单时，他可能想起了关于先前"米兰主教之发现"的传言，而他曾对此不屑一顾。因此，他于 11 月 3 日写给佛罗伦萨的尼科洛·尼科利（Niccolò Niccoli，1364—1437）——他的朋友兼资助人，并且与之具有同样的癖好——的信中略而不提此事。他在叙述夏天的事情时，没有提及僧侣的名字或修道院的名称，如此的避详就简

① 时为教宗尤金四世（Eugene IV，1431—1447）。——译注

可能是因为缺乏信任；而被这种遮遮掩掩所激怒的尼科利，终会在一定的时候抱怨此事。波焦在当时透露给尼科利的所有情况，仅仅是那个无名的僧侣打算用这些书卷来换取别的书卷，后者需要尼科利来提供，波焦在他的长信中列出了那位僧侣所写下的书目清单，催促尼科利尽快回信，并说他越早地收到回信，他就能够越早地拿到那些令人垂涎的书卷。也许，除了那位僧侣，没有人会预料到这样的迫切其实并没有必要。

笼罩着这封书信的神秘色彩——来自某个修道院的某个僧侣——在五百年后消失了。尽管波焦只是提到那位牧师的修道院在赫斯菲尔德（Hersfeld，位于德国中部的苍翠山峦之中），其他的一些文献显示，海因里希·冯·格莱本斯泰因（Heinrich von Grebenstein）就是那个神秘的人物。[19]他的修道院院长为了解决修道院与地方市镇间的冲突，于1422年至1429年间多次派遣他出使罗马。而在这公差的幕后，他还谋求着他的另一个计划。为了这两个任务，他便与波焦攀上了关系。在以一种莱茵方言和拉丁语的奇怪混合写成的书信中，海因里希成了一个虔诚并且狡黠而天真的修道院长利益的代言人。他声称，他的诸般努力受缚于资金的短缺，这可能表明他打算以高价出卖这些手稿，以便增加他的进项（或者是修道院的经费）。而在诱惑波焦的同时，他似乎也为其他人提供了那些人文主义的交易品。

1426年6月26日，即波焦与尼科利之间的那次通信过了几个星期后，维罗纳的加瑞诺（Guarino of Verona，1374—1460）在致其博洛尼亚友人的信中写道："你带着令人愉悦的亲切感告诉我的那些复活并重见天日之人的消息到底怎么样了？噢！难道我能看到塔西佗本人，我那普林尼的朋友、同伴和同僚，并且能够亲自与他说话！"[20]这个备受尊敬的希腊语教师和翻译家用着一种兴奋的颤抖笔触，请求得知关于此事的更多情况。这些消息来自于潘诺米塔（Panormita，1394—1471），这是他的托名［指代他在西西里的出生地帕勒莫（Palermo）］，而非其姓氏为此，他当时可谓毁誉参半。暴得大名的原因乃是由于其《双性人》（*Hermaphroditus*）的发表，即一部明目张胆的情色短诗集，其中就有一首怂恿"女人和贞洁的处女"私奔的诗歌。尽管这部诗集的淫言秽语令人生厌，但其形式上的雅致却十分引人注目。用波焦——他揭示了相互冲突的旨趣，即道德与审美的冲突，并迫切地说出他对作者心灵的关切——的话说，即主题"如此淫亵和下流"，其表达却"如此优美得体"。[21]

不知出于何种原因，这个缪斯女神的顽皮孩子知道要报道说"科尼利乌斯·塔西佗那本关于德意志人之起源与所在的著作已经被找到了"[22]，在其回应加瑞诺之要求的信中，他还列出了其他可以提供的文本：塔西佗的《阿古利可拉传》和《关于演说家的对话》，以及罗马传记作家苏维托尼乌斯的一些残篇。这是留存下来的关于赫斯菲尔德抄本的最早的完整叙述——该抄本以其所谓的来源地命名（它可能是基于海因里希自己编制的书目）。然而，太多的历史消逝于黄昏之中，有相当的理由可以认定，这部抄本实际上来自于附近的富尔达——在那儿，正如我们所知，《日耳曼尼亚志》在9世纪时得到人们的利用，而且那里还有一个藏有诸多古典著述家之抄本的著名图书馆。但另一方面，就我们目前所知，赫斯菲尔德修道院既没有这样的图书馆，也没有《日耳曼尼亚志》的抄本。但是赫斯菲尔德修道院长是富尔达修道院图书馆长的兄弟，而海因里希·冯·格莱本斯泰因也许是将这部手稿当成自家的东西提了出来，相信如有必要，富尔达那里是可以提供出手稿的。

潘诺米塔自信满满地向加瑞诺表示："这些和其他不计其数的已经流传的抄本，以及另外一些尚未流传的抄本，统统都在一个地方……现在，它们将会在某一天被寄送给我的一个至交密友，接下来再由他迅速地寄给我；而后你将会在自己手中持有这些重生的真正杰出之人"。但是什么也没有发生。我们只能推测他的消息来源。它可能来自于这位僧侣自己、拍卖商，或者可能得自于波焦这位颇有兴致的买主。海因里希不只是向他的修道院长抱怨其财力状况，而且也向波焦诉说，而且据了解，他也同其他人文主义者提到过他那些珍贵的手稿。不过，潘诺米塔从波焦那里得到这一消息的可能性不大。因为当波焦与他的好友尼科利通信时既然如此保密，那为什么像他这样如此热衷于名利的人还要乐于给一个潜在的竞争对手提供信息？

波焦在其通信中继续他的保密策略。九个月过去了，显然没有什么消息被泄露出去。那些信件由罗马寄出，而后及时被赫斯菲尔德修道院的那个人所收到，这就是身在佛罗伦萨的尼科利所知道的一切。尼科利必定有所怀疑，他猜想这些信中肯定说到了许多很少被提及的事情。1426 年 9 月，波焦的诡秘已使他腻烦透顶，他那被耗蚀的耐心变成了恼怒。但波焦在回信中却显得无动于衷，并以嘲笑回避此事：

> 关于那些德意志的书卷，我将不再提及；这样说吧：我没有睡着——那是你的习惯——而是保持警醒。如果某个人信守诺言，正如我希望他做的那样，那么这部书就将在这里出现，不管是由于强制还是协商。我还试图取得这个非常古老并储存着大量书卷的德意志修道院的书目清单。但是为避免你的讥讽搅扰到

我，你将不会再得知与此相关的消息。

显然，尼科利的讥讽刺痛了波焦；波焦则以一句嘲讽的话还治其身，“你不会再得到相关的消息”。结果，不幸的是，我们也没有了解到更多。[23]

随后又是数个月的沉寂。而接下来的事情则出现在 1427 年春末。尼科利以某种莫名的方式得知，他的朋友在罗马接待了一位神秘的访客。对此，他的笔端肯定满含失望和猜忌，正如从波焦于 5 月给他写的回信中可以推想到的那样：

正如你所言，我曾向我们的科斯慕斯（Cosmus）提到过，这位来自赫斯菲尔德修道院的僧侣也向他人提到了——正如我写信给他——他根据我的要求带来了一份包含有更多书目的清单。后来在我的竭力搜寻下，那个人来到我这里，并带来了他的那份书单——说了很多话，但没有实质内容。他是一个不错的家伙，但是并不熟悉我们的研究，误以为他自己不清楚的东西，我们同样也不清楚。因此他的书单中所列的诸多书籍我们已经有了……但是我将寄给你部分他的书单，其中包含有科尼利乌斯·塔西佗以及其他我们没有的书籍……但我已不会对他所说的话抱有很大的希望。这也是我没有给你写太多信的原因。如果真有什么值得注意的事情，或者一些值得智慧之神（Minerva）眷顾的东西出现，我将不只是写信给你，而且还要火速地动身去告诉你。现在，这个僧侣正缺钱。

波焦还提到说，他会对此提供帮助，但前提是收到那些令人垂涎的手稿，而谈判还在进展之中。随后，则是一种更为个人化的辩护性说辞：

> 我对你写给我的信感到惊诧，你竟然怀疑我为了避免公之于众而匿瞒了清单中所列的那些书卷。你怎么会有这样的想法？“自打我的指甲尚且柔嫩的时候起”，你难道还不了解我？我难道愿意对你这个分享我所为所想的人隐藏任何事情？你不知道只有朋友才能使得那些拥有的事物变得令人愉快？而我绝无希望写给所有人的作品不能够共同分享。[24]

这段有说服力的文字缀引了一句显得十分博学的语词，它得自于西塞罗的书信。

时间又在纷纭的世事中过去。尼科利继续等着能够得悉他的朋友已经安排并且可能已经办成的事情的相关情况，但他却愈来愈不耐烦。最终，即 9 月末的时候，他再次向他的朋友询问——却只获悉：“关于那个在德意志的科尼利乌斯·塔西佗，我一无所知；我希望能够得到那个僧侣的一个回复。”在新的一年，即 1428 年，这死灰复燃的希望再次熄灭。关于“那些我们至今未知的科尼利乌斯·塔西佗著作”的最初兴奋过去了三年后，波焦只能写道，“科尼利乌斯·塔西佗仍然沉寂（*silet*）在德意志人之中。关于塔西佗的著作，我没有得到来自那里的丁点消息”[25]。尽管令人沮丧，但波焦还是忍不住玩起了文字游戏：缄默不言的塔西佗（the tacit Tacitus）。若不论其所指，他的收信人肯定会很欣赏这个双关语。

1429年春，也就是波焦搜寻手稿的第四个年头，一个差强人意的消息传到了佛罗伦萨：

> 那个来自赫斯菲尔德的僧侣来了——但没带书。我郑重地与他说及此事。他答应说很快就回来——你要知道，他目前正代表他的修道院进行诉讼——并把书一同带来。他向我提出各种要求。我说，除非我们收到书，否则一切免谈。因此，我希望我们［很快］就会得到那部书；因为他需要我的帮助。[26]

结果却仍然是揪心的等待，而非很快地如愿以偿，那位僧侣又一次未能交付。波焦也仍然没能见到《日耳曼尼亚志》。在波焦的通信中，这是最后一次提到那位僧侣和他那难以捉摸的手稿。波焦最终也失去了耐心。忙乱诸多却一无所获。然而，他那诡秘、淡然，以及骤然放弃的举动，却使得一些学者怀疑他事实上已经得到了手稿，并把它们藏匿了起来。学术上的那种似是而非的诡辩折射出了种种动机。但波焦之子雅各布（Jacopo）所写的一封信却证明，他的父亲事实上并没有得到《日耳曼尼亚志》。关于波焦的叙述也就到此结束。

尼科洛·尼科利则进行了最后的一次尝试。如果他要是那么容易屈就于现实，他也就不会在佛罗伦萨耗资筹建最好的图书馆了。为了得到那800卷的手稿——他的收藏如此令人称奇——是需要献身精神的。他循着仅有的一些线索继续推进，而这些线索就是他那起先沉默而后又退出的朋友所提供给他的。1431年，两名枢机主教——朱利亚诺·切萨利尼（Giuliano Cesarini）和尼古拉·阿尔伯加蒂（Niccolò

Albergati）——去了法国和德国，尼科利给他们提供了一份书单，以备查找。这份清单被称为《尼科洛·尼科利旅德书目》（*Commentarium Nicolai Nicoli in peregrinatione Germaniae*），该清单只在一封信中有提及，而且这封信可能至今还保存着。[27]然而在20世纪初，这份清单却作为西塞罗哲学著作的一份手稿附录而被人们发现。这个幸运的发现，对于了解古典作品的重新发现十分有价值。相比于潘诺米塔于1426年寄给加瑞诺的那份书目，这份书目对赫斯菲尔德抄本的描述更为详尽，因此它必定是以尼科利从波焦那里得到的第二份书目清单为基础的。

但是所有这些似乎都没什么用，尽管在1433年的早些时候，尼科利从巴塞尔公会议（1431—1449）上——由要求教会内部改革的异见者组织——又再次听说了那份抄本。[28]此外，还有第三拨人也在寻找这些手稿，但这些人同样未能得见。而当手稿最终见于天日时，尼科利已去世近二十年。

回到罗马

> 科尼利乌斯·塔西佗的那本关于“德意志之起源与状况”的著作被找到了；1455年的时候我在罗马看到了它。
>
> ——**皮尔·坎迪多·狄采布里奥**
>
> **（Pier Candido Decembrio）**

重新发现塔西佗短篇著作的第二幕故事——它就像一位偏爱复杂情节的剧作家所写的一出戏剧——以一次意外开场。身为教宗文书的皮尔·坎迪多·狄采布里奥（1399—1477）在日记里提到说，他见到了《日耳曼尼亚志》——即上文所引的那句显得并不完整的话。作为一个见多识广的藏书家，他引用了塔西佗那本“关于德意志之起源与状况的书”的 *incipit*（开头）和 *excipit*（结尾），同时也记述了《关于演说家的对话》《阿古利可拉传》，以及苏维托尼乌斯的著作残篇，并注明了每部作品的页数。[29]他的目录与尼科利在其《尼科洛·尼科利旅德书目》中所列的几乎完全一样。似乎就在一夜之间，书卷手稿就重现于世间，究其原因，这极有可能是得益于波焦的对手所做的努力：代表教宗官方的手稿搜寻者，阿斯科利的艾诺克（Enoch of Ascoli）。

从某种程度上讲，波焦在论争中就像是一条蛇怪，他认为有必要提醒艾诺克说：“你甚至不具备足够的天赋或口才以污蔑之词来搅扰我。”[30]被人如此规劝的人难免会遭人嫌恶甚或陷入困境。艾诺克于15世纪初期出生在意大利中部的阿斯科利皮切诺（Ascoli Piceno），其家境的贫寒只是暂时地影响了他的雄心壮志。虽然财资微薄，但才赋禀异的他获得了资助，并最终在佛罗伦萨成为勤勉的弗朗西斯科·费列佛（Francesco Filelfo）——一位古希腊语和拉丁语著述家方面的权威——的一名学生。在那儿，他获得了必要的人文主义训练和人脉积累，并在同学当中遇到了两个后来成为教宗的人，即庇护二世（Pius II）和尼古拉五世（Nicholas V）。数年后，正是尼古拉将他召去罗马讲授修辞学和诗歌，之后又于15世纪50年代派遣他去搜寻手稿。

尼古拉五世在成为教宗之前已经是一名学者。他身份虽变，但个性依旧。在担任教宗期间，他继续致力于“寻回那些被认为失佚的书卷”，设想着建立一个能够与亚历山大里亚图书馆的著名馆藏相媲美的罗马图书馆。[31]他领导着一支文献搜寻团队，其中就包括1451年时被派遣至北方，去德意志和斯堪的纳维亚搜寻手稿的艾诺克，而身为教宗文书的波焦则写了介绍信。其中，尼古拉郑重声言，“为了搜寻和抄写［古希腊和罗马作家的］著作，我们派遣了阿斯科利的艾诺克——我们值得敬重的儿子，一个精通希腊语和拉丁语的人”[32]。当这个博学的人有需要和困难时，那些领受教宗训令的人则被要求给予支持。

在一封私人书信中，波焦倾泻了他对艾诺克的轻蔑：“对于艾诺克的搜寻会产生什么好的结果，我几乎不抱什么希望。”[33]他继续写道，假如他确实发现了什么，那也是由于他交了好运，而不是得益于他的才智和勤恳。当艾诺克探访了北方的一些修道院后，他似乎确实遇到了好运，我们可以设想，在那儿，他的目光落到了一个遭人遗忘的地方，波焦的一个朋友曾经描述过一个类似的状况：

> 当我们仔细地查看了圣加伦（St. Gall）教堂附近的塔，我们都不由得泪流满面，在这儿，有无数的书籍像俘虏一样被关在里面，被人弃置的图书馆布满了灰尘、蠕虫、烟灰，所有这些都污毁了书籍。我们认为，这就是拉丁语最伟大的荣光归于失落和寂灭的原因。[34]

艾诺克与那些被他释放的“俘虏”一起回到了罗马，带回了塔西佗的短篇作品这一拉丁语的瑰宝，这些作品保留在赫斯菲尔德的海因里希于三十年前提供的手稿之中。但是由于证据过少而多有争议，事实需要再次用合乎情理的推论来充实。

两条不起眼的批注提供了一个线索。15 世纪时那不勒斯最重要的人文主义者，乔万尼·乔维亚诺·庞塔诺（Giovanni Gioviano Pontano，1429—1503）于 1469 年 3 月完成了几部文本——被称为莱登西斯·派瑞佐尼亚努斯（Leidensis Perizonianus）抄本的集子——的抄录后，他批注道，这些书卷“最近由阿斯科利的艾诺克发现，从而使之重见天日”[35]。庞塔诺的手抄本包含了海因里希·冯·格莱本斯泰因抄本的所有文本，但没有《阿古利可拉传》，这部作品与其他部分相分离的时间应该处在教宗文书狄采布里奥 1455 年见到它与庞塔诺抄录它的时间段之间。一个历史探寻者的本能应是依托当时的凭据，但见证人却可能犯错或说谎。庞塔诺的证词颇为可疑，部分是因为他在其他地方所提供的错误信息。更重要的是，当时其他的人文主义者并没有提到说艾诺克发现了塔西佗的著作。

然而这颇有争议的凭证得到了来自阿尔卑斯山以北的一个本笃会僧侣的支持。1455 年，艾诺克于返回意大利的途中，造访了西吉斯蒙德·梅斯特林（Sigismund Meisterlin）的修道院——圣乌尔里希圣阿夫拉修道院（*Saint Ulrich and Saint Afra*），当时，梅斯特林正在忙于撰写有关家乡奥格斯堡的史书，即《奥格斯堡编年纪》（*Cronographia Augustensium*）。[36]梅斯特林在其著作中提到了他与艾诺克之间的会话；尽管他没有提到塔西佗或《日耳曼尼亚志》，但无可置疑的是，他相当熟悉这本书，或者更有可能的是，至少熟悉其中的内容。在探究奥格斯堡的起源时，他拒斥了那个普遍的假设，即其祖先乃是逃离特洛伊战火废墟的人（即所谓的特洛伊谱系）。相反，他提出了一个新颖的说法：原住民苏维汇人乃是该地的原生民。这也许是巧合，梅斯特林成为使用塔西佗族谱的第一人，而该族谱的内容，据传就在他的造访者已藏之于箧的书卷之中。或者，更有可能的是，艾诺克也许已经与梅斯特林分享了那些得自于新发现的珍贵手稿中的信息。

当艾诺克最终返回罗马后，得知其庇护人尼古拉五世已经去世（1455 年 3 月 24 日）。这位教宗的逝去使他主要的酬金来源也随之失去。艾诺克伤感过后，开始寻找能够答应其开价的有钱买家（其要价不菲：在当时，一个牧师一年的收入是 4 弗罗林，而艾诺克则要价 200 ~ 300 弗罗林）。供职于罗马教廷的老科西莫的私生子，即卡尔罗·德·美第奇（Carlo de' Medici）在一封写给佛罗伦萨的乔万尼——其同父异母的兄弟——的书信中详细地记述了这些情况。他将艾诺克描述为一个面有倦容而又谨小慎言的人，他拒绝给任何人出示他的发现，除非他们先把钱拿出来。然而我们似乎可以很有把握地推测，在艾诺克回到罗马后，其教廷同僚狄采布里奥得到他的许可，查看了这些手稿，并在日记中表露了他对此的印象。

其他人则鲜有这样的特许，他们基于对艾诺克最近斩获的猜测而对之抱以嘲讽。在卡尔罗·德·美第奇的眼中——“许多博学的人”也认为——只有四部作品是有价值的。其余的则一文不值：*Tutto il resto non vale una frulla*（其他一切都是不值一钱的杂碎）。[37] 在这四部特殊的著作中，正如之后的一封信所透露的，有苏维托尼乌斯所写的作品，它与《日耳曼尼亚志》一同被抄录在赫斯菲尔德的海因里希所提供的手稿中。然而，尽管苏维托尼乌斯表明了一部塔西佗作品的存在，但没有人作出证实。如果“其余的”包含有塔西佗所撰写的作品，那么它肯定会被视为是“有价值的”，或者至少是值得一提的。

艾诺克于 1457 年去世后，留下了一团迷云。也许，庞塔诺终究是搞错了。然而，西吉斯蒙德·梅斯特林是如何知道《日耳曼尼亚志》的？这故事的最后一幕，相当简短而又同样无果而终，它提供了更多的信息，但仍然没有最终的结论。在此，让我们走进艾尼·西尔维奥·皮科洛米尼（Enea Silvio Piccolomini）。

在艾诺克还未入土为安的时候，锡耶纳（Siena）的主教皮科洛米尼就向卡尔罗·德·美第奇询问，刚刚去世的那个人是否留下了“某些书籍”，是在美第奇这里，还是在其他什么地方？自佛罗伦萨的学生时代，皮科洛米尼就认识了艾诺克，因而他可能知道一些其他人并不了解的情况。不过，如果他知悉如此重要的信息，那么他就不会在其冗长的信中提到这件事情了。然而，在他询问了有关艾诺克书卷的信息不到两个月后，他就在自己论述德意志的著述中征引了一段塔西佗的文本，而这些文段只可能来自赫斯菲尔德抄本或该手稿的复本。这就表明，他在询问了有关艾诺克书卷的情况后看到了《日耳曼尼亚志》。

然而，他是在什么时候，以什么样的方式，以及为什么会获得这份手稿，我们对此并不清楚。但是，一封写于约二十年后的书信中的一条评注同样揭示了皮科洛米尼与艾诺克及其发现之间的关系。1475年，前文提到的波焦·布拉乔利尼的儿子雅各布声称：“科尼利乌斯·塔西佗来到意大利应归功于教宗庇护（Pius，即先前的艾尼·西尔维奥·皮科洛米尼）的努力。”[38]按时间的先后来看，雅各布的这个说法很快就被证明是错误的：塔西佗的作品是在1455年的罗马出现的，但是迟至1458年时，皮科洛米尼才开始其教宗职务。然而，错误也可能指向实情：雅各布所记得的也许只是皮科洛米尼所担任的最高职位，而不是他当时的主教身份。

在此，分别以波焦·布拉乔利尼、阿斯科利的艾诺克，以及随后的——简短的——艾尼·西尔维奥·皮科洛米尼为中心的三幕剧就此结束，故事落下帷幕，然而，听众并没有得到真相。相互矛盾的证据需要再三斟酌。在可能性上，艾诺克最有可能得到了手稿。我们知道，在搜寻手稿的时候，艾诺克到过德国，在其返回的路上，他与梅斯特林有过谈话，而就在他回来的时候，据在罗马的狄采布里奥称——只是说给他自己——“塔西佗……已经被找到”。并且同样报道了在赫斯菲尔德抄本中与塔西佗一道被提及的苏维托尼乌斯，而后在涉及艾诺克的发现时，苏维托尼乌斯又被提到。这些著作引起了皮科洛米尼的注意，数周后，在其即将发表的著述中，他就会成为第一位引用《日耳曼尼亚志》的人。在这个剧本中，若干跳跃性的推测是有必要的：艾诺克回到罗马后就给狄采布里奥展示了他所发现的东西，但同时要求他对此保密，从而使得狄采布里奥只在其日记中对此有所透露，而没有和其他任何人说。之后，由于艾诺克的支持者教宗尼古拉五世已经去世，艾诺克因此而隐居起来，并把《阿古利可拉传》卖出去，以维持自己的生活。关于《日耳曼尼亚志》（以及《关于演说家的对话》）到底有什么确切的事情发生，以及这部作品是如何落入皮科洛米尼手中的，对此，即使是最明利的眼睛也无法弄明白。

拼凑起来的故事依然是不完整的。然而，也许在某一天，另一些证据会被发现，从而能够使我们看到一个完整的故事。

3. 德意志祖先的诞生

首先，我们需要说明，德意志曾经是什么样子，如今又是什么样子。

——艾尼·西尔维奥·皮科洛米尼

罗马的冬天是清净明爽的，不冷，也不灰瑟，显得明和清朗——总之，非常不同于德国那凛冽刺骨的冬季。1458 年 2 月 1 日，成为锡耶纳主教的艾尼·西尔维奥·皮科洛米尼回忆起了他在阿尔卑斯山以北度过的许多寒夜，当时，他全身紧裹，凭借其娴巧的文才来赚取生计。在很长一段时间里，他极少中断工作回到“意大利那温软明悦的空气中……那里是永远的春天”[1]。如今，他回到了罗马，面庞因生活的舒适而变得圆润，他给他最新的著作撰写了献辞，该著不久以后便以一个简短的标题知名于世，而这个标题仅对应于整部著作三分之一的内容——然而却是最重要的一部分。这部《德国志略》（*Account of Germany*）包含有皮科洛米尼对德意志基于经验的描述（首次出自于一个人文主义者的笔端），以及关于古代德意志人之既往的一段文绉绉的叙述。在早期现代欧洲时期，这种既往（past）包含了对塔西佗《日耳曼尼亚志》的首次化用，这一化用简略、模糊而又影响深远。

与加洛林时代的富尔达的鲁道夫不同，皮科洛米尼通过利用《日耳曼尼亚志》，将日耳曼人（*Germanen*）与当时的德意志人这两个不同时代的族群视为一个民族。这样，作为德意志人祖先的日耳曼人（*Germane*）就诞生了。这种对于一个种族连续性的误解将会一直持续到20世纪，诺贝尔奖得主海因里希·伯尔①（Heinrich Böll）［虽然是迟疑不定地］就将《日耳曼尼亚志》视为有关德意志人祖先的最古老的文献资料之一。

当这样的日耳曼人（*Germane*）在15世纪后半期诞生的时候，有两个帝国给基督教欧洲投下了持久的阴影：位于东方的强盛的奥斯曼帝国，以及过去的罗马帝国。通常在教会任职的意大利人文主义者将他们自己视为罗马人的后裔以及古典遗产的承当者。通过修辞方面的修养和对古代世界的了解，他们崇仰罗马的过去，并将其荣光发扬于当代："我们失去了罗马，我们失去了权威和统治……［然而］意大利是我们的，法兰西是我们的，西班牙、德意志……以及许多其他国家是我们的。因为罗马帝国一直会存在于罗马语言占主导地位的地方"[2]。罗马帝国不仅是作为一种意大利人以及更为普遍的欧洲智识者的文化典范而存在，而且，根据"统治权转移"的理论，它也存在于德意志民族的神圣罗马帝国之中。476年，罗马溃亡于日耳曼诸族，数个世纪之后，查理曼于800年左右再度将欧洲统一在加洛林帝国的域界之中。随后，历史悠久的神圣罗马帝国应运而生：她以德意

---

① 海因里希·伯尔：德国作家，1972年诺贝尔文学奖获得者，曾应征入伍，直至二战结束。其早期作品多反思和审视纳粹主义，后期作品则多批评西德现代的经济社会。代表作有《亚当，你曾在哪里?》《莱尼和他们》《监护》等。——译注

志人的“国家”为中心，附属有荷兰到意大利北部的诸多地区，并且她被普遍认为是先前罗马的继承者。

但是意大利的人文主义者作为文艺复兴时期文化上无可争议的先锋者，却对德意志的生活方式不屑一顾。对于他们许多人来说，北方欧洲在他们所知的历史之中一直就像是一个未开化的荒原。而阿戈斯蒂诺·帕特里西（Agostino Patrizzi，1435—1494）——曾于15世纪70年代到过德国的一位教宗使节——却在其游记中表达了一种与众不同的印象，他动人地写道：“德意志［超乎我们的同侪（*nostril homines*）所认为的］伟大而秀丽，而且，就其繁荣与文明而言，她非常不同于恺撒、斯特拉波（Strabo）、① 塔西佗以及其他人所描述的那个古老的地方。”[3]有理由料想，她在将近1500年的一段时期内发生了变化（毕竟，有谁会在今天通过读《贝奥武甫》来了解现代的斯堪的纳维亚?）。然而帕特里西的同侪大多囿于古典传统和偏见所形成的看法，他们将帕特里西所提到的三条古代凭证解读为德意志人过去之野蛮的一种诉状，并且认为当今居住于德意志的人同样（用波焦·布拉乔利尼的话说）是“一群野蛮的驴”。

然而，欧洲人需要团结起来对抗土耳其人，后者于1453年攻陷了作为“基督教世界的两盏明灯之一”的君士坦丁堡（今伊斯坦布尔），从而威胁到了整个欧洲。[4] 因此，即使是那些对德国抱以轻蔑态度的人文主义者，在描述德国时，也不得不紧跟当前的政治需要；而这样的机会主义也决定了德意志的过去：Germane（日耳曼人）将会

① 斯特拉波（约前64—约公元23）：古罗马地理学家、历史学家。著有《历史学》（仅存少数残页）、《地理学》。——译注

被打扮成一个身着兽皮、须发浓密的异教徒，或者是一名土生土长的武装英勇的战士，总之，其形象取决于他所扮演的角色，可以说，《日耳曼尼亚志》从一开始就是服务于政治的。[5]

曾经的蛮驴，如今的绅士

> 科尼利乌斯·塔西佗所描述的德意志甚至比［其他古代经典作家］的叙述更为凶蛮残暴。
>
> **——艾尼·西尔维奥·皮科洛米尼，1458**

贵族们总是珍视他们往昔幸福的记忆，皮科洛米尼正是这些贵族的后代，他成长于锡耶纳附近的图斯坎村庄，那里“有使诗人迷恋的温和色调、波光粼粼的井水、葱郁的草原，以及令人舒畅的牧场”[6]。才赋与贫困使得他离开锡耶纳大学，跨过阿尔卑斯山，一路直至苏格兰。他的经历印证了新的人文主义训练的成功：相比于圣经，他在罗马经典方面的造诣更为精深，加之在修辞学方面的训练，使他得以靠写作为生。作为一个靠笔杆子生活的人，就像许多人文主义者那样，他在巴塞尔——被莱茵河所分割的瑞士城市，后来在此召开了巴塞尔公会议（1431—1449）——以一名文书和外交官的身份开始了他的职业生涯。由于对尤金四世（Eugene IV）不满——理论上，他同样要服从作为“最高判决”的公会议权威，公会议的神父们选举了菲利克斯五世（Felix V）作为对立教宗，从而造成了所谓的菲利克斯五世大分裂。[7]皮科洛米尼曾一度于两位教宗麾下任职，但当与两个教宗阵营断绝关系后，他最终成为德意志国王和皇帝腓特烈三世（Frederick

III）的臣僚。作为驻在维也纳的神圣罗马帝国与罗马教廷之间的联络员，他在德语地区度过了二十多年，其间，他记录所见所想，完成了他的大部分作品，并宣传了人文主义理念（现代学者将他视为“人文主义的使徒”）。他认为德国人民很不错；只是他们“不喜欢舞文弄墨”，缺乏文化上的精致优雅。就如同当时许多其他被逐放到北方海岸的意大利人那样，他自比为被流放的诗人奥维德——在奥古斯都的统治下，他为自己在罗马的轻佻行为而被判流放于黑海附近。[8]

还在从侍于腓特烈三世的时候，皮科洛米尼发表了他最著名的演说，即在法兰克福会议上所宣讲的“君士坦丁堡的陷落和对抗土耳其人的战争准备”[9]。欧洲仍然处在震动之中，因为在加农炮首次齐整的轰鸣中，欧洲文化在东方的中心落入了穆罕默德二世手中。现在，欧洲人不得不去面对这位攻无不克，“手上沾满了基督徒鲜血”的苏丹。皮科洛米尼于1454年10月15日的讲演就是为了激励德意志人去加入圣战。这场进行了两个小时的演讲让听众如痴如醉（据演讲者所言，在其回忆录中，他详细地描述了没人敢清嗓子的情景；而其他人则持有不同的看法）。他以缺席的神圣罗马帝国皇帝的名义，恳求他们不要“撇弃基督教共同体”。他敦促他们要追随他们那以坚毅立世的先辈的足迹，而他们不正是如其先辈一样吗？皮科洛米尼要让他的听众知道，当他看着他们时，他看到了什么：众多久经沙场的战士，对他们来说，与土耳其人作战将易如反掌。由此，他们就会从中证明自己乃是真正的日耳曼后裔，并且是罗马统序的堪当者。“因为你们是伟大而善战的德意志人，最为强大，也最为英勇，你们因得到了上帝的恩典而扩充了你们帝国的疆域，并抵御了罗马的武力；因此，你们远胜于所有其他民族。”然而，他的许多话都是徒劳多余的。

因为在这些使节们离开之后，德意志人并没有加入圣战。

尽管如此，这次讲演还是成功的。作为三场系列讲演之一，它通过不下50份的手抄本很快流传开来，并且成为这类演说中的一个经典。不久以后，其中的一些话便出现在了德意志人文主义者的作品之中。[10]这篇演说所展现的德意志先祖是一个身着金甲银盔的西方文明的忠诚保卫者，由此而取悦了北方的读者——尽管这种描绘乃是厚颜无耻的投机行径。然而，这篇演说所包含的内容丝毫没有参考塔西佗的《日耳曼尼亚志》（这部书出现在罗马恰好是在一年之后，即1455年）。皮科洛米尼对德意志过去所作的另一种描述，即穿着毛皮并且毫无教养的游牧民族这一负面形象，最终将证明影响更为深远。

与奥维德不同的是，皮科洛米尼最终从他的“放逐”中归来。回到意大利后，他身为新近任命的锡耶纳主教，不失时机地为竞逐教宗职位来确立自己的角色。他从不缺乏野心；而且他知道，这些野心仍然要依靠德意志。一名主教若想在罗马得到地位和影响力，就需要显赫的家庭、教宗的宠信，以及（或者）国外的支持。皮科洛米尼利用了他与德意志人的关系——在罗马，他陪同腓特烈三世参加了其正式的加冕礼，并作为贵客而位列腓特烈席间——以取悦抱恙的教宗卡利斯特三世（Calixtus III，1455—1458）。使他得意的是，在德意志问题上，“相比于任何其他主教”，教宗更倾向于交给他办理；而且在他看来，他“一直是德意志的代表”。[11]但是一些受益者却对这位主教在这方面的投入持有不同的看法。

美茵兹（Mainz）主教的文书马丁·迈耶（Martin Mayer）给皮科洛米尼寄去了一封书信。信中，迈耶对皮科洛米尼最近当选为枢机主教的事随意客套了几句之后，便告诫他要注意德意志人对教廷政策的普遍的不满情绪。此外，这位文书——皮科洛米尼的故交——又列举了一系列的怨愤，包括罗马对公会议教令的漠视，把有俸圣职（附带有财产的公职）贩卖给出价最高的人，兜售赎罪符，以及滥敛税收。

> 为了金钱，罗马教会千方百计地压榨我们（仿佛我们就是野蛮人）。这种行径将我们一度显赫的［德意志］民族——这位世界的皇后和女王以她的美德和鲜血保卫了罗马帝国——贬低成了多年来身陷污浊而悲叹其命运与贫困的女仆和附庸。[12]

罗马的贪婪败坏了德意志民族，皮科洛米尼必定已经意识到，他本人也身陷这样的控诉中：他一经当选为主教，教宗就给予他总计两千杜卡特（ducat）的金币，① 以酬补他从他的父母那里继承来的有限的财产。尽管这位主教以德意志利益的承当者自居，但他的批评者则认为他更看重的是自己的钱袋。

为了回应迈耶的书信，皮科洛米尼觉得有必要写一部三卷本的书信体著述，而不仅仅是一封书信。“我一打开并看过［这封书信］之后，怒火便油然而生……我决意要批驳这些［德意志教士］对教廷的指责。”[13]然而，激发他进行著书论说的并不是怒火，而是德意志人的最新抗议给他提供的一个机会，这个机会可以使他那些年长的主教同侪意识到他千辛万苦得来的关于德意志事务的特有识见，并将自己

① 杜卡特：12—13 世纪，威尼斯共和国开始铸造使用的金币，是一战前欧洲通用的货币。——译注

塑造为一个罗马教会的坚定捍卫者——就像他希望很快能够当选的教宗那样。皮科洛米尼通过充分证明他在公会议和教会问题上的见识，并凭借他对圣经的熟稔而充实了他那卷帙浩繁的回复，同时，这也是一种隐秘的竞选努力。（他可能认为，鉴于其宗教事业起步颇晚，这样的学问见识是必要的：在他于1446年以41岁的年纪被授任为维也纳的副执事之前，作为诗人、情夫和学者的他肆意而为，以致后来他为此作出了虔诚的忏悔。）

为了配合这个隐秘的安排，皮科洛米尼将那部后来以“德意志仪轨、风俗及一般境况之志略”为题出版的著作献给了颇具影响力的墨西拿（Messina）主教，安东尼奥·德·拉·塞尔达（Antonio de la Cerda）。[14]在给那位主教的附函中，上述引文即为其中的一部分，他佯称撰写这部书信体作品是对迈耶提出的书面控诉——该控诉的一份复本作为前言而被他置于其回应之作中——所作的仓促回应。然而，这份复本实际上是由皮科洛米尼自己所作（美茵兹主教文书所写的那封书信原件并没有留存下来），而且，那部《德国志略》并不是第一次的回应，而是第四次的回应。前三次安抚性通信中的信件已经在私下里寄给了迈耶。皮科洛米尼在这些通信中煞费苦心，他要平息德意志人的愤怒，并且要使他的解释满含同情——就像他声称要成为德意志人利益的支持者那样，完全没有在《德国志略》中表现出的那种不耐烦和狂傲，在那里，他将他自己表现为教会的坚定拥护者。皮科洛米尼在其大部分的生涯中，均是凭借他的巧语华章为生。而此次在一部针对迈耶但却寄给其同侪主教的著述中，他再次依靠这种说服的技艺，这体现了他的能力，同时也通过反驳那些指责忠诚地捍卫了教会。此次关于德意志过去和现在的著名刻画遵循着相同的逻辑：它们被建构出来的目的乃是为了有利于自辩者，而不是为了反映事实。

为了探讨关于罗马教廷造成德意志衰落的指控，皮科洛米尼主张要深入地检视过去，应当展现出迈耶祖国的“过去和现在”[15]。否则，人们如何能够评判任何的变化？这位主教继续写道，有太多的历史无法展现在历史学家那明澈的视界之中；然而，发端于朱利乌斯·恺撒的过去境况却是清晰可辨的。历史比较的提议看起来是颇为恰当的；然而，迈耶却会对此不以为然。因为当他谈到往昔的辉煌时，他所想到的并不是古代，而是查理曼（德意志著述家们喜欢将他作为他们的祖先）用武力所缔造的中世纪的伟大帝国。皮科洛米尼同样意识到了这一点，然而，对于中世纪的伟大帝国走向衰落的问题，他通过运用一种被称为“代换”（substitution）的常见修辞策略将这一难以应对的探讨搁置了起来。一般而言，在其反对者的总体观点似乎被完全地拆解后，回应者就可以谈论最为敏感的问题。而在这一特殊的境遇中，迈耶在自己未涉及的地方被证明是错误的。

对于这个古老的过去，这位主教吁求人们只需翻阅权威的古典作品。没有人不知道，德意志的祖先都是生活于蛮荒之境中的一群不通文墨的野蛮禽兽。有三位权威作家——从公元前1世纪50年代到100年左右依年代先后排序——可以有助于澄清这些野蛮人的情况。首先是来到、看到并很快离开德意志的统帅，盖乌斯·朱利乌斯·恺撒。他在皮科洛米尼所看到的《高卢战记》中附带提到日耳曼人时写道，这些人“被认为”好勇善战而且训练有素。然而他们的生存却充满辛劳与困厄；他们大都赤身在外，衣不蔽体，对农耕漠不关切，并且居无定所。接下来是阿马西亚（Amaseia，在今土耳其）的斯特拉波，即奥古斯都和提比略统御时期的希腊历史学家和地理学家，他其实是被迫与此相关。皮科洛米尼从《地理学》（*Geographica*）的拉丁译本中选择了怠惰懒散（*ignavia*）与荒蛮贫厄（*inopia*）作为这些日耳曼游牧族群的生活特征。最后，在塔西佗这里，这位抱负不凡的主教为他的观点找到了更多的素材：

> 科尼利乌斯·塔西佗所描述的德意志甚至比［其他古代经典作家］更为凶蛮残暴……在那个时候，你的［迈耶的］先辈们的生活与那些凶残的野兽并无不同。他们大多为牧民，居住在森林和灌丛之中，过着一种粗陋怠惰的生活……他们没有固定的城镇，也没有包有围墙的定居地；没有筑于高山之巅的城堡，也没有精雕细琢的石头垒筑的教堂。[16]

他接下来所列举的一系列不足之处都是从塔西佗那里窃摘而来，通过回顾金银制器以及精致细密的纺织品之缺乏，他最终评论道，“［这些方面］应得到赞美，而且优于我们时代的风气。然而，这种生活方式缺少文教、法制以及对精致艺术的研究。甚至他们的宗教也是野蛮、荒谬的，或者确切地说，是凶劣残暴的。这就是你那德意志的形象（*Talis tua Germania fuit*）”。在这种化用中，唯一一处与塔西佗原文相符的引用就是在重申日耳曼人的野蛮本性：毫无疑问，日耳曼人“经常以人献祭”。皮科洛米尼的叙述达到了自己的目的——翻开的书页中混搅着一阵肮脏的毛皮和腐臭难闻的食物气味。

意大利修辞学家建构的日耳曼既往乃是异教徒的晦暗形象。对于日耳曼生活方式的积极方面——诸如自由、好客、坚毅，以及正直的品质，皮科洛米尼在塔西佗和恺撒那里均有所发现，但这些方面要么被他忽略，要么在其叙述中被加以限定。毫无疑问，他承认他们的道德习俗应受赞扬；然而，他又立即补充说，他们是以某种高昂的代价来获得这些品性的，比如他们缺乏有效的法制。这最后一点乃是由塔西佗那句最令人难忘的隽明论断推断而来：“那里，优良的风俗习惯要比其他地方的优良法律更有效力。”[17]然而，尽管这位罗马史家的意思是说，这些日耳曼人因其卓越的道德意识而不需要法律，但皮科洛米尼却罔顾文义而将法制之缺乏当作日耳曼人落后愚钝的进一步的证据。

读者们的目光从这种郁黯萧条的既往被引向了更让人愉快的现在。接下来的叙述呈现了一幅景象，其中，农夫们收获了丰实的庄稼，商人们交易着精美的货物，艺术家和学者则款待着希腊和罗马的缪斯女神。皮科洛米尼勾勒出德意志地区在 15 世纪如何要比古代的德意志扩展地更为广远，并且赞美其中繁忙的城市——在对于日益增长的城镇化是这个时代的发展而言，这是个准确的描述。但是他沉迷于夸张手法，并提供了一份涉及面很广的目录，其中编列了 73 个城市的名字，他还运用了“详述法”——另一种修辞技巧，它通过生动的细节描述将读者从情感上调动起来。他总结说，没有哪个地方的城市会比德意志的城市“看起来更为整洁，也更令人愉快”（他亦喃喃低语道，除了一些意大利的城市）。塔西佗所描述的泥泞的湿沼和阴郁的森林为这种城市的面貌所取代。信奉异教和人祭的时代已经过去；粗鲁无文已然不再。相反的是，上帝受到了崇奉，自由技艺亦为人们所追求，他颂扬德意志人的军事才能，他们自初朴时期以来——正如他所补充的——即久经沙场。当然，在他提到古代的德意志人时，他本可以提到最后这种才能。但是雄辩家看待现实的视角是功利性的。过去与现在之间差异的绝对性对皮科洛米尼是有利的，而这两个时代几乎代表的是两个不同的国度。

“如今，欧洲还有哪个地方可以与德意志相比?”这最后的反诘只容许有一个答案：没有（可能除了意大利）。而且，德意志人从野蛮的游牧状态到繁荣文明的彻底改变应归功于谁？当然，是罗马教会。作为戏剧的最后一幕，这位多才多艺的作家以一种被称为 *sermocinatio*（角色置入）的修辞术将古代的德意志人从他们的墓穴中唤起。他们站在那儿，眼中充满惊异，无法辨认出他们自己的国家。对于这一切是如何改善的，他们始终充满了疑惑。然而，这些德意志人对此并不领情，反而是嗔怪咒骂，主教认为这是不可理喻的。

德意志的读者很快就会意识到，夸大德意志的现在对“身为一个意大利人”的皮科洛米尼是有利的；同样的看法也适用于那种野蛮化的过去。[18]尽管在塔西佗的著作中同样有着带有修辞色彩的须发浓密的野蛮人形象，但被激怒的德意志人文主义者仍然去研究《日耳曼尼亚志》，并试图作出自己对于德意志的说明。塔西佗作品的刊印本——以及刊印的地方和数量——表明了皮科洛米尼的重要性。当《日耳曼尼亚志》于 1476 年在德意志首次被付印时，很少有德意志读者注意到。而后，在 1496 年，颇具争议性的《德国志略》问世。四年后，也就是 1500 年，塔西佗那本关于阿尔卑斯山北部的小册子的第二个版本在维也纳出版，这已经表明塔西佗的这部作品与皮科洛米尼著作之间的关联性。而在接下来的五十多年中，大部分的《日耳曼尼亚志》在德语国家中刊印出来，总计多达 6000 份，这一数量在当时是十分惊人的。

可以说，当“日耳曼人”（*Germanen*）诞生的时候，愤怒是其助产士。

土生土长的德意志战士

> 你们没有与其他族群混融，而只是维系于自身之间……你们一直是德意志土生土长的民族……你们一直持守着你们先祖自古以来的生活方式。
>
> **——詹南托尼奥·坎帕诺，1471 年**

1458 年，皮科洛米尼成功地当选为教宗，作为庇护二世，他将抵御土耳其的威胁视为其首要的任务之一。他在筹备一次圣战运动的时候发烧生病，于 1464 年去世。接替他的是保罗二世。这位新教宗因对其前任的政策不抱好感而为人所知。皮科洛米尼的人文主义旨趣引起了保罗二世的怀疑，而且他对人文主义者的保护也让这位新教宗感到厌烦。保罗二世同样注意到了土耳其战争，但直到 1470 年尼葛洛庞帝（Negroponte）落入苏丹穆罕默德二世的手中之前，他对此并不关心。这座位于爱琴海优卑亚（Euboea）岛的威尼斯屏障的陷落迫使这位出生于威尼斯的教宗不得不去采取行动。他要求德意志皇帝腓特烈三世在雷根斯堡（Rengensburg）[①] 召集帝国会议。1471 年，会议

① 雷根斯堡：位于多瑙河畔，属德国巴伐利亚州直辖市。该城历史悠久，自罗马时代即成为多瑙河畔的重要城镇，2006 年，其老城区入选联合国教科文组织世界文化遗产。——译注

在这个位于巴伐利亚东部的城市举行，其目的在于征集德意志军队参加圣战。

在筹备过程中，腓特烈三世提议锡耶纳主教弗朗西斯科·托德斯西尼－皮科洛米尼——庇护二世的侄子，后来成为教宗庇护三世——作为教廷使节团的首席代表。他被推举乃是得益于他叔父的关系，以及他与那些德意志领导者们的联系，而后者仍然为议会的征税问题焦头烂额而不愿与教会合作。这位主教还需要一名讲演者，该讲演者需要具备安抚、取悦，以及鼓动听众的能力，以便使他们能够“为了捍卫基督教的信仰，拿起武器，冲入残暴的敌人之中”[19]。詹南托尼奥·坎帕诺（1429—1477）——主教团的成员之一，教士，同时也是一位功成名就的演说家——很快就被选来充任这一职位。坎帕诺是佩鲁贾大学（the University of Perugia）① 的一名修辞学教授，传说他出生于坎帕尼亚田间的一棵月桂树下，他的事业得益于他那智趣洋溢的才华，“因此”，当时的人们都一致认为，“他是最具感染力的人”[20]。他的修辞和文学造诣不只是引起了教宗庇护二世的注意，而且也使他获得了一些官方使节团的委任。然而，他所加入的雷根斯堡使节团是十分特别的；因为除其他人外，它还包括有“塔西佗”。在普及《日耳曼尼亚志》手稿及其内容方面，主教托德斯西尼－皮科洛米尼以及他的坎帕尼亚演说家都发挥了重要的作用。托德斯西尼－皮科洛米尼把他继承自叔父的手抄本借给了德意志人文主义者，以供他们抄录；另一方面，坎帕诺在雷根斯堡的讲演中充分利用了塔西佗的著作。尽

---

① 佩鲁贾大学：位于意大利中部翁布里亚首府佩鲁贾市，建于1200年。——译注

管这次演讲没能调动起德意志人去参加圣战，但它却成功地给他们带来了关于他们过去的一种新的理解。

当时的人们将坎帕诺比为罗马最聪慧的诗人奥维德，亦将之比为罗马最伟大的雄辩家西塞罗。而“在他完成的所有讲演中”——坎帕诺作品的编纂者米凯勒·法勒诺（Michele Ferno）后来写道，雷根斯堡的那次演说“是最绚丽，也是最具说服力的”[21]。但很不幸，这篇演讲却从来没有得到发表。帝国议会参会者之间的争议使它胎死腹中。但是演讲稿很快就通过手抄本以及在 1487 年左右出现的刊印本流传出去，以便对接受它的德意志人发挥它迟来的影响力。这篇演讲一经公之于众便成为一篇经典，并被认为可以与皮科洛米尼在法兰克福的著名演说相媲美。

“为鼓动德意志领导者抵抗土耳其人，并且为了称扬德意志人”而为帝国议会所作的雷根斯堡讲演——正如其说明性的标题所表明的那样——目的在于说服，并包含有大量阿谀奉承的成分，[22]它所罗列的论据既不明晰又缺乏逻辑。然而，它就像一首和谐的乐章，它所奏响的主题——德意志军士的英勇和顽强、荣誉、高贵、自由以及刚毅——时而柔和，时而响亮，但几乎贯穿整个乐曲，其目的在于唤醒萎靡冷漠的听众：“现在，现在你们必须振作起来！”因为神圣罗马帝国的统治和基督教信仰的延续已危在旦夕。坎帕诺动人心弦地提醒他的听众注意他们的敌人以及自己已经遭受的暴行：男人和女人们的惊恐哀嚎，忧惧和不安，以及“给土耳其主子做奴隶的男孩们——至少，他们没有被扼杀在摇篮里”。面对这样的危险，德意志人比其他任何人更有义务挺身而出、奋勇作战。他们的过去赋予了他们相应的责任："因着你们祖先最为辉煌的佑护［*per gloriosissimas umbras partum vestrorum*］，我恳请你们：确保德意志还是当年的德意志，并确保现今麾下的战士本色依旧。"

关于这段英雄般崇高的过去，坎帕诺乃是窃自《日耳曼尼亚志》中那些颇具说服力的内容，尽管他没有说明资料的来源。他所描述的男人和女人们都像是勇敢的武士，而这些武士即便是在他们的婚姻誓约中，也表现出了对武力的热爱：人们用一匹战马、一支长矛，以及一面盾牌来换取一份嫁妆。男人们往往带着他们的武器去追求荣誉；女人们则时刻准备着重整战斗中动摇的精神，并照顾伤者。他们共同保护德意志的自由，击退罗马的入侵者。坎帕诺的演讲与皮科洛米尼的演说同样是修辞学家的作品：前者的技巧是改编、夸张，以及在所需之处捏造事实。据《日耳曼尼亚志》的描述，日耳曼妇女会在战场远处用祈祷呼喊为自己的男人提气，然而这远远不够，坎帕诺使她们拿起武器并与敌人展开肉搏战。他在自己所罗列的那些以人祭献媚神灵的民族中——尽管他发现塔西佗的著作中提到了日耳曼人——忽略了 *Germanen*（日耳曼人），而且还将他们当作宗教虔敬的一座标杆，这个曾经尊奉战神马尔斯（Mars）为最高神灵的民族成为基督徒之后，在信仰、虔诚，以及在宏伟教堂的建造方面超越了其他所有的民族。虽然塔西佗明确提到，商业之神墨丘利（Mercury）乃是日耳曼万神殿中至高无上的统治者，而且他们除了丛林之外没有任何的宗教建筑，但这无关紧要。坎帕诺的花言巧语就是要强调日耳曼的强大和虔诚；因此，尽管塔西佗的《日耳曼尼亚志》只是提到说日耳曼人做事的时候总是带着兵器，但这位才华横溢的演说家却夸大了这点，他甚至让这些人在进入神庙时都戎装携武。[23]就这样，随着翎毛笔的几笔轻描淡写，塔西佗所描绘的德意志祖先就成为英勇和宗教虔诚方面的典范，而不再是野蛮人。

以同样的方式，坎帕诺使他的听众相信他们先祖的和睦一致，尽管塔西佗对日耳曼内部血腥的冲突幸灾乐祸，而且由于这将会保护帝国而祈祷罗马敌人们之间的这种内部仇恨无休无止。[24]然而坎帕诺需要这些德意志祖先之间的和平，因为当前固执己见的地方首领应该克服他们之间的分歧，团结起来对抗共同的敌人。然而，不管是过去还是现在，都有相反的证据，坎帕诺却坦然无视，而且为了强调他们的协同一致，他还提醒他的听众注意他们的名称："你们之所以被称为*Germani*乃是由于你们的手足之情。"虽然*Germani*似乎极有可能是恺撒用来指莱茵河以东所有族群的一个词，但人文主义者（就像他们的古典先驱）讨论了它更深层次的意义——好像这个名称说明了一切。拉丁语*Germanus*的意思可以是"同源的"（"related"）。基于这个词源上的理由，德意志人便不像一些人文主义者（依据古代权威）所猜想的那样是高卢人的同胞兄弟，而是像坎帕诺（以及其他人）所断定的：德意志人是血统纯正的民族。"你们没有与其他族群混融，而只是维系于自身之间"，坎帕诺坚持说，"你们对涉外贸易和涉外婚姻极为鄙夷；出生于这片天空之下的你们一直是德意志土生土长的民族，而不是从别处迁徙而来；你们一直持守着你们先祖自古以来的生活方式，直至最后"[25]。古代德意志人是纯粹的战士。对塔西佗最危险的一句话的首次引用，出现在了这段关于民族团结的细致说明中：《日耳曼尼亚志》第四章（以及第二章的一些内容）。

因而，当今的听众乃是既往时代之英雄的后裔这一说法就有了地理上的保证。日耳曼和德意志战士在同样的地域和传统中形成了一个连续的谱系。当坎帕诺在思量他的德意志听众时，他看到了 *Germanen*（日耳曼人）：同样伟硕的身躯，凶暴的双眼，以及可怖的说话声。他毫不迟疑地将昔日辉煌的胜利归功于它，而且他还对它怂恿道："众所周知，你们的先祖曾拿起武器对抗过天空中的暴风雨和洪水，那么你们会因与土耳其人的战斗而怯懦慌乱吗？"[26]

在坎帕诺寄给意大利家乡熟人的一封信中，他叙述了自己是如何凭借巨大的努力来构思他的演讲的，虽然他觉得自己好像是在对牛弹琴。他在另一封信中坦陈，这份演讲"意大利人会读懂，德意志人却无法理解"[27]。（结果，这是杞人忧天，因为他从来没有机会去明晓其听众的看法。）环顾雷根斯堡四周，坎帕诺似乎没有找到很合自己心意的地方。在一个变化如此之大、如此引人入胜，并且特别为其意大利同僚——帕特里西文书（上文有所引述）——所乐见的德意志环境中，坎帕诺充满了敌意，他为寒冷所麻木，只有通过回忆来获得温暖，并且处于难以消解的孤立之中。他持续寄回了大量的书信，其中的一些信件恳求允许他立即返回，以免他死在那些还在嗝屁的尸体之中，这很有可能，因为他已无法忍受那里的饮食，其粗鄙程度仅次于猛击餐桌的野蛮同伴。在这些书信中，德意志的现在和过去都是一样的野蛮。因而，坎帕诺对于德意志的两种说法——分别出现在演讲和书信中，几乎没有共同之处，除了他们的修辞色彩：前者运用夸张的写法，以煽动那些德意志听众，后者则是讨好那些意大利的收信人。因为这些书信被寄给了沉湎于古典著作，以及熟悉诸如最著名的流亡诗人奥维德的那些人。一位读者，即坎帕诺著作的编纂者法勒诺，认为他们"无比的诙谐机智"，这好像是坎帕诺在托米斯（Tomis）——奥维德涤罪之处——逗留时写的。[28]然而，尽管在坎帕诺的抱怨中多是机智的玩笑话，但许多德意志读者却对此视而不见。当他们见到这些书信——作为全集的一部分于 1495 年出版，他们充满了愤怒。其中，他们发现了意大利人普遍蔑视北方"粗俗野蛮"——酗酒、暴食，口味粗俗而毫不精致细腻——的又一例证。于是，坎帕诺用短剑铸就的钢坯所得到的却是挥舞着战斧的回答：它们的作者被辱骂为"带女人气的人、鸡奸者、自慰者和 *irrumator*（口交者）"[29]。

然而，尽管通信诋毁了阿尔卑斯山以北的读者，但雷根斯堡演说对他们过多的吹捧使得他们禁不住去阅读、利用，并征引这个"德意志的敌人和诋毁者"所说的话。[30]通过在德意志人手中流传，它揭示了一种可能的典范性的过去，从而有助于读者以一种不同的角度阅读塔西佗，并充分地理解每一种具体的日耳曼价值，比如"土生土长"这一主题。

诺亚的新儿子

> 据贝鲁苏斯（Berosus）以及塔西佗指证，泰斯克（Tuysco）就是德意志人的祖先。
>
> **——维泰博的安尼乌斯（Annius of Viterbo），1498**

几乎在坎帕诺书信发表的同时，另一桩丑闻——然而范围更大——在其他地方流传开来。1498 年夏末，罗马出版商艾乌查里乌斯·希尔博（Eucharius Silber）的出版行印行了《诸古史作家著作注疏集》[31]。这部《古史汇编》［*Antiquities*（*Antiquitates*）］由诸多曾被认为遗失了的文献汇编而成，它的罗马版本共有 216 页，其中对大洪水前后的史前时代，诺亚之子在依然浸透着雨水的土地上所建立的国家有着新颖的论述。该书的编者，即几乎不为人知的维泰博的安尼乌斯，补充了解释性的注疏，一份导论性纲要，以及一份总结性摘要。之后不久，欧洲文坛便对它们所陈示的内容议论纷纷：伊特鲁斯坎人（the Etruscans）怎么就成了意大利——一度为诺亚所统治——真正的创建者，为什么罗慕路斯没有以其名字命名这个城邦为罗马——正如人们普遍相信的——相反，其名乃是得自于这个城邦［而该城邦之名则又源于罗马（Roma），即神秘的意大利国王伊达鲁斯（Italus）的女儿］。对于德意志人来说，这些被重新发现的文献同样包含了令人激动的信息。他们得知他们的先祖乃是泰斯克，即被认定为诺亚的一个先前不为人知的儿子。然而，经详加审视，泰斯克是安尼乌斯从塔西佗的著作中发掘出的，① 这体现了《古史汇编》这整部著作的性质，其含而不露的书名掩盖了它在今日作为一部巧妙伪造之杰作的实质。

欧洲各地的家族、部落，以及民族都竞相宣称自己的起源最为古老。一位德意志人文主义者写道，“几乎没有一个民族不热衷于展示其古老或其久远的渊源”[32]。这种追求是有传统的：早在中世纪，辉煌的特洛伊城邦即作为一个族系之源起而广为流行，其中只有诺亚的后裔可与之匹敌。在逃离特洛伊的硝烟闷燃的废墟后，人

① 《日耳曼尼亚志》手稿同时将“Tuysco”和“Tuisto”作为日耳曼神灵的名称（参照第 254 页，n. 35）。许多塔西佗著作的读者和编者倾向于采用“Tuisto”，笔者亦倾向于此，除非“Tuysco”乃为笔者论及的作者所采用——正如安尼乌斯这里的情形。

们认为特洛伊人游荡到了远方，建立城邦并繁衍生息：最著名的就是尽职尽责的埃涅阿斯，在罗马诗人维吉尔那里，他“为命运所放逐”，“在经历了无数的辗转颠簸之后，成为第一个从特洛伊海滨到达意大利和拉维尼亚（Lavinian）海岸的人”[33]。而另一个特洛伊人法兰库斯（Francus）——正如7世纪时的《弗里德加编年史》① 所陈述的——是法兰西（Franci）的同名先祖，法国贵族就把法兰西宣称为他们的祖先；法国国王们尤其对自己绵延不绝的特洛伊血统颇感自豪。对此，不列颠人和诺曼人也加入进来，他们也同样因类似的族系血统而引以为傲。统治者——例如哈布斯堡王朝的神圣罗马帝国皇帝马克西米利安一世，自治城市——比如奥格斯堡，以及其他的据有权力者均致力于探究他们的古老世代和起源。捏造的故事自然比比皆是。

其中，没有任何杜撰者可以与维泰博的安尼乌斯（1432—1502）相比。他本名乔万尼·南尼（Giovanni Nanni），后来以人文主义的风尚将其姓名拉丁化为安尼乌斯（Annius），而且还加进了他出生的小镇名称。他是多明我兄弟会成员，在神学和释经学方面得到了扎实系统的训练，并且凭借其占星家的名声成为一名官方的教廷神学家，即教宗亚历山大六世的一名教廷教师（*Maestro del Sacro Palazzo*），直到其任职生涯结束。在他着手撰写他那部最著名的著作《诸古史作家著

---

① 大约在7世纪中叶出现的一部编年史，其中摘录了《法兰克人史》部分内容，并接其后事，续写至642年负重者奥托被杀。该史书的作者并不确定，16世纪时被归为Fredegar（弗里德加）的作品，但目前学术界并无定论。具体可参见李隆国，“《弗里德加编年史》所见之先公先王”，《史学史研究》。(2012年第4期）——译注

作注疏集》之前，他就已经涉足伪造之术了。带着对古老和令人尊崇的希腊和罗马历史的嫉妒，这位热爱故土的人设法伪造了若干碑铭，其中一些乃是他在石头上凿刻，埋藏，然后巧妙得宜地雇用一伙劳力挖掘出来的。安尼乌斯加紧付印的那些碑铭文字给它的读者带来了令人惊异的信息，即位于拉齐奥（Lazio）区①罗马西北方向的45英里外的维泰博在圣经时代实际上是由意大利人的神灵雅努斯（Janus）——异教徒对于诺亚的一个称谓——建立的。这一颇为离奇的建城史赋予他的城市比罗马更为古老因而也更为尊贵的地位。而这部古史汇编——同样受嫉妒心的刺激——追求同样的爱国目标，只是更为肆无忌惮。这种尝试无异于改写大洪水之前的三个世代直到特洛伊建立的世界历史；在这一计划中，只有虚荣可与才能相匹敌。[34]

在编纂这17卷内容以欧洲为中心并且也涉及非洲和亚洲的文献汇编时，安尼乌斯在前言中断言，他坚持还真理以本来面目。他留给读者的印象是，这些文献所要展现的将不仅仅是他自己国家的辉煌灿烂的古代历史，而是整个欧洲的。然而在这部杜撰想象的作品中，除去一位作者外，其余所谓的著者——所处年代则从公元前3世纪的亚历山大大帝直至公元2世纪时期的罗马皇帝安敦尼（Antoninus Pius）——都是编纂者本人。正如后来的一位批评家所指出的，他们那些迷人的名字意味着“无比的博学”，需要人们予以尊崇，而资料的呈现方式也激发了那种崇敬之情：在罗马古版书中，一种凝重的哥特字体突出了那些据称是真实的片段，其长度大约有十行，周边有编

① 拉齐奥区：位于意大利中西部，包括罗马、弗洛西内诺、拉蒂纳、列蒂以及维泰博五省。——译注

纂者渊博的评注。[35]这些编撰的注释、引文以及考证帮助读者理解那些令人着迷的事实和人物，特别是通过将它们与现存的古典文献联系起来，例如塔西佗的《日耳曼尼亚志》。这些文本与评注将圣经故事和古典神话编织进了上古时代以来的历史织体之中。该书最重要的一部分——五卷记载有大量史前诸王和诺亚家族谱系名目的部分——出现于这部文献集临近结尾处，其中提到了日耳曼祖先泰斯克。

在关于这一最为悠久也最为引人入胜之“发现”的导言中，安尼乌斯向他的人文主义读者介绍了这位“作者”，即“身为一名祭司的巴比伦人贝鲁苏斯”[36]。相比于读者从诸如博学家老普林尼和历史学家弗拉维乌斯·约瑟夫（Flavius Josephus）——他们都生活在1世纪，并且在他们的著作中提到了贝鲁苏斯——等古代权威著述家那里获得的只字片语，这里有更全面的说明。真实的贝鲁苏斯确实是一个生活于公元前3世纪前期的迦勒底祭司，他不只擅长占星术，而且还撰写了一部三卷本的巴比伦史（希腊语），其残篇仍留存至今。该史书的内容与旧约有所重叠；诺亚即出现于其中。安尼乌斯正确地估计到，这样的事实将会增加其虚构的可信度。职是之故，他又强调说贝鲁苏斯乃是巴比伦图书馆的馆长，而迦勒底人对该图书馆的保有可以上溯至亚当时代（安尼乌斯在此利用了中世纪关于一部上古书卷的传说）。然而，正如一个世纪后一位审慎的评论者轻蔑地指出的那样，在安尼乌斯所有的杜撰中，这个伪贝鲁苏斯与真实的贝鲁苏斯除了名字外几无相同之处。

安尼乌斯苦心孤诣地编订完成了现存的贝鲁苏斯五卷史书的内容，他声称这些文卷乃是获取自一位亚美尼亚的多明我会教师。该著第一部分是迦勒底祭司对大洪水前的时代所作的简要叙述，其后则附有洪水过后重新移居于世界之中的诸先祖谱系。第二部分接着叙述了雅努斯时代，并将雅努斯认作为诺亚，而第四和第五部分则讲述了诸古代早期王国——比如亚述。泰斯克出现在大洪水后的族谱之中，其中，他作为诺亚之子而成为闪（Shem）、含（Ham）和雅弗（Japheth）的一个同父异母的兄弟。安尼乌斯又在其评注中补充道，泰斯克是“德意志人的先祖，对此，贝鲁苏斯和科尼利乌斯·塔西佗那里都有充分的证据”[37]。安尼乌斯总是为读者的困难着想，他认为贝鲁苏斯著作中出现的许多泰斯克后代的姓名看起来“相当模糊”，因而他引述了塔西佗关于日耳曼相信其土生土长之起源的全部章节内容。在这之前，这些内容从未得到过引述或利用：

> [日耳曼诸部落] 在古老的歌谣中——在历史的记载中，这是他们记载历史的唯一方式——颂奉着出生于大地的神祇，泰斯克，以及他的儿子曼努斯，即他们这个民族的源起和先祖，他们认为曼努斯有三个儿子，被称为英该沃内斯人（Ingaevones）的诸海岸部落，内陆的那些厄尔密诺内斯人（Herminones），以及其余的伊斯泰沃内斯人（Istaevones）就是因这三个儿子而得名的。因为古代对臆测的容忍，一些人断言这位神祇还有更多的后裔，从而多出了更多的族名，比如马西人（Marsi）、干布利维易人（Gambrivii）、斯维比人（Suevi）、汪狄里人（Vandilii），这些族名都是真正古老的名称。[38]

异教神祇似乎具有圣经的世系，这是能够让人欣然接受的信息。通过将塔西佗所说的那个从大地中孕育出生却又无依无靠的日耳曼神灵泰斯克（Tuysco）嫁接到诺亚的家系之中，这部古史汇编告诉了德意志的读者，相对于其他欧洲民族及其各自先祖而言，他们自己是谁。确实，所有的欧洲人都是诺亚的后裔，然而贝鲁苏斯明白，他还需要宣扬说，诺亚看重并接纳了泰斯克的子孙，相比于其他民族先祖的后裔，诺亚更偏爱他们。就此而言，正如安尼乌斯编著的这部分标题所强调的那样，德意志人（以及萨马提亚人［Sarmatians］，即生活在巴尔干东部和俄罗斯欧洲部分之南部的族群）比其他欧洲民族更为卓越。[39]

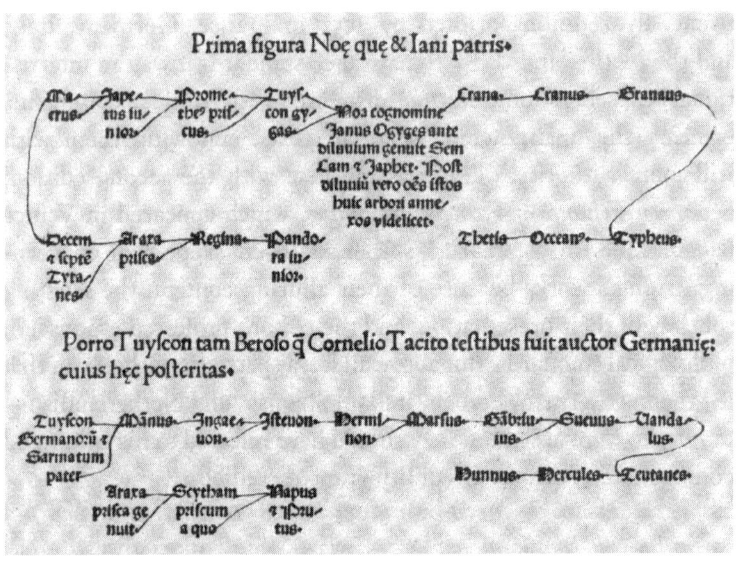

插图5：诺亚之子泰斯克，德意志人的始祖（据维泰博的安尼乌斯）。哈佛大学，霍顿图书馆，Inc 3888

安尼乌斯在其评注中引述了塔西佗的著作——为了构撰这个迦勒底人的记述，他同样借用了这些文本——来增加杜撰的可信度。这一策略之狡猾于多疑的塞巴斯蒂安·闵思特（Sebastian Münster）那里——德国第一部宇宙学著作的作者——可见一斑。然而，不论闵思特在其他方面有什么怀疑，至少是在德意志人方面，他打消了自己的疑虑，认定贝鲁苏斯是不能被怀疑的，塔西佗的叙述证实了这点。[40]同样得到塔西佗文本支持的是贝鲁苏斯史书的第四卷，这一卷展现了“整个古代世界的王国”[41]。据说在泰斯克及其子孙统治下的德意志地区与《日耳曼尼亚志》开篇所提到的古代疆域相吻合。然而，可以肯定，最为出彩的（或最为厚颜大胆的）一笔无疑是安尼乌斯关于贝鲁苏斯将“德意志人”指述为“泰斯克族裔”（Tuyscons）的看法。他将这一称谓作为该迦勒底祭司生活于罗马诸恺撒之前的证据，因为只是在盖乌斯·朱利乌斯——第一位恺撒——的时代，那些德意志人才为人所知。

关于作者与评注者之间的关系，一位敏锐的读者曾在数十年中讥讽说：“当一个人给一只公山羊挤奶时，另一个人竟伸出了筛斗接奶。”[42]然而，这位“编纂者”的虚构却仍然在那些被骗了的激动的学者中流传了有二百五十多年。截至1551年，这部作品在法国、德国、意大利和荷兰至少出现了25个版本，意大利语译本、其他语言的改编本以及包括艺术在内的其他形式的改编也很快随之而来。[43]若以文艺复兴时期的标准来看，这可谓是一部国际性的畅销书。一些版本删掉了安尼乌斯的评注，印行无批注的“原文”，以赋予它们更高的权威性。[第二个版本的情形便是如此，即《诸古史文献十七卷》（*Seventeen Volume of Various Antiquities*），1498年末于威尼斯出版印行]。由于这部汇编诱人的内容，表面上呈现的持重可靠，以及编纂者表面上对语文学准则的遵守，从而使大多数读者都悬置起了他们对于安尼乌斯撰著的疑虑。然而最终是爱国热情使得他们——德国人、法国人、意大利人、西班牙人以及尼德兰人——都去引述贝鲁苏斯，而事实上，他们引述的是贝鲁苏斯著作的编纂者和评注者安尼乌斯。可信源于轻信。

在过去的皮科洛米尼、坎帕诺以及安尼乌斯的修辞中，《日耳曼尼亚志》都被认为是一部关于德意志历史的记述，然而每一个人都有不同的目的：它被当作一种关于文化变迁的历史启示；作为种族延续的证据；或者只是作为一种史前史。无论 *Germanen*（日耳曼人）的上古起源是否明确，忒斯托（Tuisto）是否被认定为先祖，总之，把同时代的德意志人视为日耳曼人的后裔在 16 世纪初已经成为人们的坚定信念。中世纪时期，德意志人族裔谱系在很大程度上是属于王朝和部落公国的，即它是哈布斯堡王朝或巴伐利亚公国的族裔谱系，而不是德意志人的。《日耳曼尼亚志》的重新发现则永远地改变了这一切。当它揭开了时代帷幔下的 *Germanen* 后，德意志人的祖先也就出现了。

4. 成长的时期

［科尼利乌斯·塔西佗］堪称德意志的再造者。

——弗朗西斯科·伊莱尼库斯

（Francíscus Irenicus），1518

德意志人文主义者将来自罗马的《日耳曼尼亚志》奉为一份迟来的礼物，这是由他们的意大利同侪交付给他们的一部真正的“黄金宝卷”。[1] 它由一位古典著述家撰写而成，给他们自身所知甚少的过去带来了许多亟需的信息。塔西佗所点燃的一支明亮的蜡烛照亮了黑暗，其魅影使得德意志人如痴如醉：他们土生土长而血统纯粹的先祖过着一种艰辛质朴但却自由而正直的生活，他们生得高大、壮美，而且这些亚麻色头发的男人和女人都英勇善战。他们绝非完美无瑕，但却值得称道，他们与智识上比他们优越的罗马人相比也毫不逊色：他们正直的品性弥补了他们在文化上所欠缺的精致优雅。在由罗马经典支配的文学文化中，作为首部德意志史作者的阿尔萨斯人雅各布·维姆菲林（Jacob Wimpfeling）于1505年宣称：“我们因身为德意志祖先的后裔而自豪。”[2]《日耳曼尼亚志》有助于他以及许多其他的人文主义者去阐明他们先辈的特征——德行多于瑕疵，并使他们能够去梦想一个共同的德意志民族：另一位人文主义者大声疾呼，阿尔萨斯人、巴伐利亚人以及萨克森人“都是一支族系的分支”；这一族系乃根植于塔西佗所描述的过去。[3]

16世纪之交因古藤堡（Gutenberg）印刷术的发明而成为一个激剧的文化变革时代，此时，民族主义情感在神圣罗马帝国已成燎原之势。但以哈布斯堡新皇帝为首的帝国则仍然拙杂难调，领地邦国分殊而立，与此同时，法国、英国以及西班牙却实现了政治权力的集权化和国家化。于1493年继承其父腓特烈三世（Frederick III）之帝位，而后又将帝位交给其孙查理五世的马克西米利安一世（Maximilian I，1459—1519）一直困于财政匮乏和由此造成的——在一个雇佣军盛行的时代——军力不足的问题。他遭到了帝国内部诸领地诸侯的反抗，这些诸侯都有各自的算盘，反感被过度地支配，马克西米利安一世明白，艾尼·西尔维奥·皮科洛米尼就其父亲的统治所说过的话同样适用于他自己：“相比于国内，皇帝的名号在国外更受尊崇”[4]。保留着空洞浪漫的魅力，但却丧失了实权的皇帝所仍然面临的威胁不仅仅是来自侵犯帝国领土的土耳其人，而且还来自帝国内部：这个“共同的德意志祖国”感到有两把罗马枷锁掐在了它的脖子上。[5]罗马教廷坚持自己的特权，并为其自身的利益而任意填补德意志教会的空缺神职；当宗教改革开始分裂基督教共同体时，一位人文主义者讥讽道：所有的神职牧师所在意的只是去剥削他们的德意志羊群。与此同时，罗马法取代了德意志普通法，并通过帝国政令而在帝国境内生效。对于萌芽中的民族主义者来说，这是心绪难平的时代。

在步履维艰的帝国之中——采用皮科洛米尼的另一个说法——一个德意志民族的概念获得了其根基，[6]尽管德意志人文主义者安身于他们的地区共同体之内，并同时致力于超民族的人文主义理想，但他们也越来越多地说到“所有的德意志人”“整个德意志”，以及上文引述到的“共同的德意志祖国”这些字眼。对于许多人而言，这与德意志民族的神圣罗马帝国是相一致的。然而，在一种政治性联合明显缺失的情况下，这种“德意志民族”只是文化上的范畴，特别是通过诉诸共有的德行超群的过去。因此，马克西米利安在位时期，诸如雅各布·维姆菲林的大多数人文主义者转而开始书写他们自己的历史——然而，应时代的要求，大部分人用的还是拉丁语。

由于欧洲南方在欧洲文坛仍然居于主导地位。一个多世纪以来，意大利人文主义者自信地推广了罗马古典文化的典范，并在他们的著述中以无与伦比的闲适和优雅运用着拉丁语这一无可争议的通用语言。在这些成就斐然而自得意满的人当中，许多人对其他民族不屑一顾。特别是德意志的人文主义者，他们专注于共同的审美理想，不满人们对那种粗野的生存状态——这种生活之所以可以忍受，仅仅是因为塔西佗所指出的懒惰以及普遍存在的酗酒等习性——所提出的刻板责难。尽管一些人以同样的方式——指责意大利文化值得注意的主要是人们之间的手淫和鸡奸的行径——予以了报复，但更加严肃审慎的声音所强调的则是文化的变革：塔西佗所描述的湿沼地和森林如何转变为一个“繁荣而富饶”的城市景象。[7]

然而，对于当前，尽管这些人文主义者不乏爱国热情，但他们对祖国的态度却仍然是矛盾的。他们对自己的语言——“一种野蛮的语言”——并不推崇（当时没有正规的德语教育，在 16 世纪 30 年代前，也没有任何规范其使用的语法规则）；而文化进步的衡量标准乃是对拉丁语的精通程度、古希腊和（大部分）拉丁文献的了解深度，以及效法拉丁语的经典文学作品所创作出的作品数量。[8] 对德意志人文主义者来说，进入文坛需要使用一个拉丁语（化）的名字：沃尔夫冈（Wolfgang）采用一种逐字翻译的方法，将其姓名的两个部分——“wolf”和“walk”——转译为鲁帕姆布鲁斯（Lupambulus）；伏特加（Wodka）——借用一种值得称许的反讽手法——定名为阿布斯泰米乌斯（Abstemius），[①] 而 *Gockenschnabelius* 则仅仅是在其方言名字[②]的后面增加了一个拉丁语式的词尾。通过他们在拉丁语文学方面的努力，那九位缪斯将会被这些德意志人文主义者从台伯河邀请到莱茵河畔。这样，德意志人所要继承的就不仅仅是罗马的军事，而且还有他们文化上的主导地位。这看起来似乎颇为荒谬，然而就文化上来说，这种德意志民族主义的早期形式确实是以罗马为标杆的。

身处这些努力之中心的是德意志最重要的人文主义者康拉德·比克（Conrad Bickel）。他在学生时期就已经开始称自己为凯尔提斯（Celtis），这是一个少见的拉丁词汇，其含义为“凿子”（chisel），此外，他还增加了希腊式的“中间名”，从而使其名字成为康拉杜斯·普罗徒奇乌斯·凯尔提斯（Conradus Protucius Celtis）。作为凯尔提斯，他将他的志业作了诗意化的描述：古希腊罗马的诗艺之神阿波罗在他出生时曾预言说，这个新的生命将会在德意志推广他那精妙的艺术，而诸多想象的岁月过后，阿波罗还授意这位年轻人“歌唱其祖国的各个地方”[9]。凯尔提斯虽无顺从的本性，但还有听从神祇的谨慎，他生命中的大部分时光（1459—1508）都是作为诗人和爱国者来追寻

① “Wodka”指一种酒，“Abstemius”在拉丁语中有“众人皆醉”的意思。——译注

② 其含义是公鸡（*Gockel*）的喙（*Schnabel*）。

这两项使命。他用了十年走遍了德意志，四处采风；他在各个大学教授拉丁文学，并成立了人文主义者集会的联谊组织。16 世纪初，几乎所有声名各异的德意志人文主义者都以某种方式被网罗进他的各种活动中。当时的人们将他誉为罗马文化的传递者，而他于 1492 年在新建立的巴伐利亚因戈尔施塔特（Ingolstadt）① 大学的就职演说很快就成为德意志人文主义纲领性文献之一。在这篇讲演中，他劝诫他的听众，要“首先开展那些能够使你的精神得到培育并变得温文尔雅的学习”，也就是学习自由技艺。而后，他们应该将他们的技艺用来研究和撰写他们共同的祖国的历史与地理。[10]

不论德意志现在如何繁荣，其过去终究是一片荒芜。与罗马人不同的是，古代的德意志人没能用笔记录下他们用剑所达到的成就；也没有出于自己民族之手的历史著述。极为痛心的是，在回顾德意志的过去时，所有挑剔的眼睛都发现它毫无建树，而“著述家的缺乏”似乎证实了意大利人的指摘。[11]更令人难堪的是，那些为人所知的寥寥无几的信息还得归功于古希腊和罗马的著述家。然而，德意志人文主义者认为，正是后者宣扬了“他们民族的胜利与荣耀，尽管德意志人更为英勇，也更为可敬”[12]。幸运的是，有“我们的科尼利乌斯”——人们欣然地授予他一种特殊的地位。[13]

塔西佗的角色在早期民族主义话语中非同小可。正如 1541 年一部德意志历史著作的序言中所认可的那样，当时的人们普遍认为，没有人“会了解到关于德意志人起源的只言片语，假如不是有科尼利乌斯

---

① 因戈尔施塔特：德国巴伐利亚州小城，于 803 年首见史籍，1250 年建市，多古城堡、教堂等古迹。因著名的奥迪汽车公司总部设于此地，故又名“奥迪之城”。——译注

·塔西佗——虽然是一位罗马人——对此有所记录的话"[14]。为了提高这个罗马人之孤证的可靠性，大多数读者坚持认为，塔西佗去过莱茵河以东的地区。更为洋溢激昂的人甚至走得更远，他们将塔西佗的异国色彩——"一个罗马人，而不是一位德意志人"，因而在事实上是"敌人"——转变为一种优势：为什么他会称赞他们的祖先，除非他所记述的是无可忽视的事实?[15]然而，即使他们对于塔西佗《日耳曼尼亚志》中"最为优雅的描述"表达了颇为激动的感激之情，这些16世纪的读者仍然想知道，一个古代的德意志人将会如何报道他自己。

身为"他们祖国真正的热爱者和保卫者"，这些德意志人文主义者很快就开始着手弥补他们既往的缺失，开始"记述他们祖先无数的荣耀"[16]。由于外国作家继续"像蛇一样对德意志人的德行发出嘶声"，并喷出有毒的谎言，一部全面描述德国并出自德意志人之手的著作也就显得十分必要。[17]像许多其他的人一样，凯尔提斯最终也将德意志的恶劣名声归咎于罗马和意大利的著述家，他撰写了一首拉丁语诗歌，以之作为一个未完成的庞大计划的一部分，并编入他自己编辑的塔西佗《日耳曼尼亚志》中。这部书不久即以"日耳曼尼亚概述"（*Germania generalis*）为标题出版，它在杂糅了宇宙学、历史学、地理学和民族学的283行六步格诗中提供了有关德意志的一种简洁明快的白描。在"关于德意志的境况与风俗"的章节里，凯尔提斯——据一位朋友所言——甚至比塔西佗都"更为明晰而华丽"[18]。他在其中描述了他的同时代人如何在一方面增进了他们的各种技能——"就像将一根生长中的葡萄藤拴到光秃秃的木桩上一样，通过各种手工业赚取生计，并用四马犁耕垦肥沃的田地"——的同时却又仍然信奉他们祖先的价值观念。他详细地叙述了"受教于谈吐文雅且博学多才的密涅瓦，抑或驾驶帆船在海上飘荡”现在是如何的普遍。凯尔提斯的诗描绘了一个兼具高尚的文化和道德的理想世界。它与塔西佗的《日耳曼尼亚志》一道，共同构成了一幅双联画，过去与现在并行不悖，而在1501年冬天，这位最重要的人文主义者就曾以此为基础作了关于塔西佗著作的系列演讲。这在阿尔卑斯山以北尚属首例。

过去，其他人也读过或利用过塔西佗的作品。然而，即使《日耳曼尼亚志》的踪迹早在15世纪50年代的时候就首次出现于巴伐利亚奥格斯堡市附近的德意志人文主义者的著作中，但在世纪之交之前，《日耳曼尼亚志》尚未成为德意志的建基性文献。从零星的阅读到广泛而持续地了解《日耳曼尼亚志》，这种变化与凯尔提斯编辑并附撰的那部著作的出版恰好相合。他的诗歌与很快就普遍持有的日耳曼信仰应声相和，而且它与《日耳曼尼亚志》的相互作用成就了关于德意志过去的意识形态研究进路——与语文学进路相反——的典范。凯尔提斯在塔西佗著作中所作的一处特别的变更最能说明这一点。在原先讲述“人祭”（*humanis quoque hostiis*）的地方，他发现了一个笔误，并将颇成问题的第一个单词做了订正，改为“他的牺牲品”（*huius quoque hostiis*）。这使得下文没有了意义，然而它弭除了艾尼·西尔维奥·皮科洛米尼在不到五年之前出版的《德国志略》中所指出的那种野蛮的习俗。

当凯尔提斯、维姆菲林以及他们的圈子回眸过去时，他们看到了日耳曼神话，其特征为原生性与纯粹性、自由、勇猛、忠诚，以及质朴的德行。与新近的意大利人所言的罪证相反，他们的先祖是一个值得效仿的民族，他们“在精神和身体素质上明显胜过所有其他民族”[19]。始自皮科洛米尼的那种过去的修辞将延续下去。

自远古以来

> 他们是……土生土长的：他们并不从其他民族那里追溯自己的起源，而是发源于自己的天空之下。
>
> **——康拉德·凯尔提斯，1501 年**

由于德意志诸侯在纽伦堡的帝国会议上拒绝合作，马克西米利安一世这位有骑士风范的皇帝被迫隐退到蒂罗尔的因斯布鲁克（位于今天奥地利西部的群山之中）。他那刚刚加冕的桂冠诗人海因里希·贝倍尔（Heinrich Bebel，1472—1518）没有选择，只好亦随之归隐。1501 年 5 月 30 日，这位诗人站在宫廷前发表了他的演讲，以表达他对最近加冕为桂冠诗人的感激之情，同时也表达对这位皇帝以及德意志民族的赞美之情。然而，身为新建立的图宾根大学修辞学和诗歌教师的贝倍尔，其演讲开始于向他的听众讲述他夜间的幻象：他的梦境中出现了一位妇人——年迈而气宇凝肃、威仪不凡，但却衣衫褴褛、形容憔悴。这是德意志的幽灵，她向他抱怨了各种政治事务的状况，特别是诸侯的叛乱（所有在场的人都对此记忆犹新）。她告诫说，这样的冲突争吵在过去已经使帝国分崩离析；她恳求帮助她恢复昔日的辉煌。在转述了自己民族现在的悲伤后，贝倍尔便诉诸它那伟大的过去，以寻求安慰。他知道他的皇帝对此极为看重。因为马克西米利安一世雇养了一些历史学家，其职责就是将皇帝家族的起源追溯至特洛伊，甚至是回溯为诺亚的后裔。

毫不奇怪，在贝倍尔列举的一长串关于德意志民族的德行和成就中，他着重强调了德意志民族的起源和年代；然而，他并没有偏离莱茵河地区。他断言："我们不是移民，不是，德意志的起源也不是从各地积聚而来的各民族的糟粕残渣［*colluvies*］中被发现的。"对此，他的听众可能会心生疑窦，他们是从何处而来？"我们诞生于我们如今耕垦的土地上，我们的居所就是我们的起源之地"[20]。与詹南托尼奥·坎帕诺——贝倍尔对他的雷根斯堡演说非常熟悉——不同的是，这位桂冠诗人通过大量征引《日耳曼尼亚志》的族谱部分，并通过明确地提及塔西佗（他最为喜欢的证人，虽然这位证人是一位罗马人，一位外族人，同时也是敌人，正如他会经常谈及的那样），支持了这一庄重的声明。他进而详细论述了自己民族备受敬仰的久远和古老——他所描述的那位梦中的老妇（*verula*）就是对此的暗示——并诉诸安尼乌斯伪作中的迦勒底祭司贝鲁苏斯作为证据。贝倍尔也承认说，毫无疑问，"许多城市和民族都为他们的起源和古老而自豪"，但在他看来，没有任何城市或民族要比德意志人更为理所当然。[21]他们土生土长的特征成就了他们的特殊性。

在对帝国的宣传性支持中，贝倍尔——甚至超过了宫廷对其桂冠诗人的期待——著作甚丰，并且大声疾呼，在他的眼中，帝国在很大程度上与德意志一致。贝倍尔出生于贾斯汀根（Justingen），一个位于极为强盛的施瓦本公国的小镇，他为自己家乡的历史和遗产感到无比骄傲：施瓦本人是最为优秀的德意志人。但他的爱国主义走得更远，正如他那句直白而又优雅的拉丁语句子 *patria me Germania* 所表明的那样，"德意志"和"祖国"将第一人称"I"包括其中。这种归属感不仅仅将他与帝国的西南地区——他没有离开此地，即便身为人文主义者对于意大利之旅有着义不容辞的责任——紧密地联系起来；

而且也在似是而非的流言和中伤流传于阿尔卑斯山以南时，促使他去捍卫自己同胞的声誉。为此，他很快就对皮科洛米尼所认定的一种说法提出异议，即德意志人是所谓的特洛伊祖先的后代，关于这个问题，他在准备为马克西米利安一世作演讲的时候就碰到了。尽管贝倍尔将它贬斥为“琐碎、粗俗的野史”，但他还是十分激愤地将因斯布鲁克演讲的一部分内容单独成文，从而更为充分地提出了这一族系问题。[22]“德意志人是土生土长的”是这篇文章的第一句话，同时也是文章题目；该文发表于1509年，基本上是一篇有关《日耳曼尼亚志》第二章和第四章的论述。贝倍尔撰写该文“并不是想要抹黑皮科洛米尼，也不是为了提升［他］自己的声望，而是出于对［他的］国家的热爱，他将自己的一切都归功于国家”。不论其最终是出于什么样的动机，这篇文章将不只证实德意志民族的原生性，而且也证实了纯洁性这一日耳曼教义的核心信条。

除了说明德意志人并非起源于其他民族外，贝倍尔又细致地叙述了德意志人始终保持着“没有［外来］移民”的状况；即他们中间没有被掺杂入其他的种族。[23]尽管有诸多族群潮水般涌入了亚平宁半岛，但经过德意志土地的却只有时间。这保证了古代之既往与贝倍尔的当下之间的一种直接的联系，并使得他能够宣称：“我们是他们的血脉（*sumus illorum sanguis*），我们和他们一模一样；在我们身上闪耀着我们祖先的高贵与伟大”。要对这个不同寻常的族系作出充分的评价——很少有其他的民族能够为这样的起源而骄傲——需要回顾罗马人寻常的特洛伊起源以及他们作为一个民族的早期发展。贝倍尔不止一次地对此表达出冷嘲热讽。正如他的同时代人所知道的那样，罗马的第一位国王，罗慕路斯，为避免新建立的城邦一直无人居住，曾将未来的世界之都宣称为一个“庇护所”，因而许多来自周边民族的人们很快便聚居到了那里。一位古代的罗马史家补充说道，这是未来伟大的第一块奠基之石。然而，当贝倍尔在马克西米利安一世前所作的演讲以及之后的历史著作中提及罗马的建城神话时，他几乎无法再找到一种比“诸杂种族群”更为侮蔑的说辞；拉丁词语 *colluvies* 的含义不定，但它们都具有不纯粹的含义（正如该词最初的一种用法所强调的含义，即表示汇合起来的污水）。[24]

证明原生的、纯粹的德意志民族的塔西佗式神话远远要比先前据主导地位并由马克西米利安一世的御用史家所探寻的特洛伊谱系更为优越，并不只是出于一种原因。因此，后者遭到了愈来愈多的挖苦嘲讽，直至销声匿迹。贝倍尔的一位同时代人，即巴伐利亚公爵的宫廷史学家约翰内斯·图尔迈尔（Johannes Turmaier）——其人文主义式的名字更为知名，即阿芬提努斯（Aventinus）——向那些炮制德意志的特洛伊起源的人发泄他的愤怒，尽管“德意志王国在特洛伊王国之前已经存在了700年”——确切地说，建立于大洪水七十一年后。[25]故而与主流的看法相反，最先出现的是 *Germanen*。他们的超群卓越不仅体现在起源上，同时也体现在久远的年代上。

这一远古王国最初经历的是忒斯托统治的时期，即那位出生于大地并为古代德意志的歌谣颂奉为先祖的神祇，他的彰明卓著应更多地归功于那位杜撰者，即将他视为诺亚之子的维泰博的安尼乌斯，而不是归功于仅仅提及这位神祇之名的塔西佗。贝倍尔具有一种批判性的意识，就像他质疑其他关于其先祖的负面报道一样，他本应该质疑安尼乌斯那受人赞许的证言，但他的爱国主义遮蔽了他的判断力，因而充分地利用了这种证言。事实上远非他一人如此，阿芬提努斯这一学养有素、博览群书并负责撰写权威的德意志－巴伐利亚历史的学者甚至比大多数人走得更远。他忠实地重复了安尼乌斯通过想象所杜撰的故事，并为诺亚收养了忒斯托的后裔而感到无比的骄傲，因为这“表明了德意志人相比于其他民族更为卓越的美德和坚毅的品性”[26]。然而，他发现这位德意志祖先的形象仍然很模糊：即便在据说是安尼乌斯所作的报道叙述中，除了这位祖先在诺亚谱系当中的地位外，也只有两到三条极为随意的相关评注。总之，这位神祇仍然不具有一个真切的形象。

阿芬提努斯很快就因“以更大篇幅详细叙述了……塔西佗以最为简洁的语句所记述的情形”而扬名，在他的几部作品中，他花费了大量笔墨来描写忒斯托（Tuisto）。多亏了他的作品，德意志人才有了他们的“第一位国王以及立法者”。忒斯托在以年代为顺序的人物形象中处于首位，其中也包括了查理曼。[27]阿芬提努斯断言说，怀疑忒斯托的存在是一种不应该有的想法。当然，鉴于这位国王年代久远，想必没有人会因其名字拼写上的细微变化而感到讶异（阿芬提努斯自己的作品对此也颇为随便）；而且，关于他与诺亚的确切关系——他是诺亚亲生子还是养子，自然也会有偶尔的分歧。但这些分歧与德意志的开创者所留下的证据相比是微不足道的。阿芬提努斯在一些地名中找到了他的一些遗迹：忒兹（Tuitz），一个位于莱茵河附近的村庄，以及条顿堡（Teutoburg），奥古斯都的军团即在此处的森林中惨败于日耳曼人之手，二者都证实了他的存在。[28]但这一先祖最伟大的遗产乃是法律，一直以来，他通过这些法律塑造了其子民的道德品质。当诺亚那个可恶的儿子含——阿芬提努斯在其史前史的叙述中强调了他的乖张无常——从巴比伦来到日耳曼时，忒斯托便因此而为其子民的道德感到忧心。他召集了一次会议（正如塔西佗笔下的 *Germanen* 之后将要做的）。在会上，他给他们颁布了第一部律法，但内容不多。因为他知道，太多的律法可能会“促生而不是抑制恶行和劣迹”，阿芬提努斯所写的这句话暗含有塔西佗的影子，后者认为，德意志的习俗比其他地方的法律更有效力。[29]所罗列的大部分律法条目同样是取自塔西佗的叙述；举一个略带讽刺的例子，那个关于“通奸和滥交”的法律会是如此有效，这使得“罗马人尤为”感到惊异。

德意志民族的基础奠定后，忒斯托在其统治的第 236 年去世。继承者是他的儿子，即同样为塔西佗所提到的曼努斯，而“他也为我们所尊奉，并且因为他的缘故，人类仍然被定名为 man［*mannen*］”[30]。从曼努斯的儿子开始，依次产生了一个历时久远而前后相继的国王世系，阿芬提努斯就此追寻到了自己所处的时代。该王族世系反映了德意志民族延绵不断的血统，他们从来没有被赶出过自己的祖国，甚至从来没有在一位外族征服者面前做出过让步，更不用说受降于一支占领军队。

插图 6：忒斯科（Tuisco），所有德意志人的祖先，见阿芬提努斯的 *Chronica*（《巴伐利亚纪事》）哈佛大学，霍顿图书馆，Ger 9250. 3. 1.

自由、英勇、忠诚以及遗忘

一个未被征服的民族……仍然生活在地球曲面伸向北极的大地上，……既不懒散滞缓，也不畏惧死亡……为祖国和珍爱的友人而斗争，并且在遭到侵犯攻击之时渴望杀戮。

——康拉德·凯尔提斯，1501

满腔热情的人文主义者们从古希腊和罗马的材料中搜集片段和引证，以获取一幅有关他们祖先之英勇与成就的拼贴画。他们乐此不疲地叙说这些“自由的捍卫者”是如何一次又一次地击退了入侵者，保卫了他们的边疆，并深入四处的外族据点。自然本身似乎就注定这个民族是为打仗而生。因此，他们很乐意列举出塔西佗描绘的那些体貌特征：“身材高大挺拔，在和平时期面目光鲜明悦，但在战争时期却狰狞可怖，特别是在战斗中凶光毕露、令人惊惧的眼睛，以及有意激发恐惧的声音。”[31]

在那些战败者之中，罗马人尤为突出，对于征服了绝大部分所知世界的他们来说，跨过莱茵河要比遥远的海上航行更为危险。即便是对于他们最为能征善战的统帅朱利乌斯·恺撒。海因里希·贝倍尔也叹问道：他在那条河上架完桥后，“他事实上做成了什么?”[32]他和其他人一样带着一丝冷笑，引述了塔西佗对那些认为罗马——唯一没有被征服的——在将近二百一十年间“［已经］征服了德意志”的人们的谴责和毫不留情的嘲讽。在罗马所遭受的所有失败中，年轻的切鲁斯坎（Cheruscan）① 贵族阿米尼乌斯（Arminius）于 9 年所给予的失利是最惨痛的。在位于今天北莱茵－威斯特法利亚州的条顿堡森林——一个丛林密布的幽暗山区，他设下埋伏并最终歼灭了三支罗马军团，据说，奥古斯都皇帝曾为此而悲痛失声：“昆克提利乌斯·瓦鲁斯［倒霉的罗马将军］，还我军团！”[33]这位取得胜利的日耳曼领袖继续出击罗马军队，直到他被怀疑自己想要建立王权的族人所暗杀。但大概在《日耳曼尼亚志》简要描绘了日耳曼战士，特别是塔西佗《编年史》的第一部分在 1515 年重现于世之后，阿米尼乌斯又再度复活。它们叙述了瓦鲁斯战败后他与罗马军队的一些小规模冲突的叙述，并以塔西佗可能用作墓志铭的一段话作为总结：阿米尼乌斯是 *liberator haud dubie Germaniae*，“日耳曼毫无疑问的解放者”[34]。因此，在 16 世纪的读者群之中，他一跃而成为名望卓著的英雄。

赫尔曼（Hermann）——宗教改革家马丁·路德将阿米尼乌斯的拉丁语名字译成德语形式——曾在先前的战役中为罗马服役，并在给予其故主致命一击前升任为罗马援军的首领。[35]作为一名为罗马作战的日耳曼雇佣兵，他并非特例。德意志人文主义者强调这一事实，即他们好战的祖先经受住了外族入侵，但也乐于将他们勇武善战的士兵为罗马将领所用，以确保他们的胜利。在征服高卢时，朱利乌斯·恺撒难道不是依赖于日耳曼的骑兵吗？甚至皮科洛米尼和坎帕诺也承认这一事实！而且，难道不是“在他们的帮助下，［恺撒］才［在内战中］击败［他的对手］庞培（Pompeius）及其罗马军队的吗？”[36]后来，皇帝们的性命甚至也托付给这些充任其护卫的日耳曼士兵。证据

① 一个日耳曼部落，位于今天的德国西北部。

确凿无误：他们拒绝被罗马所钳制，但他们却承辅着罗马的领导者。

罗马人信任日耳曼人甚于罗马人自己：人文主义者将这一点解读为他们先祖所独具的那种卓越的“忠诚与正直”的明证（阿米尼乌斯/赫尔曼的背信弃义基本上被忽视，有时也得到辩护）。塔西佗生动地描绘了围绕在首领身边的“精挑细选的青年——［他们的职责］在和平时期是一种荣誉，在战时则是一种保障”，人文主义者以此来说明德意志人的忠贞不渝。塔西佗又补充说，那些扈从认为，“从战场上生还而其统帅战死……是可耻的”[37]。只有死亡能够给予他们自由。塔西佗同样注意到，最令他惊异的是那些赌徒们的忠守不移，他们信守诺言，并以他们的自由来做最后孤注一掷的赌本。不管输家能够多么容易地使自己从中摆脱，他仍然要承受被缚着去拍卖的后果。塔西佗对此也感到颇为困惑，认为这是“冥顽不化，而他们［*Germanen*］却把这说成是忠诚守信”。弗朗西斯科·伊莱尼库斯（Franciscus Irenicus）很快就修正了他的这一说法，伊莱尼库斯在其1518年所撰写的德意志史中用了整整一个章节来论述忠诚守信，坚持认为这个情节展现了“真正的坚毅不屈”[38]。如今，这样的民族特性深受伊莱尼库斯和其他人的认可，因为这一特性与他们的南欧敌对者形成了有利的对比。轻浮是三项攻击意大利人（以及越来越多的法国人）的典型指控之一。那些欺诈大师们可以满不在乎地背叛他人，在人们的描绘下，他们与“凭借虔敬和坚定不移之心守卫忠诚”[39]的日耳曼品性截然相反。

当日耳曼人离开家乡，为荣誉而战的时候，他们在另一个方面展现了他们坚定不移的精神，正如塔西佗所报道的那些令德意志人文主义者欣喜不已的事情，这些人文主义者还喜欢说他们的先祖们曾随心所欲地涌入了罗马的行省。海因里希·贝倍尔充满自信地宣称，即便是在罗马仍旧昌盛繁荣之时，*Germanen* 也维系着他们自己的帝国。由于“缺少［本土］作家”，也由于罗马的偏见，他并不纠结于证据的缺失。日耳曼的坚韧刚毅赢得了胜利：“在这个广阔的世界上，很少有民族不因我们的名字而颤抖。”[40]一长列的征服名单流传在外，通过纳入其他民族的成就，这份名单甚至可以更长：《日耳曼尼亚志》第二部分中诸日耳曼部落的情景，以及北欧多种多样的族裔概念，使得相当含混不清的“日耳曼”将西方、东方及北方的诸部落都囊括在内。大规模的民族迁徙则使得这一情况更加错综复杂，并诱使沙文主义者将其他民族的胜利宣称为他们自己的。（举一个例子，瑞典人原本属于日耳曼部落中的斯瓦比亚人，这种异想天开的观点则一直认为，他们是第一个占领斯堪的纳维亚的族群。[41]）而更为审慎的头脑则嘲笑这些纸上谈兵的征服，认为相比于大量货真价实的日耳曼人的胜利，这些都没有必要。

在这些征程中，詹南托尼奥·坎帕诺曾在其雷根斯堡演说中暗示道，日耳曼“出现了大量禀具荣耀之人，通过在各地建立贵族殖民地，他们将最为高贵的王室家族布及整个世界”[42]。他的德意志读者立即将这一描述紧紧抓住不放。像阿芬提努斯一样，一些人在坎帕诺所描述的基础上又补充了古代后期的北方概念，以之作为“人类的摇篮”，并将德意志称为“那些最为高贵也最为勇敢的民族往昔的母亲和缔造者”[43]。其他的一些人则像维姆菲林一样，借用 *Germania* 源于“萌芽”（*germinare*）的一种词源学上的解释，将“德意志人”的意思解释为“贵族的子嗣”。事实上，那些认为德意志从罗马人那里得到了它的文化与统治阶层的人是错误的：“相反，是德意志以其自身影响了罗马人。”最为虚妄不实的是惊叹德意志人“不仅仅在欧洲，而且也在亚洲和非洲，甚至在基督诞生之前”作出了卓越的贡献。[44] 而19世纪晚期的那场被称为泛德意志主义的运动所声称的主张与此种说法惊人的相似。

作为自古以来的一种特征，德意志人的自由在16世纪之交面临着严重的威胁：1529年，土耳其军队逼近维也纳；教廷加紧攫取德意志财产；而罗马法规则取代了历史悠久的地方法律。对德意志人文主义者来说，这些情势正需要阿米尼乌斯所说的那种好战而热爱自由的精神。在这样的一种呼吁中，没有人会比乌尔里希·冯·胡滕（Ulrich von Hutten，1488—1523）更为直言不讳，他是《阿米尼乌斯》（*Arminius*）这部开启武士崇拜的开创性对话录的作者，同时也是酝酿宗教改革的时期最为多产的小册子作家之一。[45] 他的拉丁语用词在德意志同时代人中无出其右，而且——一旦他开始用方言写作——只有马丁·路德可与之相匹敌，他享有他那个时代最杰出的人文主义者——鹿特丹的伊拉斯谟和托马斯·莫尔——对他的敬重，作为骑士的后代（可追溯至10世纪），他像他那中世纪的祖先那样写下战书，并通常以同样的激情迫使他去攻击法国的士兵（至少有一次导致了过失杀人的后果）。“让我们解放祖国吧，她已遭受了长久的压迫。”[46] 在这种攻击中，他选择用笔作为武器，而他的敌人则是罗马法和罗马教会。

在胡滕时代的德语地区，法律是一个颇具争议的问题。源于罗马的法律条规在经历了最初的粗陋微鄙之后，已逐渐累积成为 *corpus iuris civilis*（民法典）。而现在，也就是16世纪之交，它已经逐渐取代了德意志习惯法。1495年，在沃尔姆斯会议上通过的一项帝国法令明确规定要在帝国内施行罗马法，而且，法官要在新成立的帝国皇家法庭上据此进行判决。德意志法学家们通常是在意大利的博洛尼亚和帕多瓦接受法律训练。胡滕自己在帕维亚（Pavia）、博洛尼亚以及罗马学习了法律，这只不过让他充分意识到自己对罗马法典及其“傲慢的布施者”[47]的厌恶。他一个学位也没有获得。1516 年，在写给一位朋友的信中，他通过塔西佗回忆起了昔日的公正，那个时候没有法学家，而且，“良好的法律在这里要比别处的成文法律更有分量”。通过用“成文的”（*scriptae*）取代塔西佗最初所使用的“良好的”（*bonae*）这一形容词，胡滕明确地指示了罗马法所缺乏的品质。

涉及教会利益的德意志诉讼必须在罗马的法庭上作出裁决，这种做法因其纵容教廷滥用职权而广受指责。在马丁·迈耶写给皮科洛米尼的那封警告性的书信过去了将近六十年之后，抱怨的理由依然如故，只是显得更为强硬。在这些“压在德意志民族头上的重负”（正如后来人们所声称的那样）中最主要的，是给予罗马的巨额财政进项以及莱茵河沿岸的大量教产。胡滕讥讽道：“人们可以毫不夸张地指出，大半的德意志被教廷这个家伙所占有。”[48]这看起来就像是罗马的神职人员在罗马军队于 1500 年前遭到失败的地方取得了成功。胡滕公开与罗马分子决裂，后者是人们对罗马教会人员的蔑称，他们奢侈的生活方式不仅侵耗了德意志的资源，而且也与真正的基督教精神相悖。人们所希望的那种淳朴而纯洁的精神已经充盈于塔西佗所描述的那种日耳曼的宗教虔诚之中。早年诉诸圣经和塔西佗的著作，并以之作为忠实伴侣的阿芬提努斯，将日耳曼的虔敬纳入忒斯托的诸项法令之中。德意志的第一位国王和立法者（《日耳曼尼亚志》则又再次提及此）规定：“人们只能在内心中找寻神，崇奉神；因为他既不能被限囿，也不能与任何人或其他肉体的形象做类比……因此他将森林圣化……使所有人都能在自由和共享的天空下敬奉一个神祇。”[49]对神的敬礼本应该是简朴、真诚而又纯粹的——进而言之，整个的生活也应该如此。

一个淳朴民族的卓越生活

> 身为正直的守护者，他们在对宗教和诸神的敬慕中，凭借虔敬和坚定不移之心守卫忠诚；他们心口相应，固守着真实与公正，因为他们杜绝巧舌如簧地捏造谎言。
>
> **——康拉德·凯尔提斯，1501**

相比于德意志民族的起源和自由，他们祖先的道德品性甚至更能激起人们热情洋溢的赞美。海因里希·贝倍尔即赞叹道：“在这方面，我们明显比其他民族更为优越”[50]。他以及与他同道的人文主义者将他们祖先在法律方面的欠缺——皮科洛米尼曾不怀好意地将此归因于文化上的迟滞落后——重新诠释为他们道德优越的一种结果。不久，宗教改革者亦加入进来，他们号召将祖先的德行颂扬为一种可以与罗马艺术相提并论的价值观念。最终，他们就会将他们过去的伟大奠基于他们的品性之上，而不是文化。

这一新出现的模式缘于一种困境。因为不论人们如何努力地审视过去，日耳曼的艺术始终隐没不见，很明显，德意志祖先在文化上无法与罗马人相比。《日耳曼尼亚志》中的一个模棱两可的说法甚至表明，数世纪以来，当希腊人和罗马人已经创作了大量的世界级文学的时候，“文字的秘密”在阿尔卑斯山以北尚不为人所知。[51]为了声援某种丢失的高雅文化，一些人文主义者试图论证说：他们想象了一个神秘的德鲁伊祭司智识阶层——最初来自高卢——将他们的教义以口头的方式传授给了下一代；或者他们搜集各种格言来证实一种缜密精致的日耳曼哲学的存在。凑巧的是，塔西佗记述了有关那些历史故事的诗歌，而这些故事让一种高度发展的口传文化看起来有了存在的可能。中世纪文本以及德意志最新的发明——特别是印刷术——同样也被拿出来证明他们天生的机敏灵巧——当然，这也是古代德意志人的特征。然而，将战士描述为具有天才创造力的发明者的这些努力最终还是失败了。（但这个普罗米修斯式的战士将会在19世纪时以雅利安人的身份卷土重来。）为过去辩护的另一种策略被证明是更为成功的：承认在艺术领域之缺陷的同时强调其他替代性的优势——最重要的是德行操守。通过对日耳曼生活的全景式描述，《日耳曼尼亚志》在不经意间又再次给那些并不消沉绝望的人文主义者提供了他们所需要的内容。这是一份颇为及时的礼物，而其真实性也会在一定的时候遭到质疑。

关于他们祖先的品性特征，人文主义者所满意的那种描绘受塔西佗影响之深，可从当时的一部最具沙文主义色彩的文学作品中窥其一斑，即上文提到的雅各布·维姆菲林所著的《德意志简史》（*Epitome rerum Germanicarum*）。维姆菲林在书的结尾处总结了那种已经在他的叙述过程中变得显而易见的品质。他强调说，德意志人一直以来都是卓越而出众的，“因为他们的男人不可胜数，他们的女人矜持端庄，他们的王者和领导者神勇睿智，他们的高贵纯粹无瑕，他们的士兵坚毅而伟岸，他们秉持共同的自由、忠诚、正直、慷慨、坚定，以及一种对艺术的特殊天赋”[52]。这些品质特征，除一种外，均是由塔西佗提供给维姆菲林以及其他的16世纪作家的，甚至大部分的具体词语也是来自塔西佗，另外一些则经过了一番推敲择定。通过深入细致地观察那些青年男女，这位《日耳曼尼亚志》的作者看到他们都“高大修长（*proceritas*）”[53]。而那位《德意志简史》的作者也使用了同样的词语——对此，在所有的古典拉丁文学作品中，有不超过三十个例证——来描述德意志士兵的身材。（20世纪的种族主义者则将*proceritas*视为雅利安－日耳曼种族的一个主要特征，而且还将之译为“颀长伟岸的身材”。）因此，维姆菲林那一代人认可并崇奉的德意志人品性正是塔西佗笔下的日耳曼人的品性。

在进行反对意大利贵族气的风潮中，胡滕即高扬这种高尚的品性，以便重新定义野蛮。他抱怨说，在意大利人的眼中，所有的非意大利人都是化外之民。然而，如果对他们良好的习俗、敦厚的举止、坚毅正直的品性给予适当的关切和评价，那么“德意志就是文明之邦，而罗马人则生活在最为粗暴的野蛮状态中”[54]。正如塔西佗所暗示的，罗马人在艺术上优秀有余而德行不足。他们的道德缺陷历历在册。对此，贝倍尔曾讥讽道：“相较于［古代德意志人］天生的野蛮，他们精心培育的习俗是苍白逊色的”[55]。他们的祖先是超群卓越的，而且不仅仅是在道德上：如果一个人不得不在古朴淳厚的日耳曼生活和罗马漠视德行的艺术之间做出选择，那么他不是更应该选择前者吗？一些人文主义者就是如此认为，这使得他们的爱国之心压倒了他们的人文主义精神（虽然只是短暂的，而且也只是在修辞上的装腔作势）。

然而，不管是好是坏，时代已经变了。阿尔卑斯山以北的艺术在近世的传播和蓬勃发展令人欣悦，但这似乎也威胁到了他们先祖的习俗。罗马作为“昔日的兵戎场，如今的温柔乡”而遭到贬低，从中而来的颓靡以及与之相伴的恶行渗透到了德意志；甚至酗酒以及懒惰和暴躁这种典型的德意志恶习，最终也被归咎于意大利的影响。[56]身为教育家的凯尔提斯一再告诫德意志的青年不要因意大利人华而不实的作风而背离他们祖先坚实敦厚的传统。他敦促他们为自己着想去学习历史：它将不仅仅告诉他们已经发生的事情，而且还要告诉他们以后要做什么。自古以来，克里奥（Clio）——督管历史写作的一位经典缪斯——就是一名档案员和家庭教师。她不仅记录过去，而且还提供了对现在的指导。对于16世纪早期的德意志人文主义者来说，这意味着他们将自己祖先作为德行方面的向导，但他们同时又将古代希腊和罗马的文学经典来作为他们审美上的取向。他们的历史想象被割裂了。

人文主义者与宗教改革家都特别将包括令人痛心的堕落风气在内的诸多恶行劣迹与罗马教会联系起来。马丁·路德于1517年在维滕堡发表的《九十五条论纲》——张贴在教堂门口，随后便流传到各地——尖锐地指斥了比罗马首富克拉苏斯（Crassus）还要阔绰的教宗，而后又质问他为什么还要求贫穷的信徒赞助修建圣彼得大教堂？其中暗含的答案是，由于贪婪。更为普遍的是，在人们的印象中，掌管赎罪券的教士的生活无非如此。在德意志，那些罗马风气在德意志的传播引起了路德的关注。在评论教宗的贿行时，他从塔西佗那里援引了一句颇具讥讽色彩的话：罗马人的确“教会了我们德意志人收受金钱”[57]。在和那位与之并肩领导宗教改革运动的菲利普·梅兰希顿（Philipp Melanchthon）的一次旅途中，路德欣然地同意这样的一种说法，即坚定、忠诚以及守信这些塔西佗曾经赞美过的日耳曼价值如今已然逝去。但他又迫不及待地表达了自己的希望，即至少“意大利人的婚嫁风习”——他对于同性恋关系的委婉说法——在德意志人的土地上是不会被接受的。放荡淫乱、腐化败坏、贪婪嗜欲以及堕落颓靡：对于这个标准的秽行名目，路德以及他的许多同时代人均断言它们来自罗马。人们只能祈求——一个路德派的《日耳曼尼亚志》评论者很快就会如此——“上帝［将会］看到德意志在适当的时候重新回到它过去节制、诚实、谦和以及正直的状态之中”[58]。

宗教改革和人文主义秉持共同的民族情感：路德被称为“祖国之父”（*pater patriae*）。为了他们基督教同胞在宗教和道德上的改善，路德派信徒求助于《日耳曼尼亚志》。他们编制了自己的拉丁文版本，首部德语译本，以及一部翔实的评注，从而使这部作品得到更为广泛的流传。梅兰希顿（1497—1560）——他的著作对于把针对罗马教会的不满转变为新教教义颇有助益——就在这其中发挥了作用。梅兰希顿是其化名，由家族俗名斯瓦尔茨德［Schwartzerdt（“black soil”）］转译为希腊语而来，身为维滕堡大学的希腊语教授，他因致力于改良教育体制而被誉为“德意志之师”（*praeceptor Germaniae*）。作为教育家和爱国者，他于1538年印行了一版《日耳曼尼亚志》——1557年时又再版了一次，其中包括一些注释和少量的评注。他补充了两篇胡滕的对话录——《阿米尼乌斯》（*Arminius*）和反教权的讽刺作品《朱利乌斯对话录》（*the Dialogue Called Julius*），以及凯尔提斯的《日耳曼尼亚概述》。在为这部搬弄是非的作品集所写的书信体序言中，他表露了自己的一种期盼，即希望德意志青年能够学习“他们祖先的光辉典范”，而且不仅仅是学习他们作战时的英勇和本领，还要领会他们坚定不移的贞洁。[59]而他关于姓名变化的评论所突显的古今对比同样会教导他们基督徒的谦卑：

> 在读到这部著作的时候，如果我们不只是关注古代德意志人的勇猛顽强和德行操守，而且还思考他们的衰灭和诸种起伏，那么我们将获益良多，我们意识到：人类生活如此的反复无常，人们必须对命运的沉浮泰然处之，并努力为天国奋斗，与此同时，每个人还必须为他的斯巴达（Sparta）添砖加瓦。

梅兰希顿通过自己编订的那本《日耳曼尼亚志》——这是他给自己的斯巴达的献礼——履行了自己的义务。

约翰·伊柏林·冯·金茨伯格（Johann Eberlin von Günzberg）是梅兰希顿和路德两个人的学生，后来成为一名牧师，他亲自着手编译《日耳曼尼亚志》，从而使更多的非拉丁语读者可以读到这部作品。1526年，他完成了这本书的首个德语译本（然而，这个译本直到很晚才发表）。由于想要把它献给自己的祖国，他便毫不犹豫地在译文各处都插入了“注意”的标识，以指出它们与现时代的相关性；通过删略或者意译，他去除了那些可能有损于文本作为宗教改革者之凭据的内容：在他的译本中，日耳曼部落中所风行的人祭又一次被删去。[60]当伊柏林正忙于他的翻译工作时，另一位路德派成员，即安德里亚斯·埃塔玛（Andreas Althamer），将他对《日耳曼尼亚志》所作的卷帙庞大的评述初稿寄给了梅兰希顿——他一直鼓励埃塔玛再作一些修改。这部著作于1529年终告成，埃塔玛希望以此来表达他对“德意志，我们共同的祖国”的热爱。它证明了*Germanen*的成熟。关于塔西佗的一些特殊的文本段落，埃塔玛的一些评述包含了当时最新的人文主义著作从《日耳曼尼亚志》中借用而来的相关引述。[61]在塔西佗那里，德意志人是“一个既不聪明又无奸诈的民族”，而在凯尔提斯的《日耳曼尼亚概述》中，他们进而被赋予了一种“坚持真理和公正的精神”特征。16 世纪的前三十年间，在相互的参考引证中，这部开启传统的著作反过来又得到了传统的支持。而 *Germanen* 在人们的细致描绘中正完全脱离于他们的最初来源。

皮科洛米尼那部颇具煽动性的《德国志略》发表了不到十年，凯尔提斯那代人——受他们的科尼利乌斯所鼓舞——便确定并完善了他们祖先的形象。到 1505 年的时候，虚构的 *Germanen* 已经成为具有典范意义的德意志人：纯洁高贵，四肢修长，皮肤白净，发色金黄；自由奔放，忠厚淳朴，真诚坦率。在走向一种更为美好的未来时，这些祖先提供了一种民族归属感和道德上的引领作用。他们将不得不在许多个世纪中承担着这两项责任，在这期间，塔西佗的大部分读者将会继续进行那些人文主义者已经开始着手的工作，即在日耳曼人的形象方面做出修正，以便使之契合于当下的需要。就很大程度上来说，如果不是所有方面的话，国家社会主义者所想象的 *Germanen* 就是那些人文主义者所描绘的形象，只是随着时间略有损益而已。

5. 英雄的歌谣

根据塔西佗的证言……古老的德意志人十分在意他们纯洁无疵的风俗习惯……而且完好地保留着他们古老而纯正的母语。

——尤斯图斯·格奥尔格·肖特利乌斯

（Justus Georg Schottelius）

当阿米尼乌斯在17世纪重生的时候，他发现自己又再度站到了战场上。1642年，戏剧《和平的胜利》（*The Victory of Peace*）在下萨克森州布伦瑞克（Brunswick）附近的丹克瓦尔德罗德堡首次上演，剧中的阿米尼乌斯作为一名死去的英雄，对世人作出评判；为此，他还有另一位来自往昔的英雄为伴：10世纪的捕鸟者亨利一世（Henry I the Fowler），即萨克森公爵和第一位德意志国王。剧作家、杰出的德国语言学家尤斯图斯·格奥尔格·肖特利乌斯（1612—1676）运用了这种修辞上的技巧，以便让他的观众能够透过他们祖先的眼睛看到战争的狰狞面孔——抢掠、饥馑和疫病已经在德意志的山川大地之中留下了无法磨灭的印记。二十多年后，田间地头散落着被战火烧焦的尸骨、农田和村镇房屋，以及坍为废墟的城市围墙。“这还是德意志吗?”阿米尼乌斯与同伴谈话时如此诧异地问道。[1]

在舞台上，鲍德良（Bolderian）——当时的一个德意志人——加入进来并答应要对此作出说明。他打扮得干净整洁（他帽别双羽，衣袖宽松，靴子齐膝，手持佩剑），说着时髦的话。鲍德良的话，语法看起来还是德语的，但用的词语大部分来自法语。对此，阿米尼乌斯几乎无法听懂，他垂头丧气地哀声怨叹。“庄重、规范、纯正而又丰富的母语”怎么就沦为一种等而下之的“劣等杂种”——它不仅被法语所荼毒，而且也被意大利语和拉丁语所败坏！难道他与罗马人的战斗终究会归于徒劳？更令人怒不可遏的是，鲍德良竟然敢嘲笑他和同伴国王亨利一世的粗陋装扮：胡子拉碴，梳缠发辫，佩剑硕笨，头戴角盔，身穿毛皮。与此同时，这两位德意志英雄看不出对方——他十分得意地解释了他所自诩的骑士的概念——与外族士兵之间有什么区别，因为“西班牙人、匈牙利人、格罗特人（Groats）、法国人以及威尔士人”遍布德意志，但德意志人却再也看不到了——至少是塔西佗笔下那个纯朴时代的德意志人，那时，本族母语和使用这种语言的民族同样的纯正，同样的高贵。

当肖特利乌斯的重生英雄哀叹战争的灾难时，他们表达了观众厌倦战争的感受。由宗教冲突（波西米亚叛乱，在今捷克共和国）所引发的三十年战争如今正处在它的第三个十年，在某些阶段，这场战争将欧洲所有的主要势力都牵涉了进来。古斯塔夫二世·阿道夫（Gustavus II Adolph）的瑞典、枢机主教黎塞留（Cardinal Richelieu）的法国，以及哈布斯堡的西班牙都发动了他们的雇佣军，在德意志的土地上奔腾肆虐——那儿是最主要的战场。最悲惨的是农民。紧随劫掠的军队之后的是饥荒和疫病——瘟疫、伤寒、梅毒、坏血病。短短几年时间，德意志就倒退了数十年：符腾堡，位于南部的一个邦国，战争爆发时总共有45万居民。二十年后，它的人口已经锐减到了十万。而这要经过一百三十年才能够恢复到战前的人口水平。“痛兮，同胞!”《和平的胜利》上演一年之后，诗歌《一位亲历者对德意志惨遭蹂躏的悲叹》（*Lamentation by an Observer of the Devastation of Germany*）的开篇如是说。[2]

在漫长难熬的战争期间，“德意志问题”在战场和作家的书桌上又被再度提起。然而，德意志国家似乎无从谈起，在德意志民族之神圣罗马帝国的松散混乱中，300多个德意志邦国、自治城市以及自由的帝国村镇为了自由、独立以及权力的问题纷争不休。当时一位不具姓名的旁观者讥讽说，皇帝“除了他那空头名号外一无所有”[3]。因信仰而不合的地方诸侯为宗教改革和反宗教改革的浪潮所激荡；路德派不仅和天主教针锋相对，而且与加尔文派也意见不合。德意志的一位君侯，即巴伐利亚的马克西米利安就为信仰效忠的纠结与冲突而困扰，因为他这个天主教徒和爱国者既害怕一场西班牙军队的天主教胜利，又不敢想象一个新教的德意志赢得权力。所有人都为自己的那点权力蝇营狗苟而罔顾大局。通过诸多变动不居的联盟关系，他们招请邻国参与征剿。保罗·弗莱明（Paul Fleming）——他那个时代最优秀的一位抒情诗人——笔下人格化的德意志哀叹着自身的命运：“伤痛如我！往者何如！而今何处?”[4]此情此景让他想起了塔西佗曾祈祷希望日耳曼人内讧纷争永无休止，因为这会使罗马受益。然而，如今的人们不禁想问，它现在会对谁有利呢?

同样消逝难追的还有迫使“矮小的罗马人逃回台伯河”的那些充满战斗荣耀的时代，[5]当时的人们抱怨说，德意志的军队只知一味退缩，而不是像他们阿米尼乌斯时代的祖先一样进行强有力的抵抗，祖国的土地曾经自由而坚不可摧，如今却惨遭异族蹂躏。在经济、政治以及军事上的萧条中，爱国者们迷惘而绝望，但仍然不放弃将德意志塑造为一个文化之邦。自阿芬提努斯以及胡滕时代以来，民族主义关注的焦点已经发生了变化：在德意志巴洛克时代早期，梳理德意志语言（*Spracharbeit*）是爱国者们所致力从事的核心工作，而此前努力的中心则是历史阐释方面的著述。与人文主义者一样，17 世纪的学者都为他们那些塔西佗笔下的祖先而自豪，他们“个个勇猛无敌”，征伐四方，而且是如此善良而坦诚，“对于其他民族而言，只能通过后天漫长繁重的历练才能习得，对于德意志人来说，却是与生俱来的”[6]。但骄傲的基石不再是德意志人对罗马军团的抵抗，而是他们母语的古老、独特与纯正。一位语言爱好者自称：“我写作是出于我对语言的热爱……出于我对祖国的热爱。”[7]海因里希·贝倍尔撰写历史也是出于相同的原因。德意志巴洛克时代的保守者站在了他们人文主义先贤的肩膀上。

人文主义者已经形成了关于德意志语言的思想。凯尔提斯曾在他的母语中感受到说话者那种粗犷而又坚韧的日耳曼心性：从他们的话中可以看出他们的性格。然而，在别处，他又为“这种遭到批评的没有教养的语言”而表露出一种尴尬，这表现了他那个时代的文士（*literati*）中并不少见的矛盾心理（最初他们完全忽略了自己的本土语言）。[8] 他的学生阿芬提努斯在诸多巴洛克作家中得到了广泛的阅读，他反思了德语如何在外族词汇混杂进来之后最终变得腐坏不堪且难以理解。然而，虽然有这些零星的反思，也尽管——或者可能正是因为——发生了战争，17 世纪却见证了具有反省意识的作家群体的兴起，这些作家齐心协力，试图整理并改进他们本民族的语言：它的语法、拼写规则以及诗歌。他们许多人都聚集在一种为了语言整理而专门建立的所谓的语言学会（*Sprachgesell-schaften*）当中。

这样的整理似乎是必要的。诸如德语地区北部的汉堡和南部的奥格斯堡这样繁华的城市（即便在战争期间也往往）作为巨大的市场发挥着作用，包括亚洲香料以及西印度食糖的国际货物都在此交易，并由此销售到欧洲的其他地区。德意志的道路成为通商要道。随着外国商品而来的还有外国文化。然而，相比于远方，邻近地区更被视为一种威胁。因为在肖特利乌斯那个世纪的大多数时候，不论是战前还是战后，德意志在时代潮流方面深受法国和西班牙的影响。宫廷音乐来自意大利，绘画由尼德兰传来。文学上充斥着许多语言，但却几乎不用德语。国外在讨论德意志的文化时，总是疑窦丛生。德意志的“文化”让他们想起那些君侯，他们要么掴弄臣耳光而自以为风趣，要么用狼吞虎咽、暴饮暴食的能耐给访客留下印象，要么在书信的结尾处写下“醉上一场，再见”[9]。为了变得有修养，德国人得去外国走一遭才行。罗曼文化和语言据有特别的主导地位，而且破坏了据称是古代纯正的“英雄语言”以及“未受侵蚀的习俗”。保守的评论者认为这种“毫无检点的媚外”（*Frömdgierigkeit*）简直无处不在，以至于一个人如果打算剖析像鲍德良这样的德意志人的内心，那么他会发现其中顶多只有八分之一的德意志成分。[10]“如果天假其年，使塔西佗重生，他必定会写一本完全不同的小书来叙述德意志人的生活方式与习俗。”[11]德意志人文主义者曾在他们意大利对手的阴影下撰述写作；如今，法国人被视为一种挑战和威胁：对抗者变了，但对抗仍在继续。

当阿米尼乌斯和他的同胞在《和平的胜利》中抱怨人心不古

时——在他们的时代中，真诚、生动、有德意志风范的事物如今（以当时的隐喻来说）已稀释掉了——他们表达了德语地区的许多文人所持有的保守观念。他们看不上如今四处泛滥的外国语言，而是臆想他们淳朴的过去。“那位优秀的罗马人塔西佗”就是他们最重要的见证者。[12]他具有如此巨大的权威，以至于人们为了满足爱国主义的要求，迫使他一再言说他事实上并没有说过的内容。当时一些最伟大也最具影响力的学人阐释《日耳曼尼亚志》的热切不免让人起疑：紧随肖特利乌斯之后，有十分杰出的历史学家和地理学家菲利普·克吕沃（Philipp Clüver），“德语诗歌之父”马丁·奥皮茨（Martin Opitz）①，以及大量鲜为人知的学者，他们对自己的母语进行了理论上的梳理：它的圣经世代、巴比伦起源，以及与之同名的先祖条顿（Teuto），之前则被“误”称为忒斯托（或泰斯克）。他们将德语的悠久传统构想为一种富有诗意的语言，且自吟游诗人——如今，人们使他们出现在塔西佗的著作中——时代以来就已经得到了精巧娴熟的运用。他们强调自己的母语与自身民族品格之间的相互交织，认为母语最初的纯正是一种宝贵的财产，正如他们对其民族最初的纯洁性所作的吹捧。

巴洛克时代的爱国者们所论争的德意志人的优越性一直与坚毅与美德相生相系，但如今也植根于德意志的语言之中，这种语言如此古老，如此纯正且富有诗意，因而无疑是“词汇最为丰富也最为美妙”的语言。[13]语言，而非过去，为绝望的爱国者许下了一个国家。

---

① 马丁·奥皮茨：17 世纪德国著名诗人，文艺理论家，1624 年初版的《德国诗学》对德语文学影响甚大。——译注

失而复得的条顿人

由于抄写员的差错或疏忽，塔西佗著作中的“Tuito”或者“Teuto”被写成了“Tuisto”。

——菲利普·克吕沃，1616

如今，人文主义者所引以为豪的德意志民族之起源引起了研究德语起源的学者的关注。诸多异想天开的说法很快便流传开来。有些人认为最早的语言是德语，而不是希伯来语，“亚当是一个德意志人”[14]。另一些人则猜想，天堂中通行各种语言，“雷声般的德语”曾被用来宣判驱逐令。然而，大多数人完整地保留了希伯来语的显著地位，而将德语追溯至巴别塔之乱发生以后。一部颇具代表性的编年纪明确指出，大洪水过后的一百年间，人类“只有一个民族，只讲一种语言”，诺亚曾命令他的三个儿子——闪、含以及雅弗——督管地球上的生息繁衍。然而在他们各奔东西之前，参与建造了“可以通天”的巴别塔。[15]但因为人类的傲慢，这座塔最终坍塌，一种共同的语言也被72种语言所取代。

诸种语言和民族分裂之后，雅弗之孙，也就是诺亚的从孙亚实基拿（Ashkenaz）带领他的族群迁徙到了一个后来被称为凯尔特的欧洲地区，其中包括巴尔干、法兰西、西班牙、德意志以及不列颠诸岛。亚实基拿即“凯尔特诸族之父”，其中，远古时期的德意志人被认为是最大的一个分支。[16]在到达莱茵河前，他们已经开始讲一种原始的德语，这种语言备受人们尊崇，只因它与那个独一无二的神圣语言在时间上极其接近。民族如此，语言亦然：古老意味着尊贵。据说现代德语就比法语要古老，因为其内核仍然与亚实基拿时代的原始德语相同，法语只是后来在拉丁语的影响下才逐渐形成的（一个 17 世纪初期的作家在经过仔细推算之后，声称这种语言有 3822 年的历史）。

为了探究这些史前时代，语言学家借用了词源学，即对词语的起源和字义的研究。他们相信，如果得到恰当理解的话，那些名词就可以照亮他们一直以来不明了的起源。例如，纽伦堡这个城市名就告诉人们它是由罗马将军尼禄·克劳迪乌斯·达鲁苏斯所创建的，这位将军曾在一座小山丘（在德语中是 *Berg*）上安营扎寨，农民们大多称它为“尼禄的 *Berg*”，纽伦堡的名称和历史便由此而来。词源学家往往在词汇上断章取义以便削足适履。就是通过这样的字词构造，他们阐释了亚实基拿与忒斯托之间的关系。

自杜撰者维泰博的安尼乌斯将忒斯托等同为诺亚的一个之前不为人知的儿子以来，把塔西佗笔下的神话整合到圣经族裔谱系之中就一直是一个话题。德意志的作家对这个身份尚不明确的诺亚之子并不满意，他们找到了一个更为熟悉而且有圣经为证的先祖。大多数人接受的是亚实基拿：因为他的名字——正如《日耳曼尼亚志》的一个评注者所指出的——是一个指谓德意志人的希伯来语词语。[17]这个论证继续指出，亚实基拿也被称为“阿斯坎”（“Ascanes”），他的诸子被唤作 *thi Ascanes*（阿斯坎氏）。这是冠词的一种省略形式（今天德语 *die* 的另一种形式），据此，词尾的-*i* 被省去，然后后裔名称中的首个元音字母从 *a* 变为了 *u*，结果便是 *Th-uisc*。显然，这种拼写形式与“Tuysco”（泰斯克）联系了起来，后者是塔西佗的神祇在一份手稿中的拼写方式（以及安尼乌斯的捏造）。这些令人目不暇接的语言学伎俩——省略、变动，以及各种方言甚至各种语言之间的转换——是十分常见的。但在这个特例之中，他们却遭到了克吕沃的嘲讽，后者是一位历史学家，同时也是“他那个时代十分优秀的地理学家”，他提出了一种不同的解释。[18]这种解释涉及对塔西佗著作的独特见解，它作为《古代德意志》（*Germania antiqua*）的一部分，出版于1616年。

菲利普斯·克鲁维里乌斯（Philippus Cluverius）——克吕沃名字的拉丁语形式——于1580年出生在格但斯克（Gdańsk，意为过去的但泽）① 的一个贵族家庭。在这个濒临波罗的海和莫特拉瓦（Motława）河口的国际性城市长大，必定唤起了他周游世界的愿望。在华沙和布拉格的宫廷中逗留了一段时间之后，他便动身前往荷兰的莱顿大学（the University of Leiden）念书，当时，著名的古典学学者约瑟夫·尤斯图斯·斯卡里格（Joseph Justus Scaliger）就在那里教书。克吕沃的父亲——一位铸币厂厂长——为他选择了法律专业，但他这个相貌堂堂、举止温雅、言谈风趣的儿子却用他仅有的时间学习了历史、地理和语文学。对此，他的父亲拒绝接受，但好在有他母亲暗中（勉强地）支持，他过着四处游学的生活，期间游历了挪威、苏格兰、英格兰、法国、德意志以及意大利。当他偕妻子最终返回莱顿的时候，他出版了《古代德意志》。这为他赢得了 *Geographus Aca-*

① 波兰波美拉尼亚省省会，该城是斯拉夫人最早的定居地，历史上称“格但奈兹”。1793年为普鲁士占领，改名为但泽市。1919年第一次世界大战结束后，凡尔赛公约将格但斯克规定为自由城市，二战前，纳粹德国曾一度收回但泽，二战后，重归波兰。——译注

demicus 的头衔，更为重要的是，这给他带来了一笔经费。但他很快就病倒了，并在 1622 年去世，年仅 42 岁，过早地去世使他无法见享自己的名声。

在其作者看来，《古代德意志》“很大程度上为塔西佗的那本著作提供了翔实的评注”[19]。翻阅这部有四百年历史的三卷本著作，读者很快就会发现它还提供了插图。这部书配有 26 幅木刻画，反映的都是日耳曼生活，而其中的内容以及相关细节都是从塔西佗那本书中拣选而来。这些木刻画呈现了一个原始民族的生活：某次战斗，某场丛林中的牲祭，以及丧葬仪节，所有这些都将塔西佗叙述的一些内容形象化，就像这幅狂欢饮宴图一样。在这幅图中，“日耳曼人”在木头构筑的屋架中狼吞虎咽，大块吃肉、大口喝酒（塔西佗写道，“日夜纵饮不息而不以之为恶习”），悠闲地倚在兽皮上面，他们大部分人赤身露体，仅系着一件斗篷。在这儿，“男人和女人的穿着［似乎］没有什么分别”。图画中的男人们都拿着武器，其出现次数之多是为了提醒读者不要忘记德意志人好勇善战的天性。女人们有的同男人一样拿着武器，有的在照看小孩。站在前面的男孩在人们中间玩耍，而克吕沃书中所列的图画与塔西佗所说的一样，男孩“赤身露体而肮脏不堪”，但很快就“长出让［罗马］人羡慕的健壮身躯”。的确，这幅（以及其他）图画中的人看上去都高大健壮：那个位于右下角的异常健硕的人可能最具代表性。[20]

这些木刻画不久就开始了自己的命运，激励并展现布伦瑞克舞台上跺脚的那些典型的“日耳曼人”。与肖特利乌斯同时代的一位剧作家还明确提到了这些木刻画，认为它们有助于读者将他剧作中的英雄

插图7：一场日耳曼宴饮，克吕沃的《古代德意志》配图。
哈佛大学，霍顿图书馆，GC6C6275 616g

人物形象化。在人们的描绘中，这些日耳曼战士粗鲁而正直，他们昂然挺立于诸如鲍德良这样浮夸的人之中。粗野而真诚的他们很快也出现在了历史小说当中。通过结合新兴的格罗比亚风格——一个以直率和其他粗野行为为核心内含的讽刺之风，他们将有助于把那种简单质朴和坦率正直的品性特征呈现给更多的观众。然而所有这些最终会遭到20世纪作家们的不满和愤慨，因为他们认为这些“剧场中的日耳曼人”（*Theatergermanen*）有损于他们日耳曼祖先在历史上的赫赫声名。[21]

当克吕沃不止一次，而是两次将《日耳曼尼亚志》全文收录进自己的作品时，人们对该书中日耳曼人形象的信赖可见一斑。由于他认为伟大的荷兰古典语文学家尤斯图斯·利普西乌斯（Justus Lipsius）所编订的通行版本在某些方面是有缺陷的，因此他并排印行了旧版和自己的版本，以便比较。然而，尽管塔西佗非常重要，但克吕沃只认可存在于圣经之中的真理。因此，立足于本土的异教信仰必须得到纠正。就像许多其他人一样，克吕沃也相信德意志人是从巴比伦的尘埃中走出来的，他们讲着自己的语言，并跟随亚实基拿一路向北，成为凯尔特原始民族的一部分。然而，对于忒斯托在其中的作用与角色，克吕沃提出了自己的解释。[22]

克吕沃指出，拉丁语中的 *Germani* 并不是德意志祖先最初的名称。通过运用词源学的方法，他认为德意志祖先的名称隐含在 *Teutsch*，*Tuitsch*，以及 *Deutsch* 等通行的方言之中，所有这些不同的地区性词语所指谓的都是“德意志人”（German）。他还认为，“Teutsch”在既有的语法规则中是一个形容词，它由名词 *Teut* 转化而来。克吕沃怀疑塔西佗书中那个神祇的名字拼写可能略微有些错误：因为如果德意志人的方言名称源自忒斯托的话，那么这些名词就应该是 *Tuistische*，而不是 *Teutsche*。为了支持他的说法，克吕沃从塔西佗以及其他地方搜集了证据，以证明这位罗马历史学家本应该写的是 *Teuto* 或 *Tuito*，而不是 *Tuisto*。由于这个错误——可能是由一个粗心的抄写员所致——很容易解释，因此他修改了拼写来继续进行他的论证，就好像是批判性的文本解读：*celebrant carminibus antiquis*…Teutonem（德意志）*deum terra editum*。[23]德意志人文主义者为了隐瞒那种野蛮的人祭，曾经肆意篡改通行的文本；如今，忒斯托（Tuisto）又必须让位给条顿（Teuto）。《日耳曼尼亚志》不断沦为读者意愿和观念意识的牺牲品。

这不仅只是名字的修改，它还宣告了异教神灵的死亡。克吕沃接着又说明了 *Teut* 与希腊词语 *theos* 和拉丁词语 *deus* 之间的联系，后两个词语都可以指谓“神”或者“上帝”。他声称，当古代德意志人唱歌颂扬条顿（Teuto）时，他们事实上是在不知不觉地赞颂基督教的上帝。这种解释使克吕沃解决了如何将塔西佗所说的大地之神与圣经中的亚实基拿联系起来的问题。通过修正大地之神的名字，并且说明其真实的含义，忒斯托也就直接与上帝同一。随后，克吕沃又据此重新解释了塔西佗书中神祇谱系的下一代神祇：曼努斯——如今是条顿的儿子，他被解释为上帝唯一的儿子：亚当。在这一点上，克吕沃又一次得到了词源学的帮助。两个名字——曼努斯和亚当——在各自语言中的意思都是“人类”（“human”）。

这个颇具匠心的天才还面临着最后一个棘手的问题。据塔西佗所言，日耳曼的歌谣里说曼努斯/亚当有三个儿子。克吕沃承认他们不可能是亚当的儿子，而应该是诺亚的子嗣，因为在席卷了罪恶之地的大洪水中，幸存下来的只有他的家庭。作为诺亚的儿子（被错误地归给亚当），闪、含以及雅弗在《日耳曼尼亚志》中同样找到了他们的位置。克吕沃高兴地总结道，除了拼写错误和子嗣方面的混乱，塔西佗的著作在其他方面完美无缺，其中只有一个真正的错误：上帝并非像日耳曼歌谣描述的那样出生于大地之中。克吕沃推测，也许古代德意志人把这些细节搞混了，鉴于他们那个时代，这完全可以理解，或者也可能是塔西佗弄错了，他“误解了德意志的歌谣”[24]？总之，无论如何都无碍于克吕沃在坚持《圣经》权威的同时，接受这部“黄金宝卷”的内容。这一切所需要的无非是正确的解读。

装订成书的文稿，以及排列在书架上的书籍不只象征着不断发展的观念史，而且也促成了这一系列观念的产生。克吕沃的著作中不仅有他自己的《日耳曼尼亚志》版本，而且他在很多地方还参考了大量借用塔西佗著作的人文主义作家的作品。在数十年中，这位来自莱顿的历史地理学家的名声——一个“应受高度赞扬且见多识广的学者”——流传开来；而他的影响远远超出了巴洛克时代。[25]从16世纪到19世纪，他将带着人文主义的遗产，出现在诗人弗里德里希·戈特利布·克洛卜施托克（Friedrich Gottlieb Klopstock）以及博学家雅各布·格林（Jacob Grimm）的书桌上。就像得到广泛阅读的阿芬提努斯的著作帮助把塔西佗描绘的“日耳曼人”（*Germanen*）从人文主义时期带到巴洛克时代一样，克吕沃使它们一直保存下去，从而留给了18世纪的作家。“由于你的［克吕沃的］功绩”，1631年3月31日，马丁·奥皮茨在一篇诗体墓志铭上如此写道，“整个祖国都会永远对你心存感激”。

让吟游诗人歌唱

> 德意志人的诗歌，即他们吟游诗人的英雄歌谣，唤醒了曼努斯的灵魂和忒斯科（Tuiscon）的亡灵。
>
> **——丹尼尔·卡斯帕·冯·洛恩施泰因**
>
> **（Daniel Casper von Lohenstein），1689**

“德语的复兴者”马丁·奥皮茨（1597—1639）颇得同时代人的赏识，一些人甚至将他誉为德意志诗歌之父。[26]当他初作诗歌时，拉丁语依然还是文学上的通用语言：在高级学校或大学里，在学者们的通信与大多数时候的对话中，以及在德意志的大多数文献中用的都是拉丁语。尽管英国拥有天才的威廉·莎士比亚，意大利有托垮托·塔索（Torquato Tasso），① 法国有皮埃尔·德·龙萨（Pierre de Ronsard），② 但德意志却没有使用德语写作的杰出作家。受缪斯眷顾的奥皮茨最初写作时用的也是新拉丁语（Neo-Latin），这是当时的规范。但他很快就开始把缪斯引介到他的祖国，并开始改变她们“从来不知道如何讲德语”的事实。[27]她们从来不说德语吗？当然要除了吟游诗人引导战士们投入战斗的塔西佗时代，而且实际上他很快就会发现，这可以一直追溯到忒斯托时代。

宙斯的九个女儿③与记忆女神摩涅莫辛涅（Mnemosyne）过去曾眷顾过各地。如今，她们从赫利孔山（Mount Helicon）④ 迁徙到了莱茵河，凯尔提斯以及其他北方人文主义者无不为此感到骄傲。但他和同时代人都没有想到要教她们用德语歌唱；恰恰相反，当海因里希·贝倍尔在讨论自己的同胞对语言可叹的误用时，他用来著述和在意的语言一直是拉丁语。如今，奥皮茨这代人主张缪斯要学习德语。应该很快就会有一种比低俗的民歌和圣诗更为优越的本土文学，至少与优美的法语著作或意大利著作不相上下。将德语文学抬到这样的高度应该是轻而易举的：毕竟，德语诗歌曾在丛林中缭绕回响。塔西佗不就证实了那些古代的歌谣（*carmina antiqua*）吗？而且可以肯定，那些

---

① 塔索（1544—1595）：意大利诗人，文艺复兴运动晚期代表，主要作品有《被解放的耶路撒冷》。——译注

② 皮埃尔·德·龙萨（1524—1585）：法国著名爱国诗人，是最早用法语写作的诗人之一，代表作有《颂歌集》《龙萨的情歌》《给艾兰娜的十四行诗》等。——译注

③ 即九位缪斯女神，由十二提坦神之一的摩涅莫辛涅与宙斯所生。——译注

④ 希腊山峰，亦译“埃利孔山”，该山在古典文学中是缪斯女神经常光临的地方。——译注

歌谣所用的都是“他们自己的语言形式”——正如17世纪中叶的一位爱好者所断言的那样（尽管塔西佗没有这样说过）。[28]作为最古老的语言之一，德语也有历史极为悠久的诗歌传统。奥皮茨可以被同时奉为德语诗歌的复兴者和开创者：虽然他只是恢复了一种祖传的艺术，但由于这种艺术受到了长久的遗忘，故而对它的接续也就相当于重新开创。新一代的德意志作家一致认为：“英雄的语言应该再次变得精致起来”[29]。他们创作诗歌时力图达到希腊语，特别是拉丁语中语词技艺的精致和洗练。西塞罗和维吉尔的典范应该保留；但若要作为德语文学的轨范，他们迟早要挂冠归里。因为他们的语言——奥皮茨还不到二十岁时就如此声称——是死的语言，它那空洞的词语回响着早已逝去之人的情感。

当奥皮茨于1617年秋天宣告拉丁语死亡的时候，距三十年战争爆发还有不到一年的时间，他的拉丁语讲得优雅得体，温文庄重。一些人可能认为，如果不是任性而为的话，一个位于上西里西亚（在今天的波兰西部）的施耐克（Schönaich）文科中学的学生竟然生动地用拉丁语声称拉丁语已死，这显得颇为讽刺。毕竟，学校最重要的一个目标就是培养深谙精通、运用纯熟的拉丁语的学者。但奥皮茨并不认同。作为祖祖辈辈一直从事屠宰行当的屠夫的儿子，他表现了与其家庭传统不相称的智识兴趣和前途。在他提前入学后，他从西里西亚南部的出生地伯乐斯拉维茨（Bolesławiec）［德语：Bunzlau］）迁到了比托姆[Bytom(德语：Beuthen)][①] 以北的奥得河(Oder)畔。他寄身于托比亚斯·斯库特图斯(Tobias Scultetus)的府中，后者是一个人脉广泛的权贵，他因自己的学识、眼光和语言素养而广受倾慕。其间，书卷的陈年气味混杂着这个广阔世界的微风，年少的奥皮茨沉浸其中，乐此不疲，而且与他加入卡斯帕·多瑙(Caspar Dornau)的圈子一样，这段愉快的经历同样对他产生了十分重要的影响。多瑙是新建立的施耐克文科中学的一名教师，他特别关注自己学生的修辞学素养，而且还鼓励他们分成两方来辩论一个给定的论题：他质疑道，优雅应该成为讲德语的目标吗？对许多人来说，“德语的优雅”听起来就像一种矛盾的说法。根据当时主流的语言印象，德语既不优雅也没有诗意，它只应该用来同敌人讲话，因为它听上去是如此的可怖。而高贵、凝重、优雅的西班牙语、意大利语和法语则要用来与上帝、君侯以及妇人谈话。但是多瑙的圈子却认为，德语中有诗歌，而且体现了与母语相关的其他民族特征：纯正、英雄主义以及独特。这些内容在奥皮茨那次颇具争议的演讲中都有所提及，该陈述随后在当年以“阿里斯达克”或“论对德语的轻蔑”(*Aristarchus*, *or*: *On the Contempt for the German Language*)[30] 为题付梓。它不久便被视为德语诗歌的早期宣言，但这位初露头角的诗人似乎也恰恰因此而仓皇逃离了城镇。因为既有的现状不可能喜欢这位年轻人的说法。

---

① 波兰南部城市，属西里西亚省。1254 年建制为市，1259 年曾遭蒙古军队抢掠。该市历史上曾受多个政权统治，先后有波兰王国、斯拉夫人公国、波西米亚王国、奥地利哈布斯堡王朝、普鲁士王国以及德意志帝国。1945 年据波茨坦会议的决定，该市重归波兰，德裔居民遭驱逐。——译注

花了两天多的时间匆匆写下的《阿里斯达克》也许是为了回应多瑙圈子中关于德语与优雅的问题，也可能在同学和老师面前作了宣讲（两个假设都是推测，但都合乎情理）。这篇文章的题目影射了荷马评论家萨摩色雷斯岛（Samothrace）的阿里斯达克，此人活跃于公元前2世纪，以其出色而敏锐的语言学才能编订出了《伊利亚特》和《奥德赛》的标准版本。这个希腊人的名字暗示了奥皮茨的革命方向：努力在德语口头表达以及更为重要的德语书写上——它们受到了不公正的轻视——做到阿里斯达克式的精确和勤勉。出于历史的视角，他巧妙地勾勒出了合乎德行的德意志过去以及它的光荣事迹——不过是抄录塔西佗的典型描述而已，但很快就把主题转到了自己祖先的语言方面，而语言并非“与他们的事迹不相称”[31]。[言词与其祖国人民的伟大无法相匹是杰出的罗马历史学家萨鲁斯特（Sallust）著名的忧虑；奥皮茨有针对性地把一句俏皮话和他对自己祖先的赞美与他对罗马的轻蔑结合了起来。] 德意志祖先自由而直率地表达了他们的想法，“作战时彼此告诫，……而且往往是用他们的母语来去除他们敌人的威胁，就如同闪电一般”。他们将这种方言传诸后世，并完整地保留了它的最初形式。相比之下，奥皮茨所考量的拉丁语却是衰败、腐朽、僵死的语言。在许多罗马暴君的统治下，罗马的习俗同它的语言已经走向衰颓，而这种语言“不可能比那些时代的统治者更好”。

奥皮茨抱怨道，没有多少人试图去培养这种“优美、典雅、庄重并且可以与祖国相媲美的语言”[32]。相反，许多人假装不懂德语，因为祖国和母语同样令他们感到难堪。他声称，这种视而不见，或者更确切的说是一种轻蔑，妨碍了一种本土文学的发展。德意志人没有理由羞于同其他的地方文学相比，毕竟，自塔西佗时代以来德意志就存在诗歌——即使在此之前没有。为了接续这种传统并且促进德语诗歌的发展，奥皮茨指明了规则，并提供了一些范例。他的文章结尾处是一条熟悉而又有所修改的按语："当你在坚忍不拔和诚实守信方面确信比其他民族更为出类拔萃的时候，不要丢掉你那卓越典雅的语言"。

奥皮茨年轻时写的那篇文章与当时多数重要著作的论题有相通之处，不久之后，他会在另一部著作中回到德语诗歌的早期历史。面对艺术作品奇缺的现实，他承认，"（塔西佗时代的）男人和妇女都没有在艺术方面下过功夫；虽然如此，他们却把自己需要铭记的内容编入了诗歌当中"[33]。通过深入研究塔西佗著作以及其他史料同样让他发现，他的祖先们对诗歌极为崇敬，以至于将诗人们组织成一个公会式的组织（许多巴洛克时代的作家组织成各种协会的事实进一步增强了这种说法的吸引力）。除担当教师、监察官的德鲁伊祭司和作为祭司、预言者的吟游诗人（*vates*）外，他们还创制了第三个享有特殊荣誉的组织团体，而他们唯一的职责就是"吟唱赞美诗"。塔西佗笔下的德意志人过去曾是英雄，但现在他们也会聆听吟游诗人所吟唱的英雄歌谣。

关于诗歌——就其最宽泛的定义而言，那位罗马的历史学家曾两次提到。第一次是之前提到过的古代歌谣，"日耳曼人"借此来赞颂他们神圣的先祖。至关重要的第二次在第三章的开头，赫拉克勒斯（Hercules）——希腊罗马的半神人物，对他的崇拜随着罗马帝国传到了西欧——是其叙述的中心：

他们还传说赫拉克勒斯曾来到他们中间；当他们开始战斗时，在他们的英雄当中，他们首先要高唱赫拉克勒斯的赞歌。他们还有其他的歌谣，他们把这种共同的歌唱称为“拔地吐”（*barditus*），以此来鼓舞他们的士气；而且他们单凭歌唱的声调就能预测行将开始的战役的结果。他们要是威慑敌人或者自己感到害怕，都可以从他们的歌声中有所体现。与其说这是歌唱的声音，倒不如说它像是众人表现勇气的狂吼呼啸。

这段看似不起眼的引文事实上十分重要，因为它说明了勇气与歌声之间的关系（由于拉丁语中的 *vox* 可以表达“声音”和“语词”两种含义，故后者还和“语词”有所相关），而且还提到了“拔地吐”（正如先前的引文所示，*barditum* 是 *barditus* 的宾格形式；《日耳曼尼亚志》的某些手稿——将所叙述的内容进一步复杂化——显示为“baritum”，这极有可能是源于错误的抄写）。这段话在当时的历史、语言和诗歌论文中被频繁引用和暗射，人们几乎忽视了这一显而易见的事实：吟游诗人本身没有被提及。

奥皮茨极力宣传的那三个文化等级，即教师、祭司以及歌者，在古代时就有记载，但也只限于高卢人。16 世纪的一些德意志学者在自身的过去中没有找到类似的情况，他们于是穷尽想象来解释这些人跨过莱茵河，定居德意志的缘由和过程。而 17 世纪的著述家们一旦能在《日耳曼尼亚志》中发现吟游诗人，他们就可以在德意志找到这些诗人的所在。奥皮茨本人只是暗示说塔西佗证实了吟游诗人的存在；其他一些人则继续在这位罗马人的字里行间中寻找他们的踪迹。尽管塔西佗笔下的 *barditus*——一个在其他古典拉丁文学作品中没有出现过的术语——和凯尔特词语“bard”（吟游诗人）——一个服务于贵族的职业诗人——之间没有什么关系，但自奥皮茨以来的一代又一代作家却乐此不疲地从吟诵中推断出吟诵者的存在，从 *barditus* 中推论出“bard”（吟游诗人）的存在。这在17世纪中叶的作品中特别明显，其中，那些吟游诗人被定义为“德意志人中间的歌者或诗人”，他们拥有一种特殊的方式，能够“通过激愤情绪来鼓舞士气”[34]。吟游诗人被径直添加进了塔西佗提到 *barditus* 的那段话中；而这一章节的题词也讲述了同样的故事。这种阅读方式过于引人入胜，以至于那些读者并没有在意其中的准确性。

古代德意志人十分看重诗人，甚至还将之组织起来，这是因为有人曾经说过，忒斯托/条顿本人曾通过法律的形式授予其神圣的职责，“伟大的事迹［应该］为诗歌所纪念，以便使后代子孙能够勤勉致力于同等的德行”[35]。这位先祖——第一位王、立法者以及德语最初的讲说者——也因此而成为方言诗歌的重要支持者，而且正如塔西佗所提到的那样，通过这些诗歌，他将会得到自己后世子孙的赞颂。

品性如此，语言亦然

> 我们的祖先把这种纯正而未受任何外来污损的语言——如此高雅、如此尊贵，而且满含其祖国的精神——传给了我们。
>
> **——马丁·奥皮茨，1617**

阿米尼乌斯被鲍德良轻浮的话搞糊涂了，嘲笑起“那些从国外拈来的词语，依着对手邯郸学步；［由于它们，］美德和恶行——我对此十分清楚——常常难以区辨彼此”[36]。在世界这个《和平的胜利》之外更大的舞台上，许多人都同意他和国王亨利一世的看法，即改变一个人语言的同时，也会改变一个人的生活方式和习俗。在德意志的土地上，使用法语的方式来表达，或者走路时穿着法国式的皮靴，都不仅仅是污损了德语自古相传的纯正性，而且他们认为最终也引发了愈演愈烈的三十年战争。忽视了英雄的语言，阿米尼乌斯的后世子孙也就丧失了他们的英雄品性。更为糟糕的是，对语言的疏忽淡漠最终会导致民族认同的丧失。

异国词语带来异国风习以及——更为普遍——一个民族的语言与其生活方式密不可分的想法，在当时的作家之间相当流行，“谁用心去说德语，谁就是最优秀的德意志人”[37]。这也是许多语言学会的核心纲领，这些学会给那些志同道合的知识分子提供了机构性的家园，并为语言方面的讨论提供了指导性准则，塑造了17世纪的文化生活。虽然它们名为语言学会，其中也不乏一些思想更为激进的成员，但它们很少关注那种主张用新词新语取代外来常见词汇的语言纯洁主义，新词新语尽管颇具创造性，但用起来总是很不方便：因此很庆幸，维纳斯（Venus）没有被换成诸如*Lustinne*或*Liebinne*——将“lust”和“love”合并在一起，并加以阴性词尾——这样的名字。相反，大致而言，他们的目的不只是要恢复语言的纯正，而且还要复兴与之相关的德行伦理。古代德意志人的道德品性如今需要依凭对高贵母语的保养。因此，编纂一部德语词典——这在当时是一种迫切的需求——既被视为一种道德上的贡献，也被视为一种战争声援。不谋而合的是，这也是一个优秀的语言组织所秉持的一个明确目标，这个组织成立于1617年，与马丁·奥皮茨发表《阿里斯达克》是同一年，正是在这一年，对德意志语言的两种召唤就此蜚声。

丰收学会（The Fruchtbringende Gesellschaft）在魏玛（在今天的图灵根）成立的时候并非处于吉日良辰。闲谈中消磨度日的宾客在葬礼上所讨论的那种文学社团已经在法国、意大利以及英国开始蓬勃发展。但当时的德意志却一个也没有，因此他们决定，有必要在这方面进行一番补救。受意大利模范的启发和触动，即佛罗伦萨的德拉克鲁斯卡学院（Accademia della Crusca），“丰收学会”（“Fruit-bearing Society”）在安哈尔特－克藤（Anhalt-Köthen）公爵路德维希的支持下建立了起来，除了其他胜任的资格外，路德维希公爵作为曾经进入佛罗伦萨学院的第一位德意志成员还给这个社团带来了经验（尽管在一个德语协会中，他是唯一选择拉丁语格言的人，但他一直保持着其精明强干的领导地位，直到他于1650年去世；之后，他的协会在另外两位领导者的主持下又继续存在了三十多年）。这个协会的定位及其规则极为典型，它规定，具有成员资格的人必须是“德意志母语、风俗以及正直之品性和美德的热爱者”[38]。其中一位成员，即极具天赋的讽刺诗人弗里德里希·冯·乐高（Freidrich von Logau）进一步认为，在道德上最要紧的就是摈斥所有外来的因素，同时接受包括恶习在内的所有源于德意志自身的事物。对他来说，面对法国和意大利精细繁复的文化以及其各种诱惑，酩酊大醉似乎更好：“不要停杯！继续畅饮！德意志人想喝多少就喝多少。就让风尚见鬼去吧！”[39]怪不得，《日耳曼尼亚志》中就曾提到过这种嗜酒之性，而这本书在那个学会的成员之间极受欢迎，其中一个人还编订了一个德语译本。

这个“保护和传布德意志道德、风俗以及语言”的学会最后并没有编纂出梦寐以求的字典。[40]它的重要性在于别的方面。这个持续了六十多年而且在册会员将近千人的学会促进了会员之间深入的交流往来和作品文稿的预先传阅，此外，他还激励有潜力的作家用自己的作品为重生的德意志文学添砖加瓦。成为学会会员意味着得到认同：马丁·奥皮茨只有紧接着他那篇名为《阿里斯达克》的诗学提纲而继续完成了更为全面详尽的《德国诗学》——其中含有他的一部具有前卫风格的诗集——之后，他才被接纳为会员。这部著作其实获得过几项获奖提名，因而奥皮茨在入会时获得“加冕者”的别名——一种混杂着贵族和资产阶级的协会具有的典型做法——就显得名正言顺了。当包括奥皮茨在内的会员在著作上署下自己的别名时，这表达了他们的成就感。

“探寻者”（“The Seeker”）是学会中的另一名成员，他选择这样一个化名是为了让别人知道，他要探寻德语中所暗含的东西。[41]他的研究成果发表于1663年。在他发表的许多与“丰收学会”相关的作品中，这也是最具影响力的一部，它用了一个不事张扬的（在此，为了可读性的缘故，将之作了简写）书名：“关于德语的诸项研究”。该著可谓是当时的一部集大成之作，它包含了主要的语言学主题和理论，而且在18世纪时仍然为人们所参阅。它的作者也很出名，被誉为德语语法之父以及德意志的瓦罗（Varro）。[42]

尤斯图斯·格奥尔格·肖特利乌斯作为一个虔诚的牧师之子，出生于下萨克森州艾恩贝克（Einbeck）小镇，他于父亲去世后便弃商离家，撂下了一档子家业；因为他所热衷的并不是账目，而是文字。作为一个游学多年的学生，他于1638年逃离了正往路德家乡维滕堡进发的瑞典军队。布伦瑞克给他提供了庇护。在那儿，他结识了布伦瑞克－沃尔芬比特尔（Brunswick-Wolfenbüttel）公爵小奥古斯特——

一次幸运的邂逅，这位公爵嗜书好学，他把他继承来的大部分家产都花费在了自己的图书馆上面，即奥古斯特藏书楼（the Bibliotheca Augusta）——欧洲最好的图书馆之一。奥古斯特自1632年以来就成为“丰收学会”的一名成员，当时他聘请了肖特利乌斯来指导自己次子的学习，而这也使得肖特利乌斯能够徜徉于那些稀世珍籍之间，肖氏后来的作品对这些珍籍多有征引。肖特利乌斯接受聘请的时候不过26岁，也没有任何的学位。但有传言说他是一个语言艺术家，一个*Sprachkünstler*（“语言大师”），这是一个在大学中得不到的头衔，因为当时的德语语言学没有体系化、制度化。事实证明，有关他才华和学术偏好的传言并非虚妄：他的大部分著作都与语言相关。虽然他因诸如《德语艺术》这样的早期著作而在1642年——同年，他在其藏书家雇主居所的剧场中上演了《和平的胜利》——得到“丰收学会”会长的赞誉，但他一如既往以其异乎寻常的热情致力于他的语言学研究。有些人说他患了“词语强迫症”，并将他的《关于德语的诸项研究》作为明证。[43]

这部书的全名占据了半页的版面。就好像是在表明，对于理论争辩中为证明德语卓著优越的地位而通常归之于德语的那些方面，这部1500页的著作表述得极为全面：作为一种极为优秀的语言（*HaubtSprache*），其特点在于它的“原生，古老以及纯正”。肖特利乌斯认为，德语是一种如同希伯来语、希腊语、拉丁语以及斯拉夫语一样优秀的语言，它从未起源于任何其他的语言；相反，其他语言，比如丹麦语，乃是从它衍生而来。作为菲利普·克吕沃的一位孜孜不倦的读者，肖特利乌斯认为现代德语和亚实基拿的原始凯尔提语基本相同，以至于他不加区别地使用“Celtic”和“German”这两个形容词。在

“teutsch”（德意志）和“babble”（咿呀乱语）这样的词汇中，他仍然能从中听出这种原初的语言。这些语词不仅揭示出了祖先以及巴别塔的语言混乱，而且也表明了该语言绵延不绝的传承。“自由的德意志人的古老语言”在核心方面始终未变，因为它的讲说者“一直没有被敌人击垮，顽强地保留着［他们］自古相传的原初语言”（塔西佗的书中并没有提到这方面的坚忍顽强，大部分是出自于17世纪的塔西佗读者之口）。[44]与依赖拉丁语的罗曼语系不同，德语始终保持着它的“纯正”，这种对比，亦可从关于社群内部和社群外部的寓意中得到理解：内部是“单纯质朴的少女”，而外面的法兰西则是“一个妓女的孩子”。[45]这种语言学中的沙文主义声称，日耳曼战士不仅保卫了他们的领土，而且还任意地侵入到其他民族当中，与此类似，德语不仅保持纯正性，未受侵蚀，而且还渗透进了其他的语言之中。

一种语言不可避免地体现了说这种语言的民族的道德品格，肖特利乌斯将这种人们普遍接受的观点凝练为以下表述：“德意志语言的本性”（*Sprachnatur*）。正如当时的一种说法，英雄们所说的语言自然是一种“英雄的语言”。那些战士们自古相传的德行同样也要归源于他们纯正而且正直、虔诚、勇敢的语言。[46]像许多人一样，肖特利乌斯相信“这样一种解释，即虔敬勇敢的德语［将］会同时揭示古老的德意志人的真诚正直和顽强坚韧的勇敢品性”[47]。他的著作应该有助于促进自己民族的青年去学习这种“真诚淳朴（*redlich*）的德意志语言”，并同时发展对于相应美德的渴望。只有完整地接受这种纯正的德意志语言，人们才能使塔西佗笔下那个时代中品性纯良的男男女女重焕生机，对此，16世纪的德意志人文主义者曾经向他们的年轻人极力劝荐，阿米尼乌斯四处寻找，但没能在17世纪的舞台上找到。

肖特利乌斯“以德国的方式”创作的那部《和平的胜利》试图“以其精雕细琢的字句向母语致敬”，以此来承接悠久的诗歌传统，奥皮茨曾设想，古代的吟游诗人体现了这一传统。[48]它树立了那些在菲利普·克吕沃的《古代德意志》中重生的古老的德意志英雄，而这些英雄则在人造藤蔓搭建起来的舞台上——“丰收学会”的另一种象征——哀叹语言的败坏和价值的沦丧。对它的观众而言更重要的是，这部剧作讲出了他们那个时代的文化问题。

6. 自由豪迈的北方民族

尽管当今德意志［*l'Allemagne*］的情形非常不同于塔西佗在他那个时代所描绘的情形，虽然现在城市遍布而古代的“日耳曼”［*l'ancienne Germanie*］时期有的只是乡村，……最后，尽管“日耳曼人”［*les Germains*］的生活方式和衣着打扮——也因为这个原因——在许多方面不同于德意志人，但我们必须承认，当今的德意志人仍然具有古代“日耳曼人”的禀赋和独特精神。

——让－巴蒂斯特·杜博斯（Jean-Baptiste Dubos），1719

腓特烈大帝——军事强大的普鲁士国王以及18世纪专制主义的典型代表——喜欢在晚膳时与他的客人交谈，话题纵贯史前及至当时经济。他在1779年冬天于布雷斯劳（Breslau）[①] 逗留时亦是如此。那一次的情由很符合这位国王的品性：一场战争。当时，他正在和巴伐利亚王位继承战争的敌人——奥地利的玛利亚·特蕾莎女皇——进行

① 布雷斯劳，即今天波兰的弗罗茨瓦夫（Wrocław）。18世纪时，腓特烈大帝用武力将该市从维也纳的特蕾莎女皇手中夺了过来，自此归属普鲁士统辖。一战结束后，该市被划归波兰，其后又经历了纳粹德国的短暂统治，二战结束后又划归波兰至今。——译注

和约谈判，其间，作为下西里西亚首府的布雷斯劳招待了他和他的外交随从。欧洲目睹了年轻的普鲁士的崛起，这使得那位女皇统治下的哈布斯堡王室以及许多欧洲王室和国家感到的惊异多于愉悦。由于奥地利在七年战争期间（1757—1763）没能剪掉这只普鲁士雄鹰的羽翼，两个王国便继续在松散的德意志民族的神圣罗马帝国中——一个依然拙杂难调的地区——为争夺统治权而展开战争。如今，十五年过去了，在帝国乃至欧洲范围内，绝对权力之间需要进行重新洗牌。

一天晚上，腓特烈大帝与埃瓦尔德·弗里德里希·冯·赫兹伯格（Ewald Friedrich von Hertzberg，1725—1795）在席间交谈起来。后者是内阁外务大臣，因其政务能力而颇受重用，亦因文化上的兴趣而得到国王的敬重。他们彼此之间都很熟悉：自从腓特烈二世慧眼识珠，看上了这位当时20岁从哈勒大学毕业的伯爵以来，他已经为他的国王尽职了三十五年。如今，这位讲法语的国王——他因鄙薄德语而闻名，在他看来，除了与狗说话外，德语不适合人们之间的任何交谈——用一种戏谑的口吻宣称，塔西佗拉丁语著作的德语译本在准确性以及对要义的把握上无法和法语相比。接着他又认为，哥特人的东日耳曼部落实际上来自瑞典，帕提亚人——或者像他在塔西佗的相应段落中所认定的名称：阿尔萨息王朝（Arsacid dynasty）[①] ——在罗马帝国的鼎盛时期比日耳曼人更为可怕。这位国王——伏尔泰的一位朋友，同时也是他那个时代两种主流的最合适的代表，即专制主义和启

---

① 即帕提亚帝国，中国史书称“安息”。该国位于米底以东，里海东南，公元前247年获得独立，并占领了伊朗高原和两河流域。从公元前1世纪开始与罗马发生冲突，克拉苏、安敦尼的东征都以失败告终。226年为萨珊王朝所代替。——译注

蒙运动——喜欢争论；因为晚膳缺乏争论的调剂，将会沉闷至极。

赫兹伯格早已学会了和而不同。他在什切青（Stetin）的高中时代就成为一个善于随机应变而且精明娴熟的作家，他于翌日给腓特烈二世呈上了“塔西佗那部关于古代德意志之名作”的两段摘要：第37章以及第41章到44章的一些摘录，其中，前者叙述了罗马在德意志失利的漫长历史，后者涉及哥特人的一些内容。此外，赫兹伯格还附加了一条法语写成的按语：

> 臣斗胆向陛下呈上塔西佗《日耳曼尼亚志》一节文字，臣已将之译为德文及法文。依微臣之见，德语译文之扼要明晰未必逊色于法语译文。此节文字亦说明塔西佗视古德意志人［*les Germains*］远高于帕提亚人与阿尔萨息人；其二，塔西佗之文本证明，其后倾覆罗马帝国之哥特人、瑞典人或汪达尔人……以及其他诸族均居于易北及维斯瓦二河之间，而今，此地之诸邦已尽皆臣服于陛下之威。谨呈此小文，望祈陛下恕罪。[1]

大约半个小时后，国王亲笔回信说：

> 卿所呈塔西佗作品之译文，朕已阅毕，且无异议可言。然移译塔西佗所述之古德意志诸般风俗并非难事；［译《编年史》则殊为不易］，其以简洁明快之风格、殊简之笔墨叙绘出罗马诸帝之品性恶行……quot verba tot pondera［字字诛心］。朕愚浅无知，竟与博学如卿者论及拉丁文学，尚请见谅，朕或思之不周，卿莫介怀。

然而，对于塔西佗对日耳曼军事力量或哥特人之起源的评价，他并未以其君主身份多置一词，更没有认可那个出于阿谀奉承之意的事实，即他现在统治着具有如此辉煌之历史的一方土地和人民。

事情并没有就此结束。赫兹伯格将国王的不置可否视为有风度的反驳，很快他又给国王呈上了一段《编年史》的译文，这部史书是塔西佗关于罗马帝国处于暴君统治之下的病理学分析。这位国王明显不为这位历史学家作为首位暴君仇恨者的声名而有所不安，他称赞其翻译地道纯正（“Voilà du bon Allemand”），但还是对赫兹伯格揶揄了一番，认为他在译文中所使用的那个表示“范例”（“Beyspiel”）的德语单词没法取代法语中的 *exemple* 所表达的含义。然而，腓特烈大帝断定，有赫兹伯格这样的人接手母语，它的状况很快就会得到改善。

他这位才华横溢的内阁大臣确实会为德语出头；只不过，这位内阁大臣诉诸的首先是历史。1780 年 1 月 27 日，也就是在这件事情过去不到一年之后，他作为普鲁士科学院的成员选择在其年度会议上更为详尽地阐述那些相同的问题。在普鲁士首都柏林举办的一次国王的庆典活动上，这位内阁大臣给布雷斯劳的晚餐送上了一份迟来的甜点。通过在科学院首次所作的 8 篇演讲，赫兹伯格谈论了自己高中时代以来就有的一种关切。

他演讲的大部分内容都是关于日耳曼神话的老生常谈，但也反映了 18 世纪最新补充的一些说法。“日耳曼人”要比罗马人更具德行，也更为英勇。他们起源于德意志北部——赫兹伯格强调说，那里与普鲁士的领地相吻合——并且四处迁徙，终结了罗马在欧洲大部分地区的统治。他们在这些废墟之上创建了主要的欧洲君主国。为了证实这些说法，这位内阁大臣征引了诸多证明日耳曼民族“最危险，也最可怕”[2]的罗马作家，关于这种恐惧，没有人会比他通过使用自己移译并为国王所认可的译文来征引的塔西佗表述的更为“优雅、紧凑而且真实”。而后他又间或叙述了他的德意志祖先无可超越的纯正性，而且还交织着一些在菲利普·克吕沃的《古代德意志》（人们对该著的兴致有增无减）中十分常见的说法：“考虑到其起源以及在原初语言中的名称，罗马人口中的日耳曼尼亚应该被称作条顿尼亚（Teutonia），它是欧洲乃至整个世界唯一没有被征服的国家……自古至今延续着独立、名称和语言，因而它依旧是原来土生土长的民族”。

日耳曼民族的漫长历史以及他们对罗马行省的征服使得赫兹伯格断定：欧洲民族的摇篮不是斯堪的纳维亚，而是德意志北部。最后，他提出了一些质疑，但很快就消除了这些疑惑［一种被称为 *occupatio*（借问）的修辞策略］：这些毫无组织的游牧部落怎么能取得这样大的成就？首先，他反驳道，他们并非是纯粹的游牧民族；塔西佗本人已证实，“他们也会进行农业耕垦”。接下来的问题是，关于那种纯真、正直而且质朴的战士，是否有人会对那位罗马人所做的令人称道的描述感到陌生？对此，他建议道，那些质疑德意志人卓越的 *esprit général*（法语：普遍精神）的人应该记住关于北方气候特色之优越性的新近说明。

只要这一个提醒就够了。他的听众肯定都读过了孟德斯鸠的《论法的精神》，这是 18 世纪欧洲最具影响力的著作之一。

民族精神

> 倘若有人要读那部令人钦佩的塔西佗著作《论德意志人的风俗》（*On the Mores of the Germans*），那么他将会看到，英国人的政制观念乃是汲取自德意志人。这套卓越的体制形成于丛林之中。
>
> **——孟德斯鸠，1748**

18 世纪中期，德意志人的民族精神在法国南部被唤醒。别人——比如本章开头所征引的让－巴蒂斯特·杜博斯——之前已经对这种精神有所激发；但只有到了孟德斯鸠那里才真正被唤起，并且呈现给了德意志的读者。他们会十分高兴地接纳这种被唤醒的民族精神，而且同上世纪的语言爱国狂热分子一样，他们认为方言和民间传说最为清楚地表现出了这种民族精神。

查理－路易·德·塞孔达，拉布雷特的孟德斯鸠男爵（Charles-Louis de Secondat, baron de la Brède et de Montesquieu，1689—1755）很早就称自己为孟德斯鸠。[3] 他出生在波尔多（Bordeaux）以南大约十公里处的拉布雷德庄园（Chateau de la Brède），这是一座哥特式风格的城堡建筑，宽阔的护城河环绕四周。他在 1734 年最终决定潜心撰述自己的杰作（chef-d'oeuvre）时，他会在这个枯寂的古堡中工作近二十年的时间。在多年的埋头苦读中，书房内墙壁书架上排放着的3000多册书籍给他提供了极其丰富的知识给养，而巴黎的各种沙龙——比如德·唐森夫人（Madame de Tencin）的圈子，在那儿，夸夸其谈的机智优雅和矫揉造作要比德行更为重要——则影响了他的社交风格。

这些沙龙接待的多是一些文人学士，比如哲学家，启蒙运动的领袖，而这位男爵与这些人多少有些联系。移用他们的一名杰出成员——哲学家和评论家德尼·狄德罗（Denis Diderot）的话说，启蒙运动的目标就是要解放人们的精神，使之摆脱偏见。理性被视为权威的唯一来源，它倡导宗教、智识以及政治事务中的自由。这同样是《百科全书》（*Encyclopédie*）——诸多杰出的思想家编撰的一部35卷的知识汇编整理，是其时代和潮流的象征——所宣称的宗旨。这部《百科全书》包含有一节关于“Germanie”（德意志）词条，其中提到说塔西佗的书“人手一本”[4]。法国的读者一直在寻找法兰西民族可能存在的日耳曼起源。人们设想法兰西是一个在莱茵河下游的东部地区生息繁衍的日耳曼部落，为了在高卢寻找居所而跨过了莱茵河。这场可以追溯至中世纪晚期的旷日持久的争论认为，法兰西人不是那些自由而坦诚的征服者的后裔——正如孟德斯鸠所说的那样，就是高卢居民的子孙。人们在这场争论所持的观点也决定了自身对《日耳曼尼亚志》的看法：对于那些支持法兰西民族的日耳曼起源的人来说，这本书是一部“荣耀的福音，也是所有人类美德的福音”[5]。然而，那些对拔高日耳曼时代从来没有兴趣的人则发现：书中讲的不过是“一些出没于古代德意志的沼泽和丛林中的化外之民”。

在谈及这些问题的沙龙中，孟德斯鸠如鱼得水。《波斯人信札》的出版——借两个在法国云游的波斯贵族之口所写的一部虚构的讽刺书信集——使他声名鹊起。他是波尔多科学院成员、法兰西学士院（Académie française）院士，并且在撰写《论法的精神》之前就成为英国皇家学会（Royal Society）的会员。然而正是《论法的精神》这部杰作才使他能够在政治哲人名人堂里具有一席之位。如今，它成为一部针砭专制、倡导三权分立和法治政府（一般称为宪政主义）的代表之作。但就其整体而言，它是一部在自然、社会以及政治层面上对法律进行多方面思考的著作，所要关注的是它们与“支配人们的许多因素”之间的关系，如地理和气候状况，地方习俗和生活方式，以及政治和宗教机制。[6] 这些因素都塑造或者在某种程度上符合民族的性格特征——或者如孟德斯鸠所说的普遍精神（*esprit général*）。

“普遍精神”以各种名目——比如“民族性格”（“caractère de la nation”）——萦绕在法国理论家和哲学家的著作中。这种性格至少在某种程度上是由其国家的环境造成的；这就好像那种过于简单化的想法（正如当时的许多评论家所做的那样），即道德水平与气温高低成反比。这种人类地理学（anthropogeographical）理论在孟德斯鸠时代经历了一次复兴。该理论可以追溯到古希腊论文“关于空气、水和陆地”，据说作者是古希腊的医学之父希波克拉底（Hippocrates）。（塔西佗可能对这篇论述并不陌生；他肯定接受了这一理论）孟德斯鸠的拉布雷德图书室中就藏有这篇论著的一件复本，在他看来，“气候因素在所有支配因素中具有首要地位”[7]。当然，这只是首要因素，而非唯一的支配因素，因为还有其他情形会对一个民族造成影响，孟德斯鸠对此十分清楚（尽管他有时会夸大气候的决定作用）。否则，德意志人和俄罗斯人之间的差异无法得到解释，总之，正如当时的一个人所讽刺的那样，“气候不会自相矛盾”[8]。

根据冷冻对羊舌影响的实验，孟德斯鸠断定，北半球的寒冷空气使得血液循环加快，也使人变得更加孔武有力——虽然容易冲动。气候塑造的性格催生了勇气和诚挚之品性，同时也减少了狡诈背信和恶意报复之举。北方人体格高大、生活懒散而枯燥无趣：他们试图通过捕猎、劫掠和打仗来克服他们的慵懒麻木。总体而言，他们的恶行很少，美德支配着他们的生活。人们普遍认为，这种北方特征——尤其是德意志人——可以在塔西佗的著作中找到，而孟德斯鸠正是从他的著作中得到了启发。他对这位罗马人了如指掌，能够依靠其记忆作出 50 多处的引用（有时也会显得有一些疏漏）。他评论说，虽然“这是一本小书”，但其作者却以此“囊括了所有事物，因为他见证了一切”。[9] 他进而又对这本小书作了精简和删节，并用“德意志精神”这一习语来概括塔西佗的描绘。

这种精神正是英国宪法赖以维系的基础。孟德斯鸠曾在英国游历了将近两年的时间，并在那儿研究了君主立宪制的制衡机制。他对这种权力分化结构的热衷影响了自己的著作，他在书中详尽地论述了这种机制的运作状况（后来即使是在英国也被视为权威性的论述，尽管并不准确）。他在书中指出，这种机制的起源可以在《日耳曼尼亚志》的相关论述中找到，对《日耳曼尼亚志》的研究表明，“这套卓越的体制形成于丛林之中”[10]。在孟德斯鸠之前谈论自由的古代德意志意味着谈论免于罗马暴政的自由：德意志的人文主义者为日耳曼民族能够一直保持免于外界支配的自由而感到十分骄傲，并且乐此不疲，而爱国的语言学家则庆幸他们的祖先击退了外族军队和外族语言的入侵。但很少有人论及他们宪制上的自由，以及一切都取决于“民众的表决、判断和意愿”的情况——正如一位旨趣相当特别的德意志人文主义者所提出的一种说法。[11] 当 1648 年的《威斯特伐利亚和约》保证德意志君主和选侯的独立地位后，谈论上述问题的人甚至更少了。

但孟德斯鸠改变了这一切。他在脚注中征引了塔西佗的一段话，对他而言，这段话包含了有关权力制衡的萌芽因素，“小事由诸首领商议定夺；大事则由全体民众来决议，但即便是这样一种方式，民众的决定仍然要经过各个首领预先的斟酌考量”[12]，对此，孟德斯鸠没有给出进一步的阐释。然而似乎显而易见的是，他将议会在制定决策中的角色视为对首领权力的一种制衡。在其著作的其他地方，他将下列塔西佗的论述作为日耳曼政治组织观念的特征：国王的自由有限；首领的选任基于公认的德行而非血统；死刑的判决需有人民在场。在一个缺乏自由的时代，专制统治者的权力就会大行其道，而孟德斯鸠则将《日耳曼尼亚志》视为一个自由社会的蓝图。然而，正如当时的一位读者很快就指出的那样——尽管他不承认，这些关于自治（self-governing）的哲学思想必定对政治现状产生极其“有害的”影响。

通过把这种“卓越的体制”置于北方，孟德斯鸠不仅将免于外族统治的自由重新定义为免于专制统治的自由，而且也修改了地理上的传统观念：在政治上，过去荒原遍地、丛林密布的北方——这与更为温和的有教养的文明地区相比逊色许多——变成了自由的摇篮。许多人因此深受鼓舞；另一些人则愤然拒斥。尤其是那位启蒙运动的杰出人物，腓特烈大帝的笔友伏尔泰（1694—1778），他曾以嘲讽的口吻质疑道，上议院和下议院是否也来自黑森林呢？甚至可能还包括英国的棉纺织厂——尽管塔西佗说古代德意志人通常以劫掠为生，而不是凭借劳作。此外，伏尔泰也不认同孟德斯鸠关于法国人起源于日耳曼的说法：他想知道，被《论法的精神》的作者称为“我们祖先”

的那些法兰克人到底是谁?[13]与北方的其他蛮族一样，他们是寻找牧场的凶猛野兽。然而，当伏尔泰于1777年发表其评论的时候，他的批评几乎没有人听得进去：在将近三十年的时间里，欧洲所讨论的一直是孟德斯鸠的理论。

1748年，为了规避法国的审查，《论法的精神》在日内瓦出版，在德意志，这部书被视为"这类著作中的一部杰作"，"不仅需要通读，而且还要得到从头至尾的思考"。[14]该著的法语原版出版了不到五年，亚伯拉罕·哥特黑尔夫·凯斯纳（Abraham Gotthelf Kästner）——一位喜好文艺的数学家——就出版了第一个德语译本，值得注意的是，该译本的书名的译法虽有一定的创造性，但也有疏漏之处："孟德斯鸠先生论法律，或……"（省略号表示的是副标题，相当于一个简短的提要）。鉴于法语词汇的复杂性，凯斯纳避而不译*esprit*（法语，精神）这个关键术语（与腓特烈大帝相似，他觉得任何一个德语单词都无法取代这个法文词语）。然而1760年时发表的一篇论德意志法律的专题论文，其标题使用了*Geist*（德语，精神）来移译*esprit*这一法语概念；这就是德语中那个经久不衰的术语的初次出现。

随后便是一次激烈的论辩，围绕的焦点就是弗里德里希·卡尔·冯·莫泽(Friedrich Carl von Moser，1723—1798）所写的一篇文章。莫泽是一位相当于男爵等级的贵族，他曾当过律师，也曾做过公职人员，但更为知名的则是他的作家身份。1765年，他在帝国城市法兰克福撰写了他那篇《论德意志民族精神》的论文。文章一开头即大肆宣扬："我们是一个民族，拥有同一个名称，说着同一种语言"[15]。然而，虽然德意志民族有一些一致的特征，但德意志人却缺乏一种共同的“民族心态”。过去与现在之间的差异使他颇为不满（表达不满的文字在印刷时字号比正规行文要大）：“我们再也不会了解自己；我们丢失了彼此之间的联系。我们的精神遗弃了我们”。德意志诸邦国的统治者和贵族更关心他们自己的利益，而不是他们的“祖国”——这“不过是一个已然死去的名称”。莫泽以一种充满活力的愿景结束了他对德意志境况的描绘：“德意志将会如此的幸福祥和，一个来自柏林的人将会像对自己祖国那样，学会尊重、热爱维也纳，并引以为荣，来自维也纳的人则［会学会尊重］汉诺威，而来自黑森的人［将会懂得尊敬］美茵兹。”这是一个把德意志等同于帝国的帝制爱国者的梦想，当时，它还只能是个梦想。

莫泽的文章很快就遭到了批评。四年里，各种评论、书信以及反驳都在讨论和界定这种民族精神。一些评论者抱怨说，他没能具体界定这一核心观念，而且他把德意志的贵族错当成德意志的民族，好像他们就是民族精神的担纲者。一位读者则吹毛求疵地说，与其花工夫从莫泽的作品里了解民族精神，还不如花时间好好读一读塔西佗的著作。他甚至将之斥为荒谬之作，因为它在论述德意志的民族精神时没有予以他们的起源和旧俗应有的关注。否则，人们拿什么来比较，然后说它现在已经消失了呢?[16]后来，一位颇为率真的作者以“再论德意志民族精神”为题撰写了另一篇文章，该作者将民族精神界定为“一种特殊的品质，或者更确切地说，它是所有这类特殊品质中的精华，凭借这种品质，一个民族也就与其他民族区分开来”，而且认为“这些特殊的品质有的属于灵魂，有的属于身体”。[17]在作品的简介中，作者在太多的地方引用了《日耳曼尼亚志》，以至于最后因不耐烦而建议读者直接去查看原书作者。在论辩结束时，这种民族精神在塔西佗著作中的存在已无可动摇。

当时的一个人在1767年时曾指出，那些论述德意志民族精神问题的著作广为人知，其他作品根本无法与之相比。他写道："在法兰克福以及［它的］周边地区，只要走进一个稍微像样一点的客店，兴高采烈的店家肯定会就那个备受争议的话题挑起一次富有启发性的谈话。"[18]这场匿名进行的论辩促进了孟德斯鸠思想的传播，而且最重要的是，它有助于界定民族精神的内涵（并确立了其中的一些特征）。论辩者关于民族精神的定义和所在（在精英中间还是在民众中间?）的相互质疑，使得长期存在的"德意志问题"重新得到了关注。

农民共和国

> 关于古代德意志人的民族议会：贵族和……平民是两个并存而又相互独立的阶层。后者是这个民族整体真正的组成部分，而且诸事都要取决于他们的同意。
>
> **——尤斯图斯·穆泽（Justus Möser），1768**

在已经成为过去的帝国和尚未实现的民族国家的双重诱惑之间，德意志摇摆不定。人们可以断言："尽管彼此相隔遥远，德意志最优秀的头脑们建立［了］某种小型共和国。"然而，在"如此众多的小邦和竞逐纷争的诸多派系"当中，"［德意志人的］祖先如何能找得到"。[19]七年战争（1757—1763）——因其欧洲战场和北美战场而成为第一次全球性的战争——使这两种德意志亟待拯救。当时，较小的德意志邦国要么与普鲁士结盟，要么与奥地利联合，它们在神圣罗马帝国的战场上彼此争斗厮杀，一个跨地区的“德意志运动”应运而生，其中，出版商和小册子作家在诸如《德意志墨丘利》和《德意志文献总汇》的期刊中共同接纳了那个饱受质疑的民族。歌德和席勒用一句话总结了这种颇为悖谬的情形：“最初为学者所开创的德意志最后为政治家所终结”。另一位魏玛古典主义时期①的杰出学者约翰·哥特弗雷德·赫尔德反思了同样的情形，他宣称，最自然的国家只有一种民族，他们秉持相同的民族品格。[20]然而，又一个世纪过去后，这样的自然国家仍然没有在地图上出现。

这时，当前没有的仍然要在过去中得到补偿。现在继续吸引民族主义者思考的，是政府组织、宪政结构和选民。孟德斯鸠曾强调一个民族的精神与其政治和法律框架之间相互依存的关系——专制暴政下所产生的就是奴性，而且在讨论北方精神时，他多次提到了蛮族的那些所谓的法律，即可以追溯到中世纪早期的日耳曼民族的法律法规。这些法律体现出了“一种令人钦佩的淳朴品性”，这对孟德斯鸠来说就好像是“散发着一种古朴的气息，以及没有因生活的改变或腐化而衰颓的精神气质”。[21]他指出，《日耳曼尼亚志》中的一项具体法律——或者更确切地说是《日耳曼尼亚志》中的习俗——与那些蛮族法律中的一项法令之间具有相似之处：在他看来，塔西佗关于“日耳曼人”生活在四周均为空地的房屋中而不是城镇里的描述——极为

① 魏玛古典主义时期指18世纪末19世纪初德国文学发展的顶峰时期，其古典主义理念以古希腊艺术为典范，反对大革命的激进，主张通过审美教育来培养完整和谐的个性，代表人物是歌德和席勒，他们都被邀请到了魏玛公国，共同合作了十年（1794—1805），促成了德国文学的繁荣。——译注

巧妙地满足了孟德斯鸠的目的——与日耳曼那些针对非法擅闯和入室行窃的法令相呼应。罗马人的论著和日耳曼人的法律都表明了相同的自由精神和独立精神。

可以料想，德意志的法学家在自己的研究领域当中随之及时做了跟进，尽管各个邦国和城市——其中的一些如此之小，以至于孟德斯鸠都嘲笑他们，说他们拥有的臣民甚至比一个苏丹的妻妾都要少——都是自立法规。[22]就像一个破损的万花筒一样，这些各自为政的法律体系没法形成一个协调一致的整体。约翰・休曼・冯・托伊琛布恩（Johann Heumann von Teutschenbrunn，1711—1760）在他的《德意志法律的精神》一书中就统一的德意志精神和众多的法律之间的这种反差进行了驳斥。对于这位纽伦堡附近的艾道夫（Altdorff）大学的法学教授而言，至少过去给他提供了一种可期待的统一愿景，他称赞往昔的那些阐明法律要素的德意志立法者，那时就像一个成熟的时代，与这个民族的特点相比较而言，这样的时代却姗姗来迟。[23]只有在罗马法破坏了那些原有的做法后才会强加一种更为久远且并不相称的成熟时代，这是必要的例外情形。

休曼对塔西佗有着历久弥新的兴趣，他也因此而成为众多殷切阅读《日耳曼尼亚志》的法律史学家之一，尽管有权威学者拒绝将《日耳曼尼亚志》视为法律文献。[24]他们特别关注《日耳曼尼亚志》里描述的施政体系，这不仅仅是由于孟德斯鸠将之认定为英国君主立宪体制的先驱。1766 年时出版的一部总共有 1015 页（不包括目录和索引）的法律论文集用十多页的篇幅铺陈论述了塔西佗那句十分简短但却具有重要意义的话：王由选举产生。[25]两年后，在帝国西北部的城市奥斯纳布吕克（Osnabrück）发表的一篇由两部分组成的评述也对日耳曼的施政思想进行了细致的研究。通过讨论莫泽那篇引起争议的《论德意志民族精神》以及《再论德意志民族精神》这篇啰啰唆唆的最新回应，该评论的作者和别人一同发现德意志民族是如何的难以把握，并且拒绝在贵族中找寻这个民族。但是在思考这个民族的所在和所是时，他又提出了一种大胆的设想："早在法兰克人或撒克逊人在其先祖的土地上劳作并凭靠自己的力量捍卫这片土地的时代，当他离开自己田间的时候，也就是去了他们共同的议会——那个时代能给我们展现这样一个民族；但现在却不可能。"[26]的确，这个自由的往昔岁月是日耳曼人的黄金时代，然而，这难道是一个由农民组成的议会所主导的时代?

尤斯图斯·穆泽(Justus Möser，1720—1794）似乎不大可能在七年战争和法国大革命之间的奥斯纳布吕克的政治事务中以领导者的身份出现。他带着惶恐不安而不是一个学位结束了自己在耶拿大学和哥廷根大学乏善可陈的学习，其后，他凭借其父亲——一名律师，并且是准入董事会的成员——的关系才获准进入法律行业。但小穆泽很快就获得了各种职位和头衔，并且——不再是自己所承认的懒虫——在财产等级决定的社会中跻身于颇具影响力的管理阶层中。奥斯纳布吕克是（现今）下萨克森州的一个城市，它早已没有什么牛桥（ox bridge)，但这个城市的名字可能就是由此而来，它在当时是一个教省(ecclesiastical state）的首府，该教省相当于主教管区，但其面积却只有 55 平方公里。① 18 世纪 60 年代时，由于王侯主教（prince-bishop）年幼而无法履职，整个教省无人掌理，遂由穆泽执行事实上的治权。他最终支配了该教省近三十年的命运。虽然“生活在现实世界中，并且试图拥有一定的影响力”——正如他的一位传记作家朋友所写的那样，但他一直保持着对过去的好奇心。[27]自学生时代以来，他感兴趣的就总是严谨法学之外的文学和历史；而且，在他主持政务期间，他还要抽出时间来撰写他的《奥斯纳布吕克史》。尽管这部史书的书名表明了它的地区性，但它很快就被视为“第一部用德意志人的头脑和心灵撰写的德意志历史”[28]。

《奥斯纳布吕克史》的导言声称要打破旧习。与当时普遍流行的做法相反，它的历史叙事侧重于“在自己祖先的土地上劳作的撒克逊人”，而不是皇帝、国王和诸侯。只有这些拥有土地的农民体现了民族精神。[29]不幸的是，这将会是一段衰败零落和屈辱的历史。起初，自由的农民支配着自己的命运，在他们自己的土地上耕作，并且为他们的共同体而战斗。这种原初的自由和统治状态随后便堕落为专制独裁和悲惨的农奴制度。然而，尽管穆泽的著作旨在追溯从农民战士（听起来像是罗马人的想法）到农奴这种堕落的历史趋势，但它从来没有将这种趋势的考察延伸到 13 世纪：当时的审查制度妥善地将这种堕落限制在过去的历史当中。

穆泽争辩说，这种黄金时代恰好可以在《日耳曼尼亚志》中找到，或者说，至少他会让这种黄金时代在这本书中看起来出现过。他对塔

① 当时德意志的汉诺威王国曾建立了五个新教教省，1815 年奥斯布吕克被划给该王国后成为其中一个教省的首府，1903 年被撤销。——译注

西佗的热衷可以追溯到他的学生时代，当时，他的笔记本上写满了大量的摘录和评论。如今，他在《奥斯纳布吕克史》中诉诸塔西佗来说明日耳曼国家的政治结构。正文的序言中，穆泽给出了一篇七十多页的“简短导言”，以此来介绍德意志人最古老的政治制度，其内容以全体议会为中心：没有拥有土地的普通民众的明确同意，任何立法都不能通过；在祭司的指导下，那些要发言的人以声望和口才的高下依次发言；在战争期间，首领要在最勇敢的人中间选取，一旦和平得以确保，他的权力或者他的职位就要被终止。穆泽总结道，古代的德意志人无疑是捍卫自由的艺术大师。即使人们除了知道他们的住所独立而分散之外，对他们生活的其他方面一无所知，人们仍然可以领略他们宪制思想的伟大之处。但幸运的是还有很多方面为人所知，穆泽在他的脚注中援引了《日耳曼尼亚志》的一些片段，从而更为详尽地证实这个所谓的宪制。然而，当时的一位评论家很快就发现，塔西佗所写的这段话——其实是最关键的一段——也许并不具有人们所赋予的那种重要的意义。引文“ex plebe consilium et auctoritas”的意思可以是“决议和权力的产生来自人民”，这就是穆泽想要的一种解释，以此主张，民众执掌政治权力。然而，塔西佗事实上写的是：“每个法官都要从人民当中选出一百名陪审员，以便从中获得顾问和权力”[30]。穆泽精通拉丁语，对此应该很清楚。总体而言，他对塔西佗的利用还算合理，只是他在这里想要证明自己发现共和政制的诱惑实在太大。

穆泽第二个历史假设同样基于塔西佗所提供的那些站不住脚的证据。他声称，他的祖先曾在自己的土地上劳作，而且只有财产持有者才能享有充分的政治参与资格。当时，这样的资格——无论是取决于资历还是取决于财产——通常被认为是必要的。但穆泽却尤为强调持有土地，因为他曾在自己的主教管区中亲眼看见那些穷苦农民的悲惨境遇，尤其是在七年战争期间（《奥斯纳布吕克史》的大部分内容都是在那个时候完成的）。然而不幸的是，《日耳曼尼亚志》中包含有相反的说法：古代的德意志人“每年都更换土地，剩下的农田休耕”[31]。塔西佗还详细地阐述了为什么说服他们向敌人挑战要比劝服他们“去耕种土地并等待一年的收成”更为容易，以及他们为何通常将农事都委托给他们的妻子来掌管，这些内容均不符合穆泽所描述的农民形象。然而，穆泽并不认同那些援引塔西佗和恺撒的人，他同孟德斯鸠一样，认为日耳曼人开垦的土地很少。一方面，恺撒否认日耳曼部落从事农业是完全错误的。另一方面，塔西佗确实提到了农务耕作之事，尽管有一些相反的说法。就他讲到的每个人屋子周围都有大片空地的情形而言，怎么可能说一个人没有财产呢？对于那些知道如何去阅读塔西佗的人来说——当时赞同日耳曼存在农业的一位评论者合乎情理地强调了这样一种才能，这位罗马的作家证实了这样一个农民阶层的存在。然而，尽管这样的解释别出心裁，但试图在《日耳曼尼亚志》中找到农业经营方面的证据将依然会引起争议。

《奥斯纳布吕克史》中有一幅木刻画插图。它看起来比较传统，且颇具塔西佗式的风格，并会让人想起菲利普·克吕沃《古代德意志》（穆泽的图书室中有该书复本）书中的插图。但它也包含了一些指示农民及其财产的内容（右下角的矛应该象征着穆泽所说的“防卫”——农民在那个时候就会变成士兵来保卫他们的族群共同体）。在《奥斯纳布吕克史》的第一版中，正如这一节所引用的那句题词，贵族的决议需要得到拥有土地的那些普通民众的同意。在当时寄出的一封书信中，拒斥贵族的穆泽直言不讳地声称：“德意志的那些贵族并不属于这个民族”[32]。尽管他在第二版中缓和了这种论调，以便将平民和贵族都囊括进来，但平民——纯朴的 *Volk*，涉及塔西佗的一条脚注中有具体的说明——仍然是“这个民族整体”的支柱。[33]自身并不是劳苦平民的穆泽提升了人民在政治上的影响力。因此，他促使平民的意义发生了改变，这将会导致数十年后的雅各布·格林思考如何将名词“folk”以及它的形容词“folklike”与自由联系在了一起。[34]神圣罗马帝国之外，其他人也在他们的诗歌中高喊人民的声音。他们同样没有普通民众的经历。

北欧的民间传说

> 环顾当今的德意志，看看这个民族的品性特征，看看他们特殊的思维方式，以及他们真实的语言氛围，他们在哪儿呢？读一读塔西佗吧，你将会在那里找到他们的独特品质。
>
> **——约翰·哥特弗雷德·赫尔德，1767**

多年以来，哥本哈根一直是制造北欧神话的权威作坊，在那儿，德意志碰到了斯堪的纳维亚，而过去也和现在相遇。丹麦国王弗雷德里克五世（Frederick V）于 1746 年继位后就立志要把王国的首都变为一座艺术之都，从而改变丹麦王国的粗鄙形象。18 世纪五六十年代，他曾邀请了许多著名的文人雅士，保罗·亨利·马利特（Paul Henri Mallet，1730—1807）就是其中之一，他在 1752 年时被委任为宫廷法语文学教授。在要么不懂法语、要么只是略知一二的那些宫廷

插图8：尤斯图斯·穆泽《奥斯纳布吕克史》中的日耳曼农民
威德纳图书馆，哈佛学院图书馆，47528. 1. 10.

听众中，这位教授发现自己可以有很多空余的时间。“然而”，一位早期的传记作家写道，“他充分而有效地利用了这些空闲时间”[35]。1755年，马利特发表了大部头的《丹麦史导论：古代丹麦的宗教、法律以及风俗习惯》。[36]第二卷——对导论进一步的补充说明——于翌年发表，题为“凯尔特人——特别是古代斯堪的纳维亚人的神话与诗歌的永久典范”。（其中，凯尔特人再次被视为一个与日耳曼人具有相同血统的民族。）颇具讽刺意味的是，一个讲法语的瑞士人将会推进北欧的文艺复兴。

马利特的著作深受孟德斯鸠思想的影响。他在序言中提到了北方精神及其与气候的关系，以及它最大的贡献——欧洲拥有的自由（马利特补充说这是一个众所周知的事实）。而且，他同孟德斯鸠一样，将《日耳曼尼亚志》作为最重要的史料，经常从中汲取资源。但与后者不同的是，他将斯堪的纳维亚人擢升为北欧的象征：他们赢得了通常多为德意志人所拥有的那种赞扬。丹麦国王很高兴地看到斯堪的纳维亚成为欧洲人民的摇篮，嘲笑且摧毁了罗马人的势力，并建立了现代君主国。在称赞这些专属于斯堪的纳维亚人的丰功伟绩时，马利特利用了一个事实，即“北方”同样包含了德意志人和斯堪的纳维亚人。在他的《丹麦史导论》中，辛布里人（Cimbri）——一个著名的日耳曼部落——进入丹麦领土，在那里定居，并以此作为他们的发祥地。含糊不清是一个慷慨的主人，对于马利特来说，塔西佗是“关于古代德意志的优秀史学家”，通过他可以理解斯堪的纳维亚人的过去。[37]尽管大多数人——比如布雷斯劳和柏林的赫兹伯格——不同意这种说法，而是继续将德意志视为发祥地，并且宣扬它过去的伟大，但在北欧大家庭中，把斯堪的纳维亚人（还有冰岛人，有时还包括不列颠人和法国人）视为德意志人“真正的兄弟”大多没有什么争议。[38]

马利特在宗教方面的广泛兴趣是他与孟德斯鸠之间存在的又一个重要的差异。自人文主义时代以来，德意志祖先的宗教虔诚就为人们所颂扬，但对他们宗教的认识却包括了从野蛮宗教和异教信仰到真正的基督信仰等各种不同的解释。正如马利特所言，宗教现在被认为是一面“忠实可靠的镜子，从中可以看到［一个民族的］精神”，它也因此得到了进一步的审视。在马利特看来，塔西佗所看到的那些优良的风俗根本上是因日耳曼人的虔诚而产生的。然而，谁是他们虔心敬拜的北欧神灵?[39]庆幸的是，塔西佗没有对此提供现成的答案。提出奥丁神（Odin）——“一种新宗教的建立者”——的是另一部不同的文本，北欧神殿偕同这位神祇一起进入了马利特的著作中，并由此引起了欧洲的关注。

《艾达》（*Edda*）是一部古代北欧的诗歌和散文作品集，写于13世纪的冰岛（一些作品的年代甚至更为久远）。该书充满各种关于以奥丁为首之诸神的北欧神话，其中，奥丁统御着阿斯加德（Asgard），以及弑龙英雄希格尔德（Sigurd）。通过借助于一位熟稔北欧诗歌且住在哥本哈根的冰岛学者，马利特在自己那本《丹麦史导论》的第二卷中加入了一部分《艾达》的法语译文。这在整个欧洲的法语读者中引起了轰动。原始和原生的风格不断被人们宣扬为可以替代精致繁复之风的审美取向。当时，让-雅克·卢梭的最新著作即崇尚人的一种原初状态，并且将这种自然的、原始的文化视为一种优越于城市矫揉造作之风的典范。反对华美细腻的诗歌是当时的一种风尚。《艾达》——它以押头韵的诗句传达着这种朴实的歌谣——符合这种要求。

此外，《艾达》当中一些五花八门的神话还为那些如尼文（rune）

刻石① [比如拉姆松（Ramsund）刻石，该石发现于瑞典的东南海岸，记述了希格尔德的故事] 提供了主题素材。与其他碑刻铭文一样，这些如尼文刻石也构成了丰富、真实的历史遗迹，而对于那些不满足于仅仅依赖塔西佗的德意志人来说，这些刻石正是他们十分需要的东西。这些北欧的古文字——其中一种多缝制或者出现在上百万件衣领和文献当中，象征了第三帝国中肆虐的恐怖——还展现了一种具有相当高度的文化：基于这种情形，马利特重新解释了塔西佗那个被广泛用来断定日耳曼人不通文墨的说法。[40]为了使他对北欧蓬勃的文化景象的叙述更为充实，也更为详尽，马利特还在自己的著作中谈到了那些不久前在假名凯尔特诗人莪相（Ossian）的那些流传的诗歌中崭露声望的吟游诗人。在过去的时代，这些吟游诗人不仅会赞颂那些神祇和英雄，而且还会赞美那些想要永垂不朽的首领。马利特则提醒他的读者，诗歌——正如塔西佗所言——是过去的编年史书。

马利特的著作甫一问世，海因里希·威廉·冯·盖尔斯滕贝格（Heinrich Wilhelm von Gerstenberg）——哥本哈根德意志人圈子中的一员——就十分欣喜地说："我们是一个原始的民族，我们说着一种原有的语言，所有我们在历史、神话以及风俗中看到的都是我们自己原本就有的"[41]。16 世纪的历史学家曾经赞美过他们这个原始的民族，17 世纪的语言学家则颂扬过他们所说的那种原初的语言；如今，在

---

① 如尼文字是北欧的一种古文字，主要在古代的斯堪的纳维亚和不列颠使用。至今发现最早的如尼文石刻文为 150 年左右的刻文，中世纪以来，随着基督教传入北欧，如尼字母逐渐被拉丁字母所取代。"如尼"一词的意思是"神秘的"，因而这套字母被认为包含着可以占卜的神秘因素。——译注

插图9：SS（纳粹党卫军）的如尼文标识。
希姆莱档案集中的照片 B 辑封面。
胡佛研究所档案馆

一个浪漫主义者强调天才的原创性高于一切的时代，盖尔斯滕贝格以及与他志趣相投的作家都将一种原创的神话纳入他们的遗产当中。正如盖尔斯滕贝格的《一位吟游诗人的诗》（*A Skald's Poem*）这一书的标题所强调的那样，这种神话源于北欧：对斯堪的纳维亚吟游诗人（the Skald）的明显借鉴透露了它的主旨，对此，其中的第一首诗很快就进入了主题："布拉加（Braga）的诗歌响彻星空……"关于布拉加，盖尔斯滕贝格在"关于《艾达》的语言以及诗中典故"的注释中作出了解释，即他是北欧的诗歌之神。他最终取代了古希腊和罗马神话中的阿波罗，而后者所领导的诸位缪斯曾是人文主义者吁求灵感和鼓舞的源泉。这不仅仅是一个名称的变化，更为重要的是，它反映了一种典范的变化。如今，德意志的诗人应该像规避拉丁语一样避开古典神话；他们应该讴歌那些原创的神话，而"原创的"即意味着“北欧的”。斯堪的纳维亚人和德意志人之间这种所谓的亲缘关系不仅助益于斯堪的纳维亚人对于德意志过去的诉求，而且还有助于利用北欧的素材来填补德意志传统中的空白。

盖尔斯滕贝格的一位朋友弗里德里希·戈特利布·克洛卜施托克（Friedrich Gottlieb Klopstock，1724—1803）——同时也是马利特在丹麦宫廷时的同代人——同样热衷于把北欧传统视为德意志的遗产。“我曾在自己早年的颂歌中使用过希腊神话”，他在1767年跟一位具有类似倾向的朋友谈及此事时还特别拿二十年前创作的一首诗歌来作为例子，[42]“我现在去除了它们，并且在新作和旧作之中植入了我们祖先自己的神话”。奥丁打败了宙斯，同时也征服了克洛卜施托克的诗歌。然而，比简单的替代更为必要的是：德意志的诗歌应该表达德意志的文化和习俗。就在他修改自己颂歌的同一年，克洛卜施托克创作了他的戏剧三部曲的第一部，① 讲述的中心是歼灭罗马军团的赫尔曼。这位日耳曼的领袖再一次听到了战斗的号召。当他于16世纪首次出现在舞台上的时候，他讲的还是拉丁语。从那时起，他开始摒除许多罗马的特征；如今，克洛卜施托克则希望，赫尔曼能够被赋予德意志的精神。

作为魏玛古典主义时期之前最负盛名的作家，克洛卜施托克认为他之所以能够被邀请到哥本哈根，乃是得益于他的《救世主》第一卷给弗雷德里克五世所留下的印象。作为对这部宗教史诗的一种“［国王的］赞赏的表示”，国王的资助比较适度，既不吝啬小气也

---

① 三部曲分别是《赫尔曼战役》（*Hermann Schlacht*）、《赫尔曼与王公们》（*Hermann und die Füsten*）、《赫尔曼之死》（*Hermanns Tod*）。——译注

不阔绰无方，却远远超过了克洛卜施托克在其他地方所能期望的结果。[43]克洛卜施托克出生于哈茨山（Hartz Mountains）① 附近一个名为奎德林堡（Quedlinburg）的中世纪城镇，他是家里十七个孩子中的老大，曾在普福尔达学校（Schulpforda）② ——萨勒（Saale）河畔的一所寄宿学校——上过学。这所学校保留了昔日修道院的那种学科特色，这位初露头角的诗人像该校历史上的其他著名毕业生一样（包括著名的哲学家费希特和尼采），具备扎实的古典学基础。随后的神学学习完成后，③ 他做了一名普通的家庭教师（但并不长久）。在游荡不居的生活中，他四处寻找安身立命之处。当他在丹麦的首都落脚时，他没有想到自己一待就是二十年。但这个“德意志的丹麦边境”是如此宜人：宫廷中能够听到他的母语，而且六个贵族家庭差不多都是德意志人——更何况包括盖尔斯滕贝格在内的那些德意志侨民圈子。[44]在这种环境中，克洛卜施托克不仅完成了他的《救世主》，而且也在德意志历史方面进行了创作，从而成为一名“宗教诗人和爱国诗人”。在克洛卜施托克看来，祖国的历史应该再一次成为诗歌，为此，他只需恢复那种吟游诗（*Bardiet*）的传统。

一个新词似乎就意味着某种新事物的诞生。然而，一直希望承接现在和过去的克洛卜施托克暗示说，吟游诗这个词只是之前很少被人用到而已。德意志人曾经有“吟游诗人”（Bard），而且塔西佗

① 德国中部山脉，位于威悉河和易北河之间。——译注

② 德国最著名的中学之一，创立于1543年，课程设置比较传统，特别注重古希腊语文学和拉丁语文学的学习。——译注

③ 克洛卜施托克中学毕业后于1745年入耶拿大学学习神学和哲学，翌年转入莱比锡大学学习神学。——译注

这位“值得称扬的朋友”证实了吟游诗人（*barditus*）的存在；因此，为什么不重新使用吟游诗呢？[45]克洛卜施托克将其定义为一种以历史上著名人物与重大事件为主题的文学体裁，它忠于事实，部分用来歌唱。他那三部以赫尔曼为中心的吟游诗就是依照这种诗歌体裁来创作的。出于忠于历史的考虑，诗人以塔西佗的著作为凭据，这在他作品的注释当中有所体现。舞台上的唱诗队提醒日耳曼的武士：“你们是马纳（Mana）的后裔”，其中的注释解释说，马纳是德意志祖先的名字，即塔西佗所提到的那位神圣的英雄。[46]舞台上的那些历史人物同样是从塔西佗的作品那里拼贴模仿而来：视死如归的勇敢和忠诚、心直口快以及对荣誉和虔诚的信仰。克洛卜施托克在一封写给熟人的信中开玩笑地说：“我想你对塔西佗的阅读肯定没有我认真。”他还补充了自己根据塔西佗的叙述所创作的那些戏剧中的一些具体的例证。在某种程度上，吟游诗就是诗歌形式的《日耳曼尼亚志》。

最能说明克洛卜施托克受惠于塔西佗的，是一段摘自《日耳曼尼亚志》的文字，在克洛卜施托克看来，这段被他用在剧作中的文字“必定会温暖任何一个传统而坚强的德意志心灵”。他对这段话的期许同时也是他对这部戏剧（以及相关主题的诗歌）的希望。克洛卜施托克认为，不论是谁，只要用德语写作，都应该被视为德意志人；历史和共同的文化将教会他们以德意志人的身份来思考。凭借他对“忒斯科（Thuiscon）语言”无法消泯的热情，克洛卜施托克坚定地立足于17世纪语言学家的传统之中，而他的这种立场则使他的同时代人想起了一个世纪前“丰收学会”中的一名倾向更为极端的成员。[47]他的一首颂歌描述了“我们的语言”，“曾经的我们已在岁月之中愀然黯淡，当塔西佗看到我们时：我们独立而纯洁，独一无二”。为自己“纯洁的切鲁斯坎血统”感到自豪的克洛卜施托克，梦想着能够以这种血统来书写自己那位君主的成就，梦想着他能够回到那个古老的时代与他的君主并肩作战。[48]“我希望你能知道”，他对自己幻想的后来收信人说道，“亲历诸事乃是吟游诗人的职责”。

克洛卜施托克这位吟游诗人吸引了众多的追随者，其中最著名的是在哥廷根成立林苑社（Union of the Glade）的诗人们［哥廷根林苑社（Göttinger Hainbund）］。与克洛卜施托克一样，他们也自诩为吟游诗人，甚至选择那些可疑的吟游诗人的名字来作为他们的笔名，他们在自己的诗作中强调北欧元素和民族元素。但他们的诗歌流传并不长久；这些诗人很快便被人们遗忘。然而，如果不想背负恶名，匿名倒是一件幸事。

约翰·哥特弗雷德·赫尔德（1744—1803）发现自己某一天也身在“吟游诗人的那片古老的德意志林苑之中”[49]。赫尔德出生于东普鲁士的莫龙根［Mohrungen，今波兰北部的莫拉格（Morag）］，他在11岁时为他刚刚去世的弟弟——“这是他在这个世上失去的最珍爱的人”——写了一首诗，体现出了自己对诗歌的倾好。[50]后来，他带着这座只有两千居民的小城无法容纳的才智和旨趣，远赴柯尼斯堡，永远离开了他出生的地方，并且再也没有见到自己的双亲。他在那儿学习了神学以及其他的学问，并且追随康德学习了哲学。尽管赫尔德为赚取生计而兼职教书，但他仍然抽出时间完成了他的第一项重要研究，即1764年的《论勤奋在几种后天习得的语言中》（*On Diligence in Several Learned Language*）。这项研究包含了他此后一生所持有的观念：各个民族因精神相异而有所不同，这种差异在一定程度上取决于气候和环境的影响，并且最为清晰地体现在它们各自的方言和本土文化当中，或者说体现在它们的民众文化当中。对于这种观点，孟德斯鸠想必不会有什么异议，关于孟德斯鸠的著作，赫尔德曾经写过《阅读孟德斯鸠的思考》（*Thoughts While Reading Montesquieu*），但他的思考最终使他走得更远，他将一个民族设想为一个有机的整体，它的精神充盈着一种神话般的品质，而且他还断言，只有人民的艺术形式才是真正的艺术。

在一篇评论马利特的文章中，赫尔德对原创的北欧神话大加赞赏，认为该神话可以合乎情理地被称为德意志的神话，因为它来自——正如他后来的一种表述——一个“相邻的德意志部落”[51]。对于一个民族来说，坚守自身的文化是至关重要的。对此，他在 1767 年左右撰写的《论德意志新文学的片断集》（*Fragments on Recent German Literature*）中断言：“一个民族所能遭受的最大伤害莫过于夺走她的民族特征，尤其是她的精神和语言”。这对于一个没有国家的民族来说尤其如此，而且正如他在研究德意志文学的历史发展时所揭示的那样，这种共同的语言和文学仍然为全德意志民族共同拥有。培养对两者的兴趣再次成为一种爱国的责任。然而，令赫尔德苦恼的是，他的同时代人中，极少有人会关心这样的一种责任：

> 环顾当今的德意志，看看这个民族的品性特征，看看他们特殊的思维方式，以及他们真实的语言格调，他们在哪儿呢？读一读塔西佗吧，你将会在那里找到他们的独特品质：“德意志的各个部落从来没有通过与其他民族结合而玷污（*entadelt*）自己的

纯洁，他们构成了一个特殊的、纯正的、原始的民族，它本身就是自己的原型（*Urbild*）。甚至他们的体格发育也是相同的，虽然他们人数众多……”如今，看看你的四周，可以说：“德意志的民族已经因与其他种族通婚而不再纯粹；由于长久的奴役，他们完全丧失了自己的品性；他们对专制强权的模仿要比其他民族更为持久，而在所有的欧洲民族中，他们最不像自己”[52]。

在移译塔西佗的文本时，赫尔德的用语遵循了他自己的语言学理论。德意志祖先的纯正性主要体现在文化和语言方面；相对于那些卑劣的模仿，他们是“原始的”；他们构成了自身的“原型”。鉴于塔西佗笔下，那些日耳曼部落是“一个除了自己之外和其他种族毫不相似的民族”，赫尔德尖锐地指出，他那个时代的德意志人和其他民族都很相像，只是与自己不同。然而，他们并没有丧失一切：他们还有自己的典范，并且由极富洞见地“揭示了诸事物之精神”的塔西佗呈现给他们。

这个德意志的文化民族处在一个可怜的状态之中，“丰收学会”过了一百多年后，它仍然在格调、文学以及社交方面渴望着法国式的风格。对外国文化的狂热追捧忽视了这样一个事实，即各个民族在品质特征上都彼此不同，关于文化的发展和成就，每个民族都持有自己的评判标准。对于强调民族享有自决权利的赫尔德来说，所有语言的声音都是美妙的。然而，在一种爱国情感的罕见的蓬勃洋溢中——这与腓特烈大帝的旨趣恰恰相反，因为他的好战品性和亲法情节不会使他对这种爱国热情产生丝毫的共鸣——他还是详细阐述了德语及其诗歌在天然质朴方面的特殊美感：

> 让我们假设一个罗马人描述我们的语言，就像塔西佗描写我们的土地一样：“它荒野遍布，气候粗劣，举止表情愠怒凝肃”——如果他对他们的语言有较为深入的了解，他就会将这种语言视为吟游诗人的歌谣，这些歌谣因其沙哑的语调、低沉的音色以及浑厚饱满的声音而值得赞扬：“与其说这是说话，不如说是德行的共鸣”。既然这些歌谣同时表达了对诸神以及我们民族先祖之坚毅顽强的颂扬，而且是民族英雄和拯救者们歌唱战斗和凯旋的绝响……那么为什么我们要为这种和谐的共鸣而感到尴尬?[53]

作为“我们先辈”的古老歌者使用这种和谐一致的语言，创作出了承载着德意志精神的“质朴无华的歌谣”，而且幸运的是，他们的诗歌在赫尔德时代的民歌中保存了下来。

唤醒这种古老的民族精神的，不仅有塔西佗的著作，而且还有民间传说。尽管大多数的精英都对法国的文化抱有好感，但在“那部分被称为人民的备受尊崇的民众”中间却几乎不会发现这样的倾向，这些民众用自己的方言讲话、歌唱和思考。[54]这与尤斯图斯·穆泽颇为相似——赫尔德曾将前者的《奥斯纳布吕克史》的导言编入后来推动狂飙突进运动（Sturm und Drang）发展的一卷颇有影响力的文集中。然而，相比于政治问题，赫尔德更关心诗歌，他认为普通民众是那种民族精神的真正担纲者：德意志的民族精神就在他的人民之中。在赫尔德的著作中，*Volk* 已经从先前的政治社会性术语改造为一个意识形态术语。他交替使用 *Volk* 和“nation”指代“民族”并非出于疏忽，而是出于信念。

赫尔德的思想强化了先前由克洛卜施托克——被别有用意地誉为“我们［德意志］民族（*Volk*）的桂冠诗人”——神话学家保罗·亨利·马利特、历史学家尤斯图斯·穆泽以及政治哲学家孟德斯鸠所构想的那些观念。[55]就像这些人一样，赫尔德在文化上界定德意志民族时，同样诉诸塔西佗的著作，过去活生生的民族精神现在仍然保存在*Volk*的语言和传统中。赫尔德的民族主义并不具有沙文主义的倾向：他对德意志人提出的明确要求——积极地接纳自己的语言、神话、诗歌以及自决的权利——适用于所有的民族，并且融入他那充满希望的人性观念中。赫尔德从来没有提到血统，而且也明确拒斥“种族”（“race”）这一含义模糊的术语。[56]但民族（*Volk*）及其精神会脱离作者而拥有自己的生命，这会让它们的作者像魔法师的学徒一般，看得目瞪口呆。

7. 白种人血统

罗马人不偏不倚地将德意志民族视作一个古老、纯正而毫无掺杂的原始民族。这个民族只与自己相似；就像从一种单纯的种子生长出来的同种植物一样……他们代代相传，彼此并无差异，因此，尽管单纯质朴的德意志种族的分支成千上万，但所有分支都具有一种相同的坚实体格。

——弗里德里希·科尔劳施（Friedrich Kohlrausch），1816

夕阳无限好，只是近黄昏。1863 年，83 岁高龄的弗里德里希·科尔劳施坐在他的书桌前叙写自己幸福充裕的家庭生活。作为一名教师、一位举足轻重的官员以及一位读者广泛的作家，科尔劳施回顾了私人生活的一些细节——有关他的许多友人以及自己繁荣的家庭，此外，他还涉及一些不幸的公共事件，比如德意志于 1806 年的耶拿战役中败给拿破仑后所遭受的羞辱，以及 1848 年时由于普鲁士国王拒绝被授予德意志帝位而致使希望破灭的法兰克福议会。① 科尔劳施的声音作为众多民族主义呼声之一，在19世纪期间日渐高涨，哀叹着“祖国被人为分裂”——正如他的同时代人雅各布·格林所言。[1] 一个民族（*Volk*）应当有一个帝国（*Reich*）。对于科尔劳施来说，1871年在凡尔赛宫宣布成立的德意志帝国迟来了四年。然而，假如他没有在1867年去世的话，他肯定会以那种激发他去为这个民族演讲的热情十分欣然地欢迎这个帝国的建立。当年，他凭借这种激情，曾以“德意志的未来”为题发表了一系列广受欢迎的演说，并且还撰写了两本传阅极广的德意志历史教科书。[2] 通过这些演讲和撰述，科尔劳施不仅将“日耳曼人”（*Germanen*）介绍给了广大公众，而且还大大扩展了塔西佗的读者群。正是在这个时代，《日耳曼尼亚志》及其衍生而来的日耳曼神话超出学者和知识分子的范畴而为越来越多的德意志中产阶层所熟知。

科尔劳施告诫一代又一代的学生，要他们从德意志人高尚而崇高的过去中——特别是从塔西佗那面“荣誉和光荣之镜”中[3]——来学会做一个德意志人。尽管这面镜子在很大程度上与先前的几个世纪没有什么不同，但它所反映的一个面相却前所未见；这在本章的题词中即可窥其一斑。在科尔劳施的笔下，塔西佗所说的那种日耳曼的纯粹性以及体貌特征融入了种族色彩和明显的生理学比附；二者都体现了人类学和（伪）自然科学的一些见解，这些见解在当时十分流行，

---

① 1848—1849年德意志革命期间的全德制宪国民会议。1848年5月在法兰克福召开，故名。会议经过争论，通过了一部帝国宪法，决定建立统一的德意志帝国，并把帝位授予普鲁士国王，但遭到了普鲁士在内的各邦君主的拒绝。1849年时会议曾迁往斯图加特，各地革命被镇压后被强行驱散。——译注

而且在之后的一百五十多年间长盛不衰。自 19 世纪初以来，这位被歪曲的罗马历史学家不仅被用来证实德意志风俗和语言的纯正性，而且还越来越多地被用来证明德意志祖先的种族构成的纯洁性，他们起先被视为高加索人，而后被当作雅利安人，最后又被定为北欧种族。曾经的德意志人血统纯正；现在，他们应该仍然如此。

没有民族的民族主义

> 日耳曼（*Germane*）始于何方？又在何处归于沉寂？一个德意志人可会吸食烟叶？大多数人认为不行。一个德意志人可以戴手套吗？是的，但不过是用牛皮制作的……可是一个德意志人可以喝啤酒：的确，他应该作为一个真正的日耳曼尼亚子孙来喝他的啤酒，因为塔西佗明确地提到了日耳曼啤酒（*cerevisia*）。
>
> **——海因里希 · 海涅，1840**

普鲁士雄鹰被法兰西的三色旗裹挟住而动弹不得，1807 年 11 月，约翰 · 戈特利布 · 费希特——一位杰出的哲学唯心主义者，同时也是科尔劳施的导师——在科学院圆形大厅发表了第一篇《对德意志民族的演讲》（共 14 篇），当时，柏林正处在法国人的占领下。人们的心绪虽然糟糕透顶，但圆形大厅中仍然人头攒动；因为他的狼藉声名本身就是一种噱头。[①]

---

① 1798 年，费希特担任《哲学杂志》责任编辑，其间收到了一篇宗教怀疑论的稿子，费希特虽不赞同作者的观点，但仍然将该文刊出，后来有人便因此而攻击他是个无神论者，迫使他离开耶拿迁居柏林。——译注

一些听众可能很想弄明白这位赫赫有名的哲学家演讲中所说的这个德意志民族到底是什么。耶拿战役后，普鲁士已经在这位“无名者”（费希特对拿破仑的称呼）面前屈膝投降。随着莱茵诸邦被迫依附于法兰西，神圣罗马帝国也从此在地图上消失，而普鲁士则沦为一个附庸王国，这时的德意志民族比以往任何时候都像是处在一个政治的真空状态之中。这种情形最有可能使一个爱国者一夜白头，据著名的弗里德里希·路德维希·雅恩（Friedrich Ludwig Jahn）所言，① 他就曾因此而一夜鬓白。在一个政治性民族缺失的情况下，那些民族主主义者更深一步地退回到文化领域当中，固守语言、法律以及至关重要的历史，以之作为德意志民族性（Germanness）的坚固堡垒。

费希特在其演讲中主要倡导一种民族（再）教育。他将“整个德意志民族”定义为“德语区中的每一个人”。[4] 对此，其他的一些爱国者一直都在使用这一相同的界定标准。雅各布·格林则会有所质疑：“除了我们的语言和文学外，我们德意志人在其他方面还有什么共同之处?”[5]在定居于普鲁士四面楚歌的首都之前，费希特自己像许多四处奔波的爱国者一样，只是感受到了德意志，而没有真正生活于其中。费希特出生在萨克森公爵领地一个很少受命运眷顾的小镇中，他在附近的普福尔达学校毕业后，继续在图灵根的耶拿大学学习神学，而后又去了柯尼斯堡这个位于东普鲁士［今俄罗斯的加里宁格勒（Kaliningrad）］的德意志文化中心，同时也是批判哲学家伊曼努尔·康德的故乡。费希特的匿名著作《试评一切天启》（*Critique of All Revelation*）

① 弗里德里希·路德维希·雅恩（1778—1852）：德国爱国主义者、教育家，被称为“体操之父”，也是政治体育的创始人。他倡导身体和道德健康，组织户外体操场，以训练体操为名培养德意志民族精神。——译注

使他声名大振，并因此被任命为自己母校的哲学教授。回到耶拿大学后，他发表了《纠正公众对法国大革命的判断》（*Contributions to the Correction of the Public's Judgment Concerning the French Revolution*），在断头台的恐怖阴影中，当时的人们对这场革命的热情已经变得日渐冷淡，但在这部论著中，他却仍然以一名自由的坚定信徒的立场为这场大革命辩护。人们指责他是一个雅各宾主义者，一个公认的急性子，这最终使他丢掉了自己的教职（这个事情并没有遏制他轻率鲁莽的个性；他依旧与他的敌人——都是"混蛋""恶棍"——进行尖锐刻薄的论战，他像那些搜集锡兵的人一样将自己的论敌搜集收藏起来。[6] 在经过了多年的社会动荡和个人生活的颠簸之后，他走完了自己短暂的一生，而他的"展示柜"中则留下了诸多的论敌）。随后他便在普鲁士的柏林安了新家，1807 年冬，"在每个星期日的十二点到一点"，费希特在那儿发表了"平时……针对男女公众的……一些日常演讲"。[7] 费希特认为，德意志的民族必须被唤醒。

法国军队对德意志领土的占领似乎使"德意志民族性"比以往任何时候都更加受到了法国文化的威胁。费希特认为，"德意志人当中的那种德意志的民族性"在当今已经所剩无几。[8] 尽管他在论述中最为推崇的是中世纪的伟大——其战袍铠甲撩动了浪漫主义者的无限遐想，但他仍然看到"那种新文化的本源传承"根植于塔西佗式的过去。那位罗马作家是费希特撰述《对德意志民族的演讲》时的主要灵感来源。费希特想重新拾起的民族品性（他的第六次演讲对此有过历史考察）包含了人文主义者过去已经唤起的塔西佗式的经典教义：一种"诚挚的灵魂"，将自身展现为"忠诚、正直、光荣以及淳朴"。靠着这些德行，德意志人在阿米尼乌斯的领导下从罗马那里夺回了自由，一千多年后，凭借同样的美德，德意志在那些宗教改革者的带领下从罗马教会的手里争得了自由。如今，德意志人必须再一次为自由而战，更何况，挣脱法兰西之轭将会推进全人类的自由事业。

这位哲学家相信，人类的命运取决于德意志民族的命运："如果你们自行毁灭……那么，整个人类得到拯救的一切希望也就和你们一起破灭了。"[9]这种德意志使命的观念很快便得到了人们的普遍认同。在之前的一次系列讲演中，费希特将人类历史划分为五个时期，并认为人类历史最终将走向理性统治时代。在这个勾勒整个世界的大胆规划中，他把普鲁士的战败解读为"彻底堕落的时代"中一种无可置疑的征兆。[10]德意志人为整个人类而负罪和受难。然而，最悲苦的时刻同时也意味着一线转机；如果他们能够复兴他们的传统习俗，他们就可以将人类推向另一个新的高度。正如历史所揭示的那样，他们是一个特别的民族。与其他的日耳曼部族——费希特将这些民族与斯拉夫人那样的"新欧洲民族"区别开来——不一样的是，德意志人是唯一"居留在先祖最初居住之所"的民族。[11]费希特十分清醒地认识到，所有的日耳曼部族都混杂有其他的民族，没有任何一个部族可以声称自己血统的纯正。因此，更为重要的是，德意志民族"仍然保留、发展了先祖传承下来的那种原初的语言，而［其他的日耳曼部族］则吸收了外族的语言，并且逐渐以他们自己的方式改造了这种语言"。德意志民族和语言的原生性和本源性被用得如此之滥，以至于即使没有明确提到塔西佗，人们也能感受到他的存在。

据普鲁士政治家卡尔·冯·施泰因（Karl vom und zum Stein）说，① 这些演讲“在那些有教养的人的心灵中产生了很大的触动”[12]。它们表达了那些老生常谈的民族主义论调：必须重拾德意志语言和文化的纯正性，历史乃是灵丹妙药，以及德意志人的宿命。弗里德里希·路德维希·雅恩——一个活跃的民族主义鼓动者——认同其中大部分的观点，但更为激烈，使人觉得他像一只“模样滑稽的猎犬”。[13]当他声名狼藉、两手空空地离开中学和大学后，他发表了《德意志的民族本性》（*Das deutsche Volkstum*）。这部于1808年（当时，拿破仑所造成的震荡仍未消弭）写就的著述在1810年一经出版便立即受到人们的追捧。在该著中，雅恩对德意志民族性进行了精致的分析，并为回归德意志的古老传统而辩护。“我们仍然可以得到拯救”，他宣称，“但只能依靠我们自己”。[14]通往拯救之路须以一种民族教育计划为开端，其目标就是他所谓的民族本性（*Volkstum*），即“一个民族具有共同的内在特征，共同的情感和生活，共同的再生力以及共同的繁殖能力”。这个新词与先前的民族精神几乎没有什么太大差别，很快就成为民族主义潮流中四处泛滥的一个词语。

在雅恩看来，民族本性的复兴需要的不仅仅是对民族文化的关切，而且还需要体育。他的祖先在捕猎以及与熊搏斗时所展现出来的活力如今已经所剩无几。甚至连罗马人都羡慕他们的强健体魄，“他们的步兵……是如此的迅捷，以至于可以同骑兵并肩作战”[15]。1811

① 卡尔·冯·施泰因（1757—1831）：通常称施泰因男爵，普鲁士民族主义和民主主义政治家和改革者。1807年，即普鲁士在耶拿战役中遭到惨败后，被普鲁士国王任命为首相。施泰因上任后，立即推行了以废除农奴制和允许土地自由买卖为主要内容的改革措施，即历史上著名的普鲁士改革。——译注

年，身体力行的雅恩在柏林南墙外开设了第一个体操场。这位“体操之父”（*Turnvater*）——这是他后来得到的名声——组织了一场民族运动。为了命名这套训练活动，他选择了另一个新词，即 *turnen*（体操），以纪念中世纪比武中骑士的好勇之风。

雅恩的这些思想也为其他的民粹主义者所接受。他们对民族本性（*Volkstum*）的关注与那些试图系统地探究德意志历史的努力相关联，后者产生了大量文辑和文献汇编，比如被称为《德意志史料集成》（*Monumenta Germaniae Historica*）的系列丛编。这些学术上的旨趣和追求意在“通过关于祖国的历史知识来激发一个人对祖国的热爱之情”，并且最终会在大学中成为一门体制化的新学科，即德意志学。[16]对于这门新学科，没有人会比雅各布·格林的贡献更大。格林作为一个爱国者成长起来，起初心系自己的出生地黑森，后来则是整个德意志。他那题材多样的著作都将关切“我们共同的祖国，并为它滋育热爱之情”[17]。幼年丧父的格林直到中年时还对记忆中的那口黑棺无法释怀，他把心中的渴望化为工作。通过与弟弟威廉的部分合作，他搜集了许多童话、传说以及无数有关德意志神话、法律和语言的文献资料。受孟德斯鸠的影响，他相信，这些材料都表达了一个民族的精神。语言“淋漓尽致地表达”了这种精神，而诗歌和法律则是它特殊的表达方式。

当格林陪同他的老师弗里德里希·卡尔·冯·萨维尼（Friedrich Carl von Savigny）教授赴巴黎之前，他就在马尔堡大学潜心浸淫于法学已久；他在今后整个多姿多彩的学术生涯中会多次回到有关德意志法的历史研究领域。在他去巴黎的时候——此时正值费希特在柏林发表《对德意志民族的演讲》，德意志法律及其研究正处于转型期。法律的研究已经从那种固有的神法、自然法或者理性法的视角转变为把法律视作一个特定的民族在特定时代的某种意志的表达。因此，对某些学者而言，接受或改造罗马法而抛弃日耳曼习惯法不啻为一种民族的不幸（但许多其他学者发现，即便是对本土法律和外族法律的区分也是难以把握的）。拿破仑战争使得德意志自己的法律进一步成为德意志学者关注的重心；因为法国的法律法规已被引入那些被占领的地区，这使得德意志的法律——再一次——陷入生死存亡之境。卡尔·弗里德里希·艾希霍恩（karl Friedrich Eichhorn）——与萨维尼一道推动了新兴的历史法学研究——在其1808年出版的划时代著作《德意志法律与宪制史》（*History of German Law and Constitution*）的前言中宣称，也许，在当前的大变局中，“将人们的目光转向过去并认识我们自身固有的那种精神，比以往任何时候都更为迫切”[18]。他们多通过阅读塔西佗的著作来致力于这样的了解和认识。而后者在整个19世纪都或多或少地流传于志在重新发现（有时则是重新制定）日耳曼法律的人们当中，尽管对于像“宗族”（“clan”）或者“放逐”（“outlawry”）这样基本的日耳曼法律概念，《日耳曼尼亚志》几乎没有提供任何的相关信息。[19]雅各布·格林在自己的法学研究中只把《日耳曼尼亚志》当作众多史料当中的一种，但鉴于这部著作对德意志民族的过去所作的整体性描述，他还是在自己的著作中充分利用了这本书，甚至还编订了自己的拉丁文版本。因为正是这部“来自罗马的不朽著作照亮了德意志过去的黎明之光，而引来其他诸族羡慕的也正是我们过去的岁月”[20]。

许多知识分子认为，德意志人自己并没有充分意识到他们往昔的荣耀；他们缺少适当的历史教育。费希特曾急切地要求人们能够撰写一部德意志历史，使之成为一部“民族读本和大众读本，就像圣经一样”，并且以此来“弘扬民族精神”。[21]弗里德里希·科尔劳施——刚从学校毕业就被一位丹麦特使聘为两个儿子的家庭教师——就曾听过这位声名卓著的哲学家所办的那些讲座，他深刻敏锐的思想和流畅清晰的表述没有使他失望。当时，科尔劳施参加了一个小组，这个小组每逢周日就在那位哲学家的家中进行争论探讨，也就在这个时候，科尔劳施认识了费希特。两人相互敬重，往来也日渐密切。数年后，科尔劳施受聘于北莱茵－威斯特法利亚的杜塞尔多夫（Düsseldorf）学院，其间，他撰写了一部符合费希特要求的民族历史通俗读物。

19 世纪期间，德意志各邦最终承担了教育青年的责任。科尔劳施不仅改革了汉诺威王国和普鲁士王国的学校体制，而且还开设了历史课程，此外，他还编撰了《德意志历史：学校和家庭读本》（*German History for School and Home*），该书第一卷出版于 1816 年，当时，欧洲战场弥漫的硝烟在拿破仑战败后正逐渐散去。一位读者写道，这个通俗读本满足了一种“迫切的需求”，施泰因男爵（Baron von Stein）以及格奈泽瑙元帅（Field Marshal Gneisenau）① 同样这么认为；普鲁士枢密院顾问以及那些历史学教授们也都对这本书送上了“赞誉之词”，[22]认为这是“在滑铁卢取得的最新胜利”。对这部读本的青睐持续了很久：它在近六十年后的 1875 年印行了第十六个版本。甚至还出现了一个英语译本和一个德语原版的删节本，删节本于 1822 年

① 格奈泽瑙（1760—1831）：普鲁士陆军元帅，军事改革家，滑铁卢战争的胜利者之一。——译注

出版，并且在七十多年后出到了第十五版。从德意志西南部的巴伐利亚到东北部的普鲁士，人们都将科尔劳施所编撰的那个读本视为叙述德意志历史的绝无仅有之作。即便它在19世纪70年代被取代后，那些高等学校的指导教师仍然会把它作为“家庭自学”的推荐读物。[23]这本家喻户晓的德意志历史读本正是费希特渴望看到的那种著作，尽管存在着许多的错误和缺陷，但它却深刻地影响了大众对于德意志历史的认识和看法。

这部读本的前言作于1816年4月，此时，德意志民族的神圣罗马帝国已经解体了十年之久，而一年之前就是滑铁卢战役，该序言主张反思、重审德意志过去的各种价值，并以此来建设未来。科尔劳施认为，除了宗教，没有任何学科可以提供比历史更好的指导。他承认，鼓动爱国热情至少在某些时候要比历史的准确性更为重要，这使得他把那些颇成问题的历史细节也写入书中。在他开始撰写德意志历史的第一个时期前，也就是“从远古时代到486年时克洛维率领下的法兰克人征服”前，他再现了“诸罗马人”（虽则只有一位罗马人）曾经留下的印象：“这是一个鼓舞人心的形象……无论何时，我们的部族都将永远作为一面德行与荣耀之镜而成为永恒的典范（*Nacheiferung*）”[24]。这节将近30页的内容均以《日耳曼尼亚志》为基础，但大部分属于意译，只有某些地方为直译。因“对那些质朴风习感同身受”，塔西佗赐予他们这本“极其宝贵的著作……一个德意志民族的荣誉殿堂”[25]。通过科尔劳施的这部书，一代又一代的学生和父母都走进了这个民族主义的神圣殿堂，对之加以崇奉、冥思，最后反身而诚，乐莫大焉。

在科尔劳施的历史中，“古代德意志人生活的”朴实、剽悍与诚挚之风就和意大利与德意志人文主义者从《日耳曼尼亚志》当中所理解的一样。随后的历史回顾乍一看似乎同样紧紧依循于传统说法："我们的祖国将自己的自由归功于条顿堡森林中取得的那个伟大的胜利，我们作为那些种族的后裔，要为流淌在我们血管里的那种纯洁的德意志血统，以及我们所说的那种纯正的语言而感激那次胜利。"[26]但仔细审视，便会发现其中的新颖之处：与16世纪的海因里希·贝倍尔一样，科尔劳施觉得日耳曼祖先的血统在他的脉搏里跳动；就像巴洛克时代的尤斯图斯·格奥尔格·肖特利乌斯一样，他将纯正德语的捍卫归功于他的祖先。但与二者不同的是，他强调血统的纯洁性。在《德意志历史》读本的其他地方，科尔劳施将"日耳曼人"（*Germanen*）描绘为"一个古老的、纯粹的、单一的原始种族"，并将他们比作"从一种纯净的种子生长出来的同类植物"，使他们免于"腐化"。由此，科尔劳施便把种族概念移植到了塔西佗的文本之中。但问题在于，这位历史学者和教师是从哪儿获取的这些概念？

最优秀的雅利安种族

> 日耳曼民族……是一种纯洁的种族……他们巨大的成功和极其长远的影响归功于这种纯洁性……这种特性自塔西佗时代以来就为人们所强调，直至今天。
>
> **——路德维希·席曼（Ludwig Scheman），1910**

种族主义可以被定义为一种对固有的种族差异的信念。这些差异被认为在体格特征上是可见的，而体格特征则与智识和文化特征相关。一个种族的各种具体特征的总体性状决定了这个种族在种族等级体系中的位置。尽管种族主义者的思想可以追溯到中世纪，但直到18 世纪中晚期，“科学的种族概念”才得到发展。[27]许多植物学家和动物学家试图“去读取大自然这部书”，旨在将每种动植物归置到具体的纲、目、属之中。[28]以这种分类法的名义，科学家们很快就对各类人种进行了评估测量。人类个性被化约为所谓的外在特征，比如人的颅骨容量和皮肤颜色。18 世纪 60 年代，多才多艺的荷兰艺术家和解剖学家彼得·坎珀（Pieter Camper）曾设定，从颌骨到前额所划的一条线与连接鼻子和耳朵的线之间所构成的角度是面容美观的一种标准。这种“面部角度”最初是作为雕塑家和画家的一种指导原则，但很快便被挪用在种族方面。数十年后，一位名为安德斯·莱茨厄斯（Anders Retzius）的瑞典人类学家测算了人类颅骨长度和宽度的比值。这种“头部指数”（“cephalic index”）不久便被用于区分两种类型的头骨：宽型颅骨和长型颅骨，在希腊语中分别为“短头颅”（“brachycephalic”）和“长头颅”（“dolichocephalic”）（举个例子来说，海因里希·希姆莱就属于短头颅类型，这多少有些让他懊恼）。在整个 19 世纪，科学家们都会四处搜寻那种错误测量（*mis*measuring）人类的解剖学。但搜集的数据愈多，结果也就愈不显著。科学失败之处，偏见就会乘虚而入，而观察也会屈从于意见。正是在这种学说的大杂烩中，白种人成了居优势地位的人种。

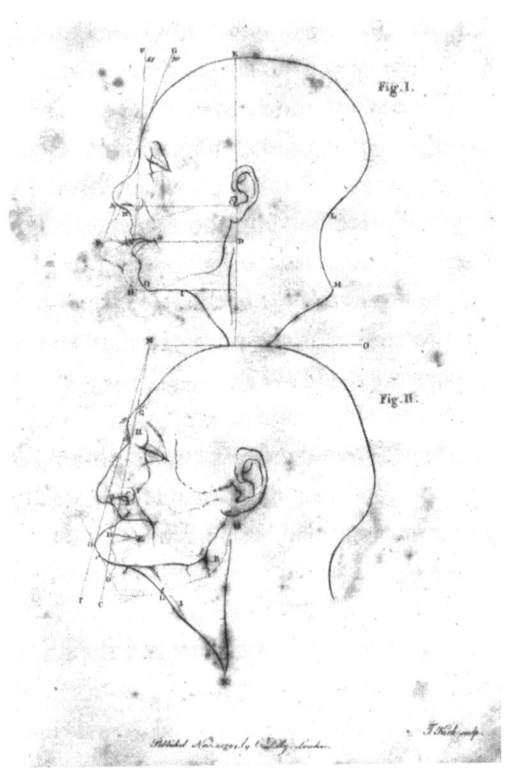

插图 10：根据彼得·坎珀所绘的面部角度。
弗朗西斯·*A.* 康特维医学图书馆，
波士顿医学图书馆，*fNC*760. *C*15.

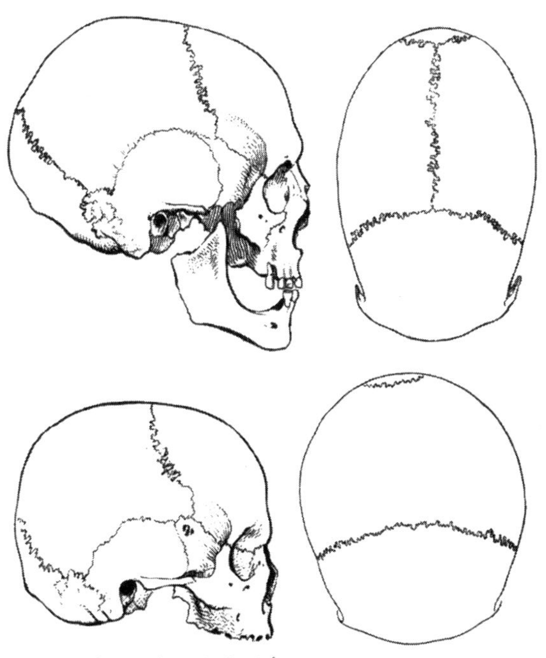

插图 11：君特（Günther）《种族人类学》（*Rassenkunde*）中的头部指数插图。哈佛学院图书馆，威德纳图书馆，*Ger* 330. 435.

约翰·弗里德里希·布鲁门巴赫（Johann Friedrich Blumenbach，1752—1840）是哥廷根大学的一位国际知名的科学家。作为一名医学教授，他以极大的热情致力于他所热衷的解剖学，正是这种热情，使他还是孩童的时候就曾把一些家养动物的骨头藏在了自己家的卧室中（管家却一点都不觉得有趣）。当时有人曾打趣说，这正是“他那著名的颅骨收藏的一个不起眼的开端”[29]。布鲁门巴赫曾发表了关于那264颗头骨的头盖骨测量研究，这为头盖学（craniometry）打下了基础，同样，他的学位论文《原始人种论》（*On the Natural Variety of Mankind*）则是现代人类学的奠基之作。后者帮助确立了高加索人种这一名词，而布鲁门巴赫的同事克里斯托夫·迈纳斯（Christoph Meiners）——如今已经鲜为人知，这也是他的幸运——则把高加索人种引介到种族主义者的话语体系中。博士候选人布鲁门巴赫想知道，究竟是什么“改变了繁衍机制，使得如今产生了较差的和较好的子孙后代，并且无论如何都与其最初的先祖大相径庭?”[30]这种退化被定义为偏离原始种属的现象，起因是气候变化或生活方式的变化，以及“不同种属［例如‘种族’］间的杂交”。德意志祖先并没有与外部族群进行杂交，因此他们能够体现“因没有与任何民族结合而受到影响的那种纯粹的民族面貌”。然而，由于当时气候条件发生了变化，德意志民族出现了混交，而“我们祖先的高大身躯，只用于战斗的勇力，以及他们……凶暴的眼睛”这些特征在布鲁门巴赫同时代人当中鲜为人见就是这种退化的证明。德意志人已经不再是“日耳曼人”（*Germanen*）。这种不绝于耳的怨斥不再是关于文化和道德的败坏，而是生理上以及种族上的根本退化：那种“凶暴的蓝眼睛”已经失去了他们往昔的光辉。

布鲁门巴赫并不是一个种族主义者。作为一个人类同源论者，他笃信人类的统一性；作为一个清醒的科学家，他将种族之间具有不可逾越之界限的论断斥为无稽之谈，并强烈地反对所谓的“黑人”智力具有先天缺陷的说法。然而，在他看来，高加索种族不仅是人类的原始种属，而且也是“最为俊美、最为体面的”的种族。[31]通过提升高加索人审美上的优势，布鲁门巴赫含蓄地表明，退化就是衰退没落与差异的消失。他也因此拾起了自己与克里斯托夫·迈纳斯进行的有关人种的著名争论中拒绝承认的种族主义观念。尽管他们之间存在争议，但敌对的两方却共同将高加索人种确立为最高级的人种类型，并且一同把塔西佗视为确凿的证据来源。

布鲁门巴赫曾经是科尔劳施的老师，后者即使在离开哥廷根后，仍然保留着对人类学和解剖学的兴趣。在柏林时，他不仅参加了费希特的讲座，而且还听了洛塔尔·加尔（Lothar Gall）所讲的颅相学（phrenology）——从头骨的表面特征推断智力的一种理论。许多评论者对这个江湖骗子不屑一顾，但其他人却对他给予严肃的对待，永葆好奇的科尔劳施甚至还获得了一个划有标定各等智力之分界线的头骨。种族主义的陈词滥调在学界内外的小册子和庸俗哲学中四处泛滥："一个民族的血统愈纯粹，也就愈优秀；血统越混杂，也就越低劣"，"体操之父"雅恩即如此宣称。[32]在1814年的夏季，恩斯特·莫里茨·阿恩特（Ernst Moritz Arndt）——另一位意气相投的人——随同雅恩一起拜访了杜塞尔多夫的科尔劳施（他们两人都给后者的《德意志历史》提出了颇多"有启发的建议"）。[33]在科尔劳施的历史课本出现之前，对塔西佗的种族主义解释就已经有了充分的基础。

后来被誉为德意志之父的阿恩特此前曾游历欧洲并遭受屈辱。他的德语名字不受欢迎（"stank"），他于是就伪称自己是一个瑞典人。[34]在拿破仑战争期间的最后几年，他应普鲁士国务大臣施泰因男爵的要求，撰写了一些政治宣传册，以及一些诗歌，以"振奋和增强［德意志］民族的［爱国］情感"。在那些小册子中，阿恩特对塔西佗有关"日耳曼人"体格面貌和纯洁性的章节重述了不下三次。通过勾勒一个种族的历史——其中，一个民族的衰落乃是由异族通婚引起的退化所造成，阿恩特断言，罗马归于湮灭就是因为它的杂交而不再纯粹。然而，

> 德意志人却没有被异族所败坏……相比于其他民族，他们仍然保留着自己原始的纯洁，而且一直在慢慢地发展……幸运的德意志人是一个原始的民族。关于我们的祖先，我们从有史以来最伟大的一个人那里获得了大量的证据，他就是罗马的塔西佗。这位杰出的史学家……清楚地看到了我们祖先的价值所在，并且预见了他们辉煌的未来；而迄今为止的历史并未有违他的所见。然而，在所有的事实中，他最为清晰地看到，德意志民族那种只与他们自己相似的纯粹性，以及他们没有混杂通婚的事实对于德意志民族未来的伟大和尊贵有多么的重要；因为他想到了自己的意大利曾一度成为世界的女王，而今却被咒骂、被遗弃为杂种痞子。[35]

通过在自己那些广为传阅的政治小册子中利用塔西佗那段带有种族色彩的叙述，阿恩特同科尔劳施一样，极其显著地拓展了自己的读者群。通过将衰败与退化联系起来，阿恩特构想了一种种族的历史理论，对此，同样受到布鲁门巴赫影响的法国作家阿瑟·德·戈宾诺（Arthur de Gobineau）将会在数十年后发展出有关这一理论的一种最为悲观的版本。

当亚历西斯·德·托克维尔——《论美国的民主》的作者——

于1848年二月革命之后出任法国的外务部长时，他将戈宾诺招入了自己的部门。托克维尔察觉到了这位高贵、潦倒而又满怀怨愤的年轻人的才华。尽管这个新职务比戈宾诺此前担任过的任何职位都更好地满足了他在生活中的身份感，但他仍旧怨愤难消，当时，他身任驻伯尔尼的法国使馆秘书，遂携妻女一起搬到了瑞士。其实在某种程度上可以说是返回了瑞士，因为他在那里度过了自己的少年时期，当时，他的母亲与自己的家庭教师私奔，他也因这件丑事而被迫在瑞士的一所高中上学。将近二十年后，当他于1849年回到伯尔尼任职时，他并不觉得自己的工作有何棘手之处，只是他的工作环境使他感到颇为沮丧，并且与日俱增，《论人类种族的不平等》的写作也遇到了瓶颈，而其中大部分的内容就是他在驻留瑞士期间所完成的。[36]该著的前两卷出版于1853年，最后两卷在1855年发表，第一版印行了500部，均由作者自己出资。第二次印行是在19世纪末，读者数量几乎没有增加。据说，理查德·瓦格纳（Richard Wagner）在19世纪70年代为了看到这部发行量十分有限的著作，不得不向外乡的一位熟人借取一部抄本来看。这部大部头著作似乎注定要被遗忘。

据《论人类种族的不平等》所言，这个世界居住着“三大特征明显的人种”，他们可以通过肤色来识别，即黑种人、黄种人和白种人。[37]在这些主要的种族之内，还有一些少数族群，比如雅利安人，这是一支“显赫的族系”，同时也是“在白种人之中最为高贵”的种族，其他的种族则随着时间的推移而产生于族间的通婚。最初的三大人种在智力上是不平等的，他们的命运也已注定，“所有人种都不能……避开上帝为其所划定的道路”。德行和才智的禀赋并非出自教育，而是源于天性，白种人“在容貌俊美、聪颖睿智以及孔武强健方面独具优势”。它推动——或者更确切地说，曾经推动了历史的发展。通过将各个文明（他统计了有十个）作为基点来纵观整个历史，戈宾诺发现，白种人中的雅利安—日耳曼种族是人类文明中所有璀璨精华的创造者。“衰朽昏聩的迦勒底人为年轻而富有朝气的波斯人所接替，摇摇欲坠的希腊为刚强坚毅的罗马所征服，而［罗马末帝］奥古斯都路斯（Augustulus）濒临瓦解的统治则被高贵的［日耳曼］君主所取代。”诸民族的盛衰兴替均由他们各自的种族构成所左右；他们因白种血统的注入而臻于繁盛，衰亡湮没则是由于白种血统的凋零杂乱。戈宾诺的同时代人中有人相信，当前的混乱是暂时的，而且很快就会有所好转。然而，这位潦倒的法国贵族却认为，“现代的各个种族想要找回他们失落的青春”是毫无希望的。白种血统在一个日益混杂的世界中正逐渐消失。戈宾诺相信这种注定的厄运，而不是救赎。

《论人类种族的不平等》事实上将人类历史降格为一种种族的附带现象。这种粗略而笼统的自然主义和宿命论理论以雅利安人和“日耳曼人”（*Germanen*）作用之减弱来解释当前文化的消沉。在法国文人学士的沙龙中，雅利安人和“日耳曼人”均是耳熟能详的术语。“雅利安”这一用语在戈宾诺著作发表的半个世纪之前就已出现。早在公元前2000年，这一名称最初指代的是某些游荡于中亚草原的印度-伊朗部落，随着威廉·琼斯爵士（Sir William Jones）[①] 发表了自己关于梵文、古希腊文、拉丁文之间惊人的语言相似性的发现，“雅利安”这一术语就开始崭露头角。“任何语言学家（philologers）在全

---

① 威廉·琼斯爵士（1746—1794）：英国东方学家、语言学家、翻译家。他最早正式提出印欧语假说，揭示梵文、古希腊文、拉丁文等语言之间的同族关系，从而成为历史比较语言学的奠基人。此外，他还是英国首位汉学家。——译注

面考察这三种语言后，都不得不相信它们来源于一种或许已不存在的共同的语言。”[38]“语言学家”以及其他人继续琼斯的工作，不久，“雅利安”这一用语便不仅被用来指示印欧古语（琼斯对这些语言的共同来源并不想做出推测），而且还被用来指示一种古老的雅利安民族。这种语义的模糊性很快便引起了争论。在英国皇家科学研究院（Royal Institution of Great Britain）举办的一个著名的系列讲座上，德裔东方学家弗里德里希·马克斯·缪勒（Friedrich Max Müller）指出，“也许……最好是在纯粹的生理意义上使用‘雅利安’这一名称，并且只限于指代那种金发碧眼的长头型民族，而不论他们所说的是何种语言”[39]。作为一个神话般的种族——而不是一个语言族群，雅利安人被认为已经征服、殖民并同化了整个世界。

然而，他们确实如人们普遍认为的那样是自喜马拉雅山的高处而来的吗？人们提出把欧洲北部擢升为雅利安种族的另一个发源地。为了使恺撒的日耳曼敌人阿里奥维斯图斯（Ariovistus）成为与德意志的荣誉（*Ehre*）相关的一个雅利安名字的承负者，语言学家们考察追溯了这些颇成问题的词源含义。就像雅利安人被认为是最优秀的白种人一样，日耳曼人也成为雅利安人中最为出类拔萃的民族。[40]到19世纪50年代中期时，按照当时戈宾诺的一位德意志追随者的说法，把古代德意志人当作最高贵的雅利安贵族已是不言自明的事实。

除了阴郁的悲观主义，戈宾诺提出的观点——“日耳曼种族被赋予了雅利安人种的所有精华［*toute l'énergie*］”[41]——并没有什么新的见解。他在为自己将“雅利安人”视为最初的文化动力辩护时声称，至少有一些部族以这种方式来指称他们自己。他们不可能再选一个比“雅利安人”更好的名字，“因为它代表着光荣”，他还说，“［他们］

值得敬重和推崇……而且懂得去担负起并没有赋予他们的责任。这种解释不只是严格基于言语，而且正如我们所见，这为他们的行动所证明”。他的想象竟是如此的天马行空！作为一个落寞的贵族，戈宾诺笃信法兰西的贵族是日耳曼入侵者的后裔。他对《日耳曼尼亚志》的内容了若指掌，但对它也不无批评。因为他觉得塔西佗“除了自己书中的英雄所具有的那些值得敬重的野蛮品性外，不想看到任何东西；因此，他捏造了有关他们文明程度的所有描述”。不论这位罗马史家如何声称，“日耳曼人”懂得如何来描写他们自己。戈宾诺还质疑说，他们的房屋怎么会令人生厌地类似于“那位《日耳曼尼亚志》的作者兴致勃勃地用斯多葛式的色调来描绘的那种半地穴式的肮脏住所?”

然而，在戈宾诺所描绘的雅利安-日耳曼形象中，他特别讨论了“原始的日耳曼种族所秉持的才能”，塔西佗对日耳曼人的首领、荣誉感，甚至他们为赌博而冒险为奴的狂热所作的描述，戈宾诺都照单全收。[42]他还援引了塔西佗关于妇女以及她们无可挑剔的贞洁——戈宾诺对此的强调可能是因为他母亲的往事，即使在他断绝一切联系后，他母亲的行为也一直使他感到十分的难堪——享有无上尊荣的叙述。“妇女在一个社会之内的影响［*puissance*］可以作为雅利安要素之持久性的最为可靠的指标之一。”塔西佗笔下的日耳曼诸部族是雅利安血统的承载者，即便不是在文化方面，那至少在道德意义上是如此。

从把日耳曼人界定为特殊的雅利安群体到声称塔西佗证实了日耳曼血统的纯洁性——正如许多种族主义作家对塔西佗那本小书第四节的理解——似乎只有一步之遥。然而，戈宾诺却并非种族主义作家。

相反，他明确地否定了血统纯洁性，并认为这种纯洁性在耶稣基督诞生的时代就已不复存在。在他看来，当前的状况甚至更为糟糕，因为日耳曼的遗产剩下的只不过是一些“残渣琐屑”而已。[43]这似乎还不够明确，在其死后发表的一篇文章中，戈宾诺批驳说：“塔西佗所赞扬的那种血统既不像人们乐意相信的那样繁衍众多，也不像人们认为的那样分布广泛”。这则关于雅利安—日耳曼种族的讣告不时穿插着对德意志现状的哀悼以及对犹太民族的赞美，无疑与后来成为国家社会主义者意识形态的那些说法极不协调。然而，戈宾诺却与当时德国最具争议也最有影响的一位作曲家颇有交流。

当德意志成为一个民族国家时——尽管有些姗姗来迟，为了给自己的音乐剧演出建立一个永久的场馆，理查德·瓦格纳（1813—1883）正推行着自己的计划。19 世纪 60 年代和 70 年代早期，在接连对阵丹麦、奥地利以及法国的三次战争的帮助下，一种更为强烈的统一体意识在以普鲁士为首的联盟中确立起来。1871 年 1 月 18 日，德意志帝国在凡尔赛宫宣告成立，普鲁士国王威廉一世被拥立为第一任德意志皇帝。爱国热潮席卷了新统一的前北德意志联邦以及巴伐利亚、巴登、符腾堡王国和黑森大公国等南德诸邦。瓦格纳在一封书信中认为，政治实体已经实现了统一，现在需要的是德意志灵魂的“振兴”。[44]瓦格纳早年将自己标榜为一名民族主义政治活动家，其音乐、论文以及其他创作中也一直充满了政治色彩。对他来说——就像 18 世纪以来的许多其他人一样，艺术来自人民，它是人民的艺术，代表人民的利益。真正的艺术家只是一种媒介，通过这一媒介，人民的精神——赫尔德已经借助塔西佗的叙述勾勒了这种民族精神（*Volksgeist*）——得到了表达。瓦格纳认为自己就是这样一种热血诗人，他的作品——比如雷鸣般地召唤北欧英雄主义并颂扬日耳曼德行的《尼布龙根的指环》（*Ring of the Nibelung*）——旨在使德意志人民获得新生。而他所需要的只是一个合适的演出场所。

拜罗伊特（Batreuth）在当时是巴伐利亚王国的一个小镇，位于纽伦堡东北部大约50公里处。在新成立的帝国中，拜罗伊特处于中心位置，它吸引了想要影响全德国的音乐家瓦格纳。他选择这个小城来筹建自己的音乐节（第一场音乐节举办于1876年）。在他那豪华的万福里德别墅（Villa Wahnfried）里——这里毗邻小镇的中心景点宫廷花园，他和他的第二任妻子科西玛（Cosima）款待友人以及一些宗教旨趣相投的宾客。他们形成了所谓的拜罗伊特圈子，即一个讨论、解释并详细地阐述这位艺术大师的作品以及文化理念的半宗教性的联谊会——尤其是瓦格纳于1883年去世以后。为了便于圈子内部的讨论，也为了便于向众多遍布欧洲的瓦格纳社团成员传布学说教义，他们创办了《拜罗伊特报》（*Bayreuther Blätter*），该报从1879年一直持续到1937年，每月一期。他们经常讨论的主题是人民（*Volk*）、德意志民族性（*Deutschtum*）、艺术对政治和社会的贡献，以及重获新生的需要：德意志人民的再生首先要通过瓦格纳的艺术，而后——当时的讨论话语愈来愈具有种族倾向——便是优生学。理查德和科西玛将阿瑟·德·戈宾诺及其被遗忘的所有著作引介到这个志同道合者的圈子中，其中二人将会重塑他的雅利安－日耳曼理论，并将之纳入种族主义的（*völkisch*）浪潮之中。

瓦格纳第一次遇到戈宾诺是在1876年年末的罗马，这次会面短暂而无关紧要。然而，他们四年后在威尼斯的第二次会面却使瓦格纳开始阅读戈宾诺的著作，戈宾诺因此两次到万福里德造访瓦格纳。戈宾诺于1882年去世，这阻止了他们进一步的往来，但却并没有阻止他的著作在拜罗伊特的广泛传阅。这位艺术大师把戈宾诺介绍给路德维希·席曼时，还另外嘱咐他说："拯救他！"[45]遵从了这句话的席曼是一个忠厚、谦顺而又老实本分的瓦格纳追随者，他平常在哥廷根做图书管理员的工作。他把他一生的大部分时间都用来宣传戈宾诺，他曾建立一个以戈宾诺来命名的协会，并且翻译了他的著作，此外还撰写了有关戈宾诺的传记、评论以及他自己关于种族的两篇论文——所有这一切都将适时被国家社会主义工人党所认可，并且会被授予歌德艺术和科学奖章。① 然而，通过提炼戈宾诺的反犹主义和宿命论，席曼得出了自己的种族观念。他的第一次翻译仍然忠实于原作，其译文指出——根据其作者对于日耳曼遗产的残碎与消失所秉持的信念——英国是"日耳曼的残留风习保存得最完好"的地方。然而，1940年的德国读者并不了解英国，只知道"那些完好地保存着日耳曼习俗的国家"[46]。同样，在1910年出版的译本戈宾诺文选以及他自己的评论和对批评者的反驳中，席曼重申了这样一个概念，即一个原本纯粹的种族；这种纯粹的特征是"一个民族在其史前时代（*Urzeit*），在一个封闭的区域中……独自生活时"所获得的"一种自然的恩赐"[47]。在塔西佗的叙述中，那些日耳曼部族所处的显然就是这样的境遇，对于日耳曼人的这种模式化的形象，席曼不久便承认说："日耳曼民族和

① 1932年歌德逝世一百周年时由当时的德国总统兴登堡设立，最初的目的是在纪念典礼上授予在艺术和科学领域有杰出贡献的人，后来作为国家奖章保留下来，并一直持续到希特勒时期，但比1937年希特勒设立的"国家艺术和科学奖章"级别要低。——译注

阿拉伯人是一种纯洁的种族……他们把自己的巨大成功和极其长远的影响归功于这种纯洁性，特别是就日耳曼人而言，这种特性自塔西佗时代以来就为人们所强调，直至今天。”对于戈宾诺的宣传者席曼来说，戈宾诺的悲观实在是太过于苦涩。

不同意戈宾诺对雅利安－日耳曼种族状况的宿命论判断的，并非席曼一人。拜罗伊特圈子当中读过并改写过《论人类种族的不平等》的另一位成员建议说：“我们应立即用子弹打穿我们的头颅”[48]。休斯顿·斯图尔特·张伯伦（Houston Stewart Chamberlain）指出，如果戈宾诺关于原始种族血统混杂以及不可避免要走向衰落的说法是正确的，这将是唯一有尊严的解决方式。然而，张伯伦反驳说戈宾诺错了；相反，塔西佗笔下的那个纯粹的“日耳曼人”（*Germanen*）仍有可能在将来再次出现。按照这个种族主义的（*völkisch*）预言家的说法，纯洁的“日耳曼人”可以重获新生。

“希特勒上台之前”的种族运动

> 这种版本的《日耳曼尼亚志》尽管主要是用来教学，……但其目的却是服务于所有……仍然对古代典籍，特别是对这部关于我们民族本性（*Volkstum*）的最有价值的文献留有兴趣的人。
>
> **——爱德华·伍尔夫（Eduard Wolff），**
>
> **塔西佗的《日耳曼尼亚志》，1895**

1871年德意志帝国的成立既让人欢欣鼓舞，但也让人感到了遗憾：终于有了一个德意志国家，但这个国家却让人感觉远远没有囊括整个民族。有太多说德语的人生活在帝国领土之外。许多自发组成的政治社团形成了一个“社会力量的次级体系”，其中，种族主义（*völkisch*）者——大部分为中产阶级和受过高等教育的人——扮演着一种喧闹吵嚷而又通常粗野不堪的角色。[49]他们通过“强调啤酒”（“beer-emphasis”）而鼓噪起来（借用托马斯·曼的措辞），为了那个亦真亦幻的民族目标凝聚于那些民族符号的背后。他们加入了一些重要的组织，比如1891年成立的泛德联盟（Alldeutscher Verband），1912年成立的日耳曼共济会（Germanenorden），以及无数其他的社团、体操协会、射击俱乐部、学生社团和青年组织。当时常用一句俏皮话问道：“三个德意志人意味着什么?”答案是：“一个*Verein*（社团）”。

这个分散、杂乱而不成体系的运动被一个共同的意识理念凝聚起来。在19世纪后期，为了语言的纯正性，德语引进了*völkisch*（种族主义的）这个形容词来取代“National”，该词将*Volk*作为这种意识理念的核心（这个独特的形容词词尾*-isch*有着“过度的”含义，而对于一些作家来说，*völkisch*听起来总是觉得有贬义）。该运动的意识理念是由先前的各种民族主义的努力所构成，并通过诸如《铁锤》（*The Hammer*）和《海姆达尔》（*Heimdall*）（其古斯堪的纳维亚语前缀表示的意思是“家”，其卷首语以如尼文字的形式印行）这样的期刊以及各种小册子和书籍传播。关于德意志人民族本性（*Volkstum*）的一种方案曾在体操之父弗里德里希·路德维希·雅恩的精神中得到具体的说明，即“通过保持［德意志］种族的纯洁，依靠对青年监管、教育体制、语言、文字和法律的影响并通过珍惜德意志的文化和精神”[50]，这种“民族本性”将会得到加强。对于大多数人来说，成为德意志人意味着要再一次成为日耳曼人。

然而，这种浪漫主义化的过去在世纪之交弥漫着一种对现代性的恐惧，这种恐惧表现为对于城市的厌恶、对知识分子的猜忌以及对农民生活的热爱。这种伪科学带着它的亲日耳曼的、反犹的种族主义倾向蓬勃发展。那些 *völkisch*（种族主义）者幻想着，雅利安－日耳曼种族在历史中表现出来的优越性可以在解剖学上同样得到证明。雅利安面貌的德意志人据说是被塔西佗描述为“血统完全纯洁”的那个民族的后裔，为了证明日耳曼人的外貌与才能之间的相关性，他们对自己进行了测量，尤其是他们的颅骨，[51] 人们投注了大量的热情来进行这种研究调查，但却成果阙如。尽管如此，种族的纯洁性仍然成为这种种族主义（*völkisch*）运动的一个重大议题。日耳曼共济会的一份招募传单曾带着乡愁唤起“塔西佗仍然将古德意志人说成是种族纯洁”的那些年代，启示般地警告说，那种“金发碧眼的英雄种族”正在濒临灭绝。[52] 在他们关于“日耳曼人”的启示中，他们呼吁系统“*Wiederhochzüchtung*”（培育过去的那种优良品种）。该组织想要通过仅仅允许北欧男性和女性入会——其入会申请必须说明他们头发、眼睛以及肤色——来开始进行这种“培育”。印在《铁锤》中的那些独身者的广告也是本着同样的精神，其中，一个北欧外貌的男性一般要找有着一样面貌的女性。

对种族纯洁的关注辅之以纯洁德意志文化和语言的努力：“我们的国民（*Volk*）必须保留它的日耳曼特性。”在 1900 年初出版的《泛德意志报》（*Alldeutsche Blätter*）报头上，一位日耳曼武士从容地面对着波涛汹涌的大海；其外貌与性格与克吕沃的《古代德意志》所描

插图 12：《泛德意志报》报头的日耳曼战士。
研究图书馆中心，*MF10155*

绘的祖先形象几乎没有什么不同。*völkisch*（种族主义的）宣传充满了海洋的隐喻——例如，德意志文化“泛滥着”外来元素——其追随者喜欢扮演他们日耳曼祖先的角色。成立于1885年的德语协会提出要“培养德语的真正精神和独特本质……并培养对这种语言之纯正、准确明晰和优美的感受”[53]。（其方案可能是因袭于17世纪那些几乎不关心清除外来词汇的语言协会）以这种纯正性的名义，种族主义的（*völkisch*）这一词汇排除了诸如考古学（*Archäologie*）这样的外来词语，并使用基础科学（*Spatenwissenschaft*）来取而代之。

这种基础科学还被纳进了种族主义的（*völkisch*）努力当中。古斯塔夫·科西纳（Gustaf Kossinna）是当时成果最多也最具创造力的考古学家，同时也是柏林大学的一名教授，他根据自己的调查研究得出结论，认为“日耳曼人”在青铜时代曾经有过一段技术发达、文化精致的时期。他们将文化带到了原始而贫瘠的地中海地区，那里的统治精英一直是北欧种族——这是“第一次”印度-日耳曼人迁徙的一个结果。[54]科西纳觉得对野蛮的责难非常可笑，“日耳曼血统复兴了”罗马帝国，并且文化在德意志继续得到传播。仰慕“日耳曼人”的塔西佗关于他们嗜酒的癖性所作的叙述需要重新审视，因为“一个酗酒的民族不可能一直成为一个英雄的民族，［而且毫无疑问］，‘日耳曼人’就是英雄”。作为几个种族主义组织的成员，科西纳推广了新建立的史前学科领域所产生的成果，该学科——正如他最有影响力的著作《德意志史前史》（*German Prehistory*）的书名中所宣称的那样——应该被视为“一门极其重要的民族学科”。对于曾经牢牢吸引了帝国公众之关注的“日耳曼人”，科西纳的研究贡献卓著，甚至可以说是无处不在。这些成果在不少地方激发了想象力，比如古斯塔夫·弗莱塔克（Gustav Freytag）的历史小说《祖先》（*The Ancestors*），卡尔·西奥多·冯·皮洛蒂（Carl Theodor von Piloty）的《日耳曼胜利中的图斯内尔达》（*Thusnelda at the Triumph of Germanicus*）这样的巨型油画，以及无数关于史前史的演讲、期刊和大众读物。此外，它们还在威廉二世时代最具影响力的一部文本中起到了一种抛砖引玉的作用。

休斯顿·斯图尔特·张伯伦是世纪之交前后拜罗伊特圈子中最为突出的成员，同时也是种族主义运动中的一名知识界领袖。似乎可以肯定，当张伯伦于1855年9月出生在英国的一个富有的名门贵族中时，没有人能够预见到这样一种结果。张伯伦在英国从来没有家的感觉，并且与他的大多数亲人关系一直不太融洽。一俟他的苏格兰母亲去世，他就被送到了凡尔赛，同他的亲戚一起度过他人生中的第一个十年。之后又遵从父亲的意愿，进入了一所英国的寄宿制学校。这是一段可怕的经历。他这个年轻而又自负的英国佬遭遇到了他后来提到过的“拳头规则”；而他在椅子靠着的墙角独自玩耍的习惯似乎并没有对这种状况有所改善。[55]张伯伦即使曾有过任何归属感，也在这期间失去了。由于常常生病，他的兄弟们就给他起了个绰号叫 P. L. O.（小可怜），而他在十四岁时就出现了第一次精神崩溃。随后的崩溃接踵而至，从而使得正常的工作生活不再可能。第一次危机过后，他花了十年游历了欧洲，其间，他首次造访了德国。正是这里，将会给他提供一个家。“我生命中具有决定性意义的变迁就是走向。我将自己附着于德意志的体系之上……而它的中心则屹立着理查德·瓦格纳。”[56]他最终与瓦格纳的小女儿结了婚，并且搬到了拜罗伊特。

弗里德里希·布鲁克曼（Friedrich Bruckmann）是张伯伦在慕尼黑的出版商，他感受到了 19 世纪即将逝去时，公众对于界定评价以及重新定位这个世纪的渴望。他向他的作者询问，他是否会总结一下这个即将结束的世纪。张伯伦十分乐意，并且很快就起草了一份由三部分组成的提纲。第一部分是他的看家本领，即记录从古代到 1800 年的历史中重大的文化进展。接下来他打算通过征引政治、社会、科学、文化以及其他值得一提的成就来环顾 19 世纪的整个世局。最后一部分将会通过对比之前的世纪来评估 19 世纪。然而事实证明，这样的跨度很难完成，张伯伦从来没有写完第一部分，尽管他一直为未完成的部分搜集材料。他所完成的那部分内容将会成为《十九世纪的基础》（*The Foundations of the Nineteenth Century*），他从 1896 年 2 月开始动笔，一直写到 1898 年的秋天，其间，他以一种与这部著作的野心相应的狂热，每天工作 8 个小时。[57]每日早上向上帝祈求指引后，他便花一些时间到自己藏书丰富的图书室中翻阅书卷，以便寻找合适的引用材料（很少考虑它们的语境），然后将之安排在大而无当的论证中，其中充满了自相矛盾和错误。他在写给自己姑姑的一封信中把自己所使用的这种逻辑展露无遗，他在信中说他已经浪费了一次投资的机会，如今正享有其他投资者给予的信任。这部著作增加到了1200页。一位和者寥寥的评论家不无恰当地将之咒骂为“一个酩酊大醉的制皮匠暴饮暴食后打的嗝”，但它在大多数人那里却广受好评。该著于1899年出版，到1944年时已经发行了30多个版本，其中还包括捷克语、英语和法语的全译本，以及匈牙利语、俄语和西班牙语的节译本。在众多的读者当中，皇帝威廉二世对此书的着迷引起了帝国内外那些审慎而清醒的观察家们的忧虑。然而，这并不是一个清醒的时代。

张伯伦预见到了种族纯洁性的历史意义。他解释说，罗马边墙（*limes*）的崩溃是由于“种族和民族的混乱”主宰了帝国。[58]幸运的是，日耳曼诸部族从北方席卷而入，接续了罗马的统治。他们是“希腊人和罗马人的血统和精神的合法继承者”，因为他们同属一个雅利安-日耳曼族系。假如不是这些北方的“蛮族”，印欧种族可能就会惨遭灭绝，因为亚洲和非洲的“奴隶”坐在了罗马的王座之上（张伯伦是在暗示那些来自亚洲和非洲的罗马后期皇帝），而犹太人则利用他们自己的学问来渗透和污染希腊和罗马的文化。来自北方的光（*Ex septentrione lux*）：来自北方的光给罗马的断壁残垣带来了希望。

从罗马的废墟中重生的印欧人就像浴火重生的凤凰。在张伯伦看来，“日耳曼人”是“世界历史的创造者”（而且最终也造就了19世纪的欧洲）：他们建立了国家，并通过他们技术上的发明推动了人类的发展，他们还凭借他们的艺术升华了人类的精神，以致使一个民族的文明水平与它的日耳曼血统的纯正成正比。[59]通过巧妙地运用既有的那种具有神秘色彩的语言，张伯伦直言不讳地声称：日耳曼（*Germane*）

“是我们文化的灵魂”。他十分坦然地承认，当日耳曼诸族走进历史的时候，他们并没有用一个单一的名称来称呼他们自己。他让一个“外来者”看到日耳曼诸部族的多样性中存在的种族一体性，即“繁枝丛生”之下的“强壮树干”，并以一种名字来称呼他们。张伯伦又补充说，塔西佗已经意识到“那些人都具有相同的体格特征”，从这种“正确的经验性基础”出发，他得出了另一个“直觉上正确的洞见”，即“日耳曼各个部族的血统并没有因与外族通婚而受到玷污，他们从远古时代以来就一直是一个独特、纯粹且只与自己相似的民族”。尽管他的“日耳曼人”不仅仅是塔西佗所提到的“日耳曼人”，而且还包括凯尔特人和斯拉夫人，但他仍然决定保留塔西佗的名词来指称他们所有的部族。张伯伦最后阐述了将“日耳曼人”区别于所有其他民族的两种品质，而这些品质自15世纪以来就一直以塔西佗的叙述为基础：“自由和忠诚是日耳曼特质的两个根底，或者说——如果你愿意的话——是引领日耳曼上升的双翼”。

在《十九世纪的基础》中，历史展现为种族之间的冲突。对张伯伦而言，罗马的覆亡意味着真正的历史开端，其他过往的一切都只是序曲。因为日耳曼人和犹太人冲突的戏剧开始了，并且“一直持续到现在，尽管这两个势力——日耳曼人和犹太人——时而友好，时而敌对，但始终是彼此相异的力量”[60]。“生活方式与欧洲所有种族相对立”的犹太人在欧洲是典型的异己元素。张伯伦假定犹太人避免了种族混杂，“这个种族已经树立了他们血统纯洁的指导原则”。他们在保护自己种族的同时，也把他们自己的女儿嫁到了非犹太人的家庭，并且用他们自己的文化来改变印欧文化。这便使得日耳曼人的生活与文化在20世纪即将到来的今天处在了生死存亡的险境之中。

在《十九世纪的基础》第四版的序言里，张伯伦回应了人们的批评，其中有相当一部分人指责他剽窃了戈宾诺的作品。他在《拜罗伊特报》上见到了戈宾诺的作品，但直到1893年左右，他才在科西玛的建议下开始对《论人类种族的不平等》进行细致的研究。尽管他认为剽窃的指控很可笑，但他确实受到了深刻的影响：就像这位法国人一样，他也笃信种族的分殊，种族决定天赋，各个种族是“实实在在的（*eigentlichen*）历史个体”[61]。他和戈宾诺一样都把日耳曼民族捧到了至高无上的地位，他大多数时候都称他们为“日耳曼人”，但也会使用雅利安、印度-日耳曼以及其他一些名称（精准不是他的强项，无论是在语言上还是在思想上）。张伯伦并没有在优秀种族和鄙劣种族间作出区分，而只是建议区分“那些体格上和道德上的日耳曼人和那些并非如此的人”。但与戈宾诺不同的是，他拒绝假设那种无可避免的衰落。尽管《论人类种族的不平等》的作者找到了雅利安-日耳曼种族的起源，但他却哀叹其随时间而逝的衰败和无可避免的灭亡，而《十九世纪的基础》的作者却对未来更为关心：“如果事实证明过去从来没有雅利安种族，我们也会渴望它会在将来出现。对那些实干者来说，这是最基本的立场。”[62]张伯伦笃信进化论，并迷失于植物学和动物学之中——这些领域是他在与自己的德国教师奥托·坤泽（Otto Kunze）学习时就开始热衷的学科，以便说明两个基本的观点。通过借用果树作比较，张伯伦断言，一个高贵的种族是一个循序进化的过程，而这种过程可以开始于任何给定的时刻。为了阐明他的“种族”概念，并证明自己的主张，即这个概念可以被直观地理解，他将狗和马作为自己的设想：谁不能够几乎本能地将纯种马、狗和其余的杂种区分开来？“没有偏见的一瞥会像一缕阳光般照亮真理。”在这样的真理之光中，张伯伦能够看到在塔西佗时代那样纯洁的未来的“日耳曼人”。

张伯伦将历史与种族主义运动中所有重要的意识理念主题糅合了起来：种族主义者、反犹、泛日耳曼。他对《日耳曼尼亚志》的利用也颇为典型。作为“德意志基本著作”当中的第一部作品，塔西佗的文本在种族主义的阅读书目上占有突出地位，它被要求用来证实数世纪以来关于雅利安－日耳曼种族的大多数观点：它的纯洁、容貌，它那所谓的农民的生活方式、习俗以及尤为重要的品性特征（*Gesittung*）。[63]为了“阐明过去，解释现在，揭示未来”，大量的翻译、改编和评论将这本书呈现给了德意志的公众，就像路德维希·维泽（Ludwig Wilser）——一名对种族主义作品情有独钟的医生——在他那流传广泛且经常重印的《日耳曼尼亚志》版本中所说的那样。[64]对普罗米修斯式的战士——他们在“作战武器上的优势正如同他们在精神上的优势”，而他们那种“重新焕发活力并振兴”其他民族的血统同样出类拔萃——满含赞誉之情的张伯伦充分体现了那种使虚构的日耳曼往昔得到接受的热情。这种热情也使得一些人渴望回到一种日耳曼的宗教，然而他们却在宗教隐喻和宗教比较中发现了更为普遍的表达。《日耳曼人的圣经》（*Bible for Germanen*）的编撰者们将他们的作品作为“犹太教和基督教圣经”的一种补充来推荐给他们的读者；其中就包含有《日耳曼尼亚志》，而且被作为首要的“圣经”。[65]

批评这些一厢情愿的观点的人可谓时运不济。爱德华·诺登（Eduard Norden）——当时的哈佛大学校长詹姆斯·科南特（James Conant）称之为“世界上最伟大的拉丁语学者”——曾告诫人们不要把《日耳曼尼亚志》简单地理解为展现了德意志人的过去。在一部作为优秀的拉丁文学论著而赢得瓦拉瑞基金会奖（the Fondazione Vallauri prize)① 的大部头著作中，诺登在希腊和罗马人对埃及人和西徐亚人（Scythians）② 等其他各种民族的描述中发现了许多所谓的日耳曼人的属性特征。塔西佗将这些“游荡的主题”赋予“日耳曼人”似乎是因为，这些主题符合罗马人所认为的那种野蛮民族的状况。诺登的发现让人对《日耳曼尼亚志》的历史真实性产生了怀疑——作者自己也承认，对于那些热心于德意志（史前）历史的人来说，这是一个令人“特别不愉快”的结果。某些疯狂的读者确实不高兴。那些半吊子的种族主义者对这位博学而勤勉的学者横加指责，说他伪造了其中的一些相似之处。爆发的抗议风潮迫使诺登觉得有必要在这部著作的第二版中寻求某种模糊性的处理，将塔西佗的文本仍然当作“首要的史料来源”[66]，以便安抚他的读者。诺登已经意识到，那些自欺欺人的人所秉持的信念并没有被动摇。

诺登的书出版于 1920 年，此时德国正处于战后的焦虑之中。第一次世界大战的毁灭性经历迫使德国人不得不去判断他们是否能够“强大到足以重获新生”，对《凡尔赛条约》的不满导致种族主义运动在新成立的魏玛共和国中死灰复燃。[67]随后的图勒协会（the Thule Society）在遍布全国的日耳曼共济会的支持下于慕尼黑成立。该组织仅仅图谋了五年的政治活动后便归于沉寂；但纳粹在 1933 年掌握政权后不久，该协会的前领导人——见风使舵的泽鲍滕多夫男爵（Baron von Sebottendorff）——就立即发表了那本名为《希特勒上台之前》

① 由都灵科学院设立。

② 具有伊朗血统的一支游牧民族，约公元前 7—前 3 世纪定居于乌克兰大草原，曾与亚述、巴比伦、波斯和马其顿等发生过冲突。如今所知的西徐亚人的历史大多来自希罗多德的记述。——译注

(*Before Hitler Came*) 的著作。该书在序言中声称:"图勒协会的成员是希特勒最初所倚赖的群体"[68]。在该协会和 NSDAP① 之间存在着一些具体的个人联系和纲领性联系——希特勒纳粹党党徽的最终版本似乎就是来自该协会的会标;然而,国家社会主义并不是发源于任何具体的组织,也不是种族主义意识形态本身。

"日耳曼人"(*Germane*)自 19 世纪初以来就在德意志内外享有崇高的地位。其大多数特点和成就在他于几百年前出现时即已为人所熟知,但高贵的纯正血统除外。通过在德意志帝国吸引越来越多的公众注意力,他凭借拯救的许诺稳固地屹立于种族主义意识理念的中心。他曾从塔西佗的著作那里——日耳曼圣经的第一文本——得到了充分的唤启。正如魏玛共和国初期围绕爱德华·诺登所发生的事情所揭示的那样,《日耳曼尼亚志》是神圣不可侵犯的。它在众人之中启发了一个登上国家社会主义机器最高层的人:第三帝国第二号权势人物,党卫军首脑——海因里希·希姆莱。

① 国家社会主义德意志工人党(Nationalsozialistische Deutsche Arbeiterpartei)的缩写词。

8. 一部国家社会主义者的圣经

我们不仅相信塔西佗笔下的那种日耳曼种族的土著性，而且还相信塔西佗赋予该种族本身的所有人类学特征。

——汉斯·瑙曼教授（Professor Hans Naumann），1934

一位外国记者见证了那个“偌大的教堂内令人窒息的沉默”[1]。当慕尼黑和弗莱辛的枢机大主教米歇尔·冯·福尔哈贝尔（Michael von Faulhaber）登上慕尼黑的圣米歇尔教堂发表他的新年致辞时，他不仅得到了听众的高度关注，而且还吸引了众多来自世界各地的记者：新组建的国家社会主义政权也在不安地听着这份致辞。这是1933年12月31日。魏玛共和国已死，但它的掘墓人还未稳握大权，因而，这位枢机主教使他们感到十分不安。圣米歇尔教堂是阿尔卑斯山以北最大的文艺复兴时期建立的教堂，先前的降临节周末证明这座教堂实在太小，没法容纳所有想要参加的人，因此福尔哈贝尔便借助扬声器将自己的讲道转达给另外两座教堂，这两座教堂同样座无虚席。凭借“在《旧约》先知的火热熔炉中铸就”的滔滔辩才，福尔哈贝尔讨论了那些不合时宜的问题。[2] 尽管国家社会主义纲领当中的一项条款（第24条）把《旧约》谴责为破坏“日耳曼种族正直感和道德感”

的罪犯，但他还是提到了《旧约》的价值。而且，他虽然谨慎斟酌着自己的言论，但用帝国保安部（SD）① 的话说，他“本应该”预见到，赞美以色列人民展现了最崇高的宗教价值会使一些人大为恼火，当然，这也会取悦许多其他的人。[3] 朱利乌斯·舒豪夫（Julius Schulhoff）这位德国犹太人就在自己的一封信中表达了他对这位主教的谢意，并希望上帝能够增强主教“不可思议的勇气”。[4] 米歇尔·冯·福尔哈贝尔在新年前夕的第五次讲道上再一次展现了他的勇气；许多星期后，他会更加需要这样的勇气。

这一年最后一天所讲的话题是“基督教和日耳曼民族性”（*Christentum und Germanentum*）。② 这位大主教担心有“一场致力于建立一种北欧宗教或日耳曼宗教的运动”[5]。基督教的价值遭到了人们的质疑。然而，谁还会对基督教之前的日耳曼人的生存作一番审视，并对他们置以怀疑？为了解释他的困惑，这位主教继而将尘封的日耳曼野蛮形象从四百五十年的沉睡中唤醒：不管是有意还是无意，他对野蛮的日耳曼人的描绘同艾尼·西尔维奥·皮科洛米尼在15世纪的重要著作中的描述如出一辙。就像他的这位先辈一样，福尔哈贝尔同样使用了“一种篇幅短小但却极具价值的史料”，并借助该史料来为他的会众描绘出一幅充满多神教、人祭以及“野蛮迷信”的可怕景象。他批评那种负有原始“仇杀义务”的前基督徒战士的生活，并谴责

① 帝国保安部（Sicherheitsdienst）是党卫队属下的一个情报机关，1932年成立，是纳粹党的第一个情报机关，与盖世太保关系密切，与冲锋队相互竞争，主要工作是找出并清除不利于纳粹党的敌人。——译注

② 用“日耳曼民族性”（“Germanicness”）来译“Germanentum”，就像以“德意志民族性”（“Germanness”）来译“Deutschtum”。——译注

他们“众所周知的懒散，嗜酒成性”，纵饮狂欢以及“对赌博的狂热”。可以列举的缺点很多，而且都可以用塔西佗的文本来证明。在福尔哈贝尔看来，那些令人钦佩且正式被提及的品质——忠贞、好客以及婚姻忠诚——几乎没有改善“那些前基督教时代真正的德意志人”没有文明的整体印象。正是基督教才把文明带到了这些异教的穷乡僻壤；更重要的是，许多日耳曼部族——塔西佗列举了十五个——首先并且只有在共同的信仰之下才被整合为一个民族。这位主教挑衅似的总结说，德意志民族应将它的文明和自身的存在归功于基督教。质疑它的优点和价值是毫无根据的。

帝国保安部的一份机密备忘录声称，这五次讲道引起了“巨大的反响”，尤其是其中的新年致辞。[6] 国内外媒体——包括《巴伐利亚州报》(*Bayerische Staatszeitung*)、《纽约时报》、《时报》(*Le Temps*，巴黎)以及《劳工报》(*Il Lavoro*，日内瓦)——都对此进行了报道。而各个年龄和阶层的国家社会主义者则在诸如《日耳曼尼亚》《人民与种族》《先锋》等期刊中驳斥、诋毁并攻击这篇致辞。他们认为这是“一种政治罪行”，而致辞者则是“国家社会主义政权的一个明确而且绝对的敌人”[7]。该政权的首席理论家阿尔弗雷德·罗森伯格(Alfred Rosenberg)对这位主教大加谴责，认为他“严重侮辱了第三帝国中正在进行的自我反思”[8]。他还威胁说，德国人民将不会“默然接受如此的言论”。纳粹对此毫不容忍，他们于1月27日晚间采取了暴力的方式，开枪射击了主教家中的卧室，但无人伤亡。那本辑录讲道辞的书也遭到了他们的焚毁。希特勒青年团的成员“以古代‘日耳曼人’的战斗激情”试图去破坏该书的发行。[9] 就像1933年5月燃起的那场映红贝倍尔广场的焚书焰火一样，他们在一次游行活动中将之纵火焚烧（但无济于事：该书已售出了至少 15 万册，而且还被译成了 11 种语言）。有一幅漫画令人不安地暗示，类似的命运可能会降临到该书的作者身上。尽管一些批评家会偶尔冒险进行理性论争，但总体而言的反应——正如那位大主教的那句苦笑之言——却是“把当代文化的精致繁复说成是一种很不讨人喜欢的东西”[10]。当大主教揭露了那种野蛮人的过去时，野蛮就崭露于现在。

然而，对于国家社会主义者来说，这样的行为是对某种狂妄挑战的有力回应。新年致辞轻蔑地描绘了日耳曼人的过去。因此，它被某些人认为是一纸“战争声明”，径直打到了他们的脸上，在他们看来，1933 年的政权更迭意味着“某种对德意志文化和智识史的认同，而这种认同比以往任何时候都更加看重日耳曼的元素”[11]。日耳曼种族在青铜时代就具有所谓的高等文化，其“永恒的价值”立足于艰苦朴素的农民生活方式之中，而且其神话般地孕育于土地中的那种血统的纯洁性（*Blut und Boden*）也成为国家社会主义者的日耳曼革命不可分割的一部分。[12]新时代许诺要回归古老的时代：那些追随者不会被带到“未知的新海岸”；相反，新近的北欧劲风会把他们带回到“那个最终意义上的家”，回到那个永恒的、无所不在的、乌托邦式的“日耳曼尼亚”（*Germanien*）。[13]在第三帝国，《日耳曼尼亚志》这部罗马的虚构之作成为纳粹德国勾勒现实的一幅蓝图，并启发了政治和法律，而“古老的雅利安农民血液”则被认为流淌于塔西佗的血脉之中。[14]福尔哈贝尔因抨击了这个令人崇敬的过去以及那部神圣的文本而犯下了一项“重”（“cardinal”）罪。纳粹党人坚持认为《日耳曼尼亚志》是一部“每一个有思想的德国人都应该拥有的圣经，因为这本由罗马的爱国者所写的小册子叙述了我们祖先引以为豪的卓越品性”[15]。而种族的纯洁性和那种视死如归的忠诚则是其中最重要的诫命。

日耳曼革命

> 只要一个民族谨记自己的过去以及他们祖先的伟大，这个民族就会幸福地生活在当下和未来。
>
> **——海因里希·希姆莱，1943**

国家社会主义者的政治机器是一个妒忌和猜疑的体制，这一体制由对权力的共同渴望来注入能量，并由看似“柔弱的独裁者”阿道夫·希特勒来维持。[16]它在其领导人和各级厅署、部门和单位之间架构了某种制衡机制，其中许多机构都各自拟定和安排它们自己的任务规划。不过，汉斯·弗兰克（Hans Frank）——一个狂热的纳粹元老，后来被称为残暴的“波兰屠夫”①——在二战结束后却夸大了这种多样性，他作证说，有多少国家社会主义者，就有多少种国家社会主义。[17]即使纳粹的意识形态标准有时会略有损益，但其意识形态的核心——就好比镶有白边的那个熟悉的纳粹党黑色党徽卐——仍然清晰可辨。在希特勒之外，还有一套官方的国家社会主义者世界观：它包括极端的德意志民族主义和种族主义，此外还伴随有反犹主义和一种粗俗的社会达尔文主义。

① 纳粹德国驻波兰占领区总督，二战首要战犯，上任期间大肆屠杀和奴役波兰人，二战后判处绞刑。——译注

“日耳曼革命”作为标题在《我的奋斗》第一卷的一份早期文稿当中出现过。[18]后来的更改则表明了希特勒对日耳曼神话的普遍痴迷的一种矛盾态度。在面对像他的助手海因里希·希姆莱——他将自己的党卫队设想为某种日耳曼时代的先锋队，他期望通过把他的元首视为“伟大的日耳曼帝国领袖”来达到这样一个时代[19]——这样的狂热者时，他有时会提出批评，有时会表现出轻蔑，但大多数时候是与之保持距离。希特勒已经在《我的奋斗》中把自己与那些“狂热倾慕日耳曼英雄主义、朦胧的史前时期、石斧、长矛和盾牌的……学者们”区别开来；而且在多年以后的一次晚宴上，作为元首的希特勒清醒地承认说：“在我们的祖先还在生产石槽和陶罐的时代，希腊人已经在建设雅典卫城”[20]。阿尔弗雷德·罗森伯格听到纳粹党元首说出这样的话会非常不满，这种情绪事实上与福尔哈贝尔说出这些话时所引起的反感没有什么分别。因为这位意识形态理论家将他的元首尊崇为日耳曼统帅赫尔曼和萨克森维杜金德（Widukind）——查理曼的主要对手——的继承者，要为日耳曼民族的自由和繁荣而奋斗。[21]

幸运的是，不论希特勒个人关于须发浓密的野蛮人——优雅精致的希腊人在营造神庙时，这些野蛮人还在用手抓东西吃——持什么样的看法，他的公众形象在很大程度上依然同日耳曼意识形态保持一致。在政治活动中，这位“所有时代最伟大的日耳曼领袖”——正如他从1940年起被冠以的称呼——知道要播放什么样的进行曲，也知道如何去鼓动那种日耳曼激情。[22]在保罗·冯·兴登堡（Paul von Hindengurg）的葬礼上——此时，这位第二任总统连同他曾任职的共和国一起被埋葬于地下，希特勒作为前者事实上的继承者，以祝福他可以安全地进入日耳曼中的圣殿来结束他的悼词，“逝去的将军，如今进入了瓦尔哈拉①（Valhalla）”[23]。同年，在卡尔斯鲁厄（Karlsruhe）②的一次集会上，希特勒公开宣称自己不明白为什么德国人要“因［他们的］祖先而感到尴尬”；毕竟，他说，他们“在罗马建立的一千年前就曾有过一段高等文化时期”[24]。尽管希特勒对希姆莱的神秘激情极为不满，而且还在希姆莱不在场的情况下对党卫军的意识形态大加嘲讽，但两人仍然共同设想着能在未来建立一个“德意志民族的日耳曼国家”，其首都会被定名为日耳曼尼亚。

在希特勒的观念中，国家社会主义将会是“一场人民的运动，而不是一种教派活动”[25]。然而，日耳曼民族性却被这一运动中的一个组织搞得就像是一种宗教崇拜，而且在纳粹活动的最初几年，那部神圣的文本在国家社会主义的文化中无处不在，且极为突出。1936 年的纽伦堡党代会特别推出了一座修饰有塔西佗文本片段的“日耳曼会堂”。每一位入口处的游客都可以看到元首的那个信条：“德意志的青年应该知道：具有男子气概的忠诚坚贞是日耳曼人古老的美德。这个新的国家就奠基于这一美德之上”[26]。这句题词使人想起了塔西佗笔下的日耳曼人的忠诚，而且很有可能在“日耳曼会堂”中有所征引。围绕塔西佗的文本撰写出来的教条文章在那些意识形态刊物中比比皆是，比如《教育书简》（*Educational Letter*）、《黑色军团》（*Black Corps*）、③《国家社会主义教育》（*National Socialist Education*）、《日耳

① 古诺尔斯（Old Norse）（日耳曼语族的一个分支，一般指北欧挪威等地）神话中的诸神住所阿斯加尔德分为十二个领域，其中瓦尔哈拉（英灵殿）是奥丁神的家，也是在尘世阵亡的英雄的住所。——译注

② 德国西南部城市，隶属巴登－符腾堡州。——译注

③ 纳粹党卫队组织报。——译注

曼的遗产》（*Germanic Heritage*）、《人民与种族》（*People and Race*）以及《国家社会主义月刊》（*National Socialist Monthly*）——这些只是这个极权主义政权炮制出的一小部分破烂货。在他们舒服的座椅中，众多籍籍无名的纳粹分子编造了日耳曼人殊死战斗的艰辛与日常的劳碌，每支笔都是一把剑，每一间书房都是一个战场。在一篇论述日耳曼宗族和女性家庭角色的文章里，塔西佗的著作通常被作为佐证，编者还在结尾处附上希特勒颇有影响的一份声明，即声称家庭是“整个国家组织建构中最有价值的单位”[27]。由于认定德国人民的生存将处于危险之中，国家社会主义的教义便明确规定，一名女性的“自然天职以及最重要的使命”是成为“一名妻子、一位母亲以及一位家庭主妇”。[28]那些抚养了一定数量孩子的妇女会获得德国母亲荣誉十字勋章，或者用街头巷尾的话说就是“兔子奖”，[29]宣传将日耳曼的妇女作为女性角色的典范。有一条“诫令”还规定德国少女要据其日耳曼祖先的精神来选择一个合适的丈夫，并拒绝“血统可能并不十分高贵”的追求者。[30]而且，因为即使是一次性行为也被认为足以“永远玷污［一名女性的］血统”，因此塔西佗所描述的那种婚姻的神圣性以及对贞洁的尊崇在关于女性德行的意识形态讨论中就显得极为突出。[31]这位罗马作家要“今天的德国姑娘，即未来的德国母亲懂得少女的纯洁、贞操，［以及］节制”[32]。约瑟夫·戈培尔（Joseph Goebbels）——宣传部长，一位尖酸机敏的演讲大师——在听到或看到“日耳曼”和“北欧”这两个词在书报、广播和电影中令人生厌反复宣传时就会勃然大怒；然而，这场承诺在未来复兴日耳曼的运动有赖于他的巧言善辩。[33]“让开，你们这些上了年纪的”，这场运动警告说。这样的未来属于年轻人。[34]

面对党的关切，许多国家社会主义青年因此受到了“无以复加的追捧和奉承”[35]。然而，在诸如戈培尔这样冷酷精明的纳粹精英看来，他们只不过展现为某种“原材料”，通过教育的“调教过程”，这种原材料能够被整合成一种“协调一致的集合体”，以便为“国家的政治目标所利用和操纵”。[36]教育沦落为宣传。这个将智识才能视作某种缺陷的新政权建立了新式教育机构，比如阿道夫·希特勒学校和骑士团城堡（*Ordensburgen*）；① 它从根本上改变了传统学校，使之与意识形态相一致。希特勒拟定了自己所认为的简单明了的教学重点：新的教育目标将不再是用知识来“填塞”学生，而是要“培养绝对强健的体魄”。[37]体育在学校教学中极为显要，而在希特勒青年团和德意志女青年团中则尤为突出。他们认为，在运动锻炼中可以展现男子气概（*Herrensinn*），而真正的“日耳曼人”一直都热衷于短跑、跳跃、摔跤和游泳，更不用说军事训练了。塔西佗所描述的剑舞——“那些赤裸着的青年在剑丛枪棘之中纵跃舞蹈”——也在无数关于日耳曼运动的讨论中得到人们的呼吁。[38]与此同时，纳粹思想的训练则是又一项重要的教育内容，主要的目标是强化意志和决断的勇气（希特勒在其他较为私密的场合曾透露说，教育是危险的）。诸如鲁道夫·本茨（Rudolf Benze）——中央教育教学研究所所长和国家社会主义主

① “阿道夫·希特勒学校”是培养纳粹干部的初级学校，至纳粹垮台前德国共设有12所。此类学校由希特勒青年团主管，学生从该团少年队内12岁的儿童中选拔，审查的重点是外貌特征，学制六年，教学内容有文化知识和军事训练。“骑士团城堡”是培养纳粹官员的高级学校，全国共设4所，即克罗辛泽城堡、松特霍芬城堡、福格尔桑城堡和马林堡城堡，各有不同的训练重点，其中的学生被称为“容克”，学制六年。——译注

任——这样的纳粹教育家阐述了元首的思想，即愉快地运用自己的智识技能，以便推动一种育人体系，使生产出来的人就像阿诺·布雷克(Arno Breker)① 的雕塑一样：大理石般坚硬、肌肉发达、头脑简单。

教师就像勇敢的战士一样战斗在革命的最前沿。[39]他们被纳入国家社会主义教师协会（NSLB）当中，要在各种会议上接受意识形态的指导，其间要阅读一些诸如《种族史：一名教师需要知道什么?》这样的小册子，以及各种期刊——比如《国家社会主义教育》——里的文章。《国家社会主义教育》是该教师协会的会刊，其前三期刊载了四篇有关日耳曼的文章。“具有重要影响的德意志史前史”可视为一个纲领性的题目，1939 年发表的 11 篇文章都对此进行了讨论(奠定基础后，这一主题就不会太显要了)。第一期的前言说明中提到了那个老生常谈的德意志人民重生的信念，此外，它还提到教育领域中“一个意想不到的层面所发生的根本变化”[40]。如今，根据北欧的品性特征模式来塑造学生的民族主义和种族主义意识成为教育的重中之重。希特勒本人认为，当务之急是使每一个男孩和女孩认识到“血统纯洁的必要和本质”[41]。他们将会了解到历史战场上的雅利安种族如何在文化上脱颖而出。在关于德国史前史的第三次全国会议上，罗森伯格着重强调了历史研究的新热点，即“数世纪以来一直保持不变的品性特征以及血统的永恒性”[42]。那些有意识形态倾向的人都认

---

① 德国著名雕塑家，出生于 1900 年，1992 年去世。少年时曾随法国的罗丹学习过雕塑，并很快成长为欧洲最好的雕塑家之一。布雷克本人并未加入纳粹，但由于其雕塑作品中的人物形象颇符合纳粹鼓吹的“雅利安人种标准”，故而得到了纳粹的赏识，他也因此得名“纳粹的米开朗琪罗”。布雷克在二战期间也曾利用自己与纳粹高官的密切关系，帮助过许多人躲过纳粹的迫害。——译注

为历史应该激发思想，鼓舞精神。历史（history）再次成为历史（History）。少数对缺乏“所谓的”客观性表示忧虑的评论家很明白，“［这个历史是］德国的，［那么它］就是客观的”[43]。甚至《日耳曼尼亚志》客观中立的叙述也是不可取的，而且还被贬斥为“过于历史性的”叙述。[44]在讨论这本著名的小册子时，那些教师着眼于他们的学生所关注的问题，即如何“以他们祖先的生活方式塑造德意志的文化”，这是一个很困难的任务，因为老师们很有可能会由于“当前这个主题所带来的纯粹乐趣”而不知所以。[45]

基于类似的观念取向，《第三帝国青年史册》充满自信地向“亲爱的德意志青年”保证说，它将会激发他们对自己民族及其价值的热情。[46]这部史册很快就越过了全新世（the Holocene）① 那个乏善可陈的阶段——但同时也追溯了基本的种族世系，强调古代祖先的生存空间就在“自己左右”，他们的血液在“你的血脉”中流淌。接下来这本书就开始讨论“两千年前德意志人民”的土地——塔西佗著作中所提到的地区。行政部门的指导方针要求对英雄气概和日耳曼的领袖概念作出详细的阐释。因此，这本《史册》就用塔西佗式的色调描绘出日耳曼的穷山恶水，并说明日耳曼人如何能够在这些恶劣的环境条件下“振作起来［并］展现出吃苦耐劳的品质”。这本《史册》的青年读者是这个坚韧民族的后裔，“需要展现自己的价值所在，永远无所畏惧、意志坚定”。随后，这本书又对日耳曼的首领进行了描绘，论述了那些誓死效忠他们首领的年轻战士。当时的政治课也效仿说：

---

① 最年轻的地质时代，从 11700 年前开始，据传统的地质学观点，这一时代一直持续至今。其名称源自希腊语“ὅλος”（holos，完全的）和“καινός”（kainos，新的），意即“完全新近的”。——译注

“只要那种男子气概的忠诚恒久长存，德意志民族就永远不会灭亡。在第三帝国，元首的周围不是也有一批忠实的追随者吗？……这些德意志的爱国者体现了日耳曼的忠贞和英雄气概，是你们的光辉榜样。”

除了那些坚毅执着的战士，还有技艺娴熟的农民。为了再次严格地执行相关部门的指示，《第三帝国青年史册》紧接着又描述了日耳曼人的农场以及他们全部的先进工具和装备，以便驳斥那种将他们的祖先说成是野蛮人的污蔑。与这种诋毁正好相反，《史册》中的日耳曼人在创新活动中所展现出来的创造力并不亚于他们在战斗中所表现出来的勇气，因为他们是普罗米修式的战士。正如福尔哈贝尔的事情所揭示的那样，对野蛮状态的质疑从来没有失去它的锋芒；为了回应《塔西佗书中的“日耳曼人”是野蛮人吗?》的作者，这本《史册》不仅阐述了日耳曼人的品质素养，而且还试图去消解主教福尔哈贝尔所提出的那些消极卑劣的品性。日耳曼人饮酒的嗜好以及在喜庆场合争论重要问题的习惯——其作者本着德国人文主义者的精神认为——一直持续到了“今天”；如今，小酒馆中有头有脸的市民和农民仍然在为那些重要的问题而争论不休。[47]对于那些知道怎样去理解《日耳曼尼亚志》的人来说，这本书展现了一个“高尚而均质的农民群体”。尽管这本《史册》要对嗜酒如命的癖性（随后便躺在熊皮上酣睡醒酒）进行谴责的决定并非出于真心，但它仍然充分地利用了《日耳曼尼亚志》。它部分通过引用，部分则借助于意译，对此，它有时也会承认，但大多数时候并不说明，当我们认识到血统和土地［*Blut und Boden*］中蕴涵有我们种族生存的营养来源的［时候］，这本《史册》便在此处和别处成为我们的“向导和训诫”。

血统和土地恰恰也是《人民与种族》——语言学教授马丁·施

泰姆勒（Martin Staemmler）撰写的教育小册子——所讨论的主题。这本小册子居心不良，它以那种屈尊纡贵的态度向德意志的青年灌输种族的重要性：“没错，大家都知道，难道你不明白？大家的意思是说：这是一个强悍的家伙！他有成功的资质。因为他身属某一种族。”[48]跑车和纯种犬被用来帮助他们形成某种关于人类种族的清晰概念，为了充分理解这一概念，学生们还被邀请周游了世界。通过图片探访了非洲和亚洲后，他们又来到了瑞典，那里的“人们身材修长、金发碧眼，其俊美的外貌使我们十分欣喜”。通过运用那种种族主义信念，即往昔日耳曼的纯正血统保留在斯堪的纳维亚和冰岛的当代居民中——北欧种族的黄金标本，施泰姆勒又补充说，这些人看起来就像是“我们想象中的那种古老的德意志人”，“古罗马作家塔西佗怀着深切的敬意描写了古代的德意志人……他们是一个近乎纯粹的北欧种族。他对他们的勇气、忠诚以及血统的纯正大加赞赏……他们是天生的战士。当今的德意志人正是得益于他所具有的北欧的种族血统，才使他拥有英雄主义的气质以及作为忠实正直的战士所体现出来的品性”。德意志的青年认识到，他们要把自己的北欧遗产归功于他们过去的岁月；而种族血统的健康与纯正则是他们的迫切所需。

作为一个“除自己而外与其他种人毫不相像”，并以“凶暴的蓝眼睛、金红色的头发以及高大体格”为特点的民族，塔西佗的“日耳曼人”充斥于19世纪人类学家和公开的种族主义者的论著当中。如今，除了对没有提到北欧的长型颅骨感到偶尔的遗憾外，各色纳粹分子都欣然接受了“日耳曼人”的这种形象。他们甚至还将《日耳曼尼亚志》的第四节写到了法律当中。

血统与土地

德意志人血统的纯洁性是德意志民族延续的先决条件。

——《德意志血统与荣耀保护法》，1935

希姆莱在一次种族主义讲话中所提到的那种金发、俊美、目光坚毅的雅利安种族激怒了贝斯特夫人——党卫军一名高级官员的妻子，长着一头黑发，这位夫人打趣说，这似乎是一种相当危险的说法。一旦施行，党就要失去它所有的领导人，包括“元首、希姆莱先生你以及戈培尔博士”[49]。为了使自己的脑袋看起来就像是长型头颅而剃光了两侧头发的希姆莱不为所动。希姆莱反驳说，像他这样的圆头颅能够放得下雅利安人的长头颅大脑，这样的反驳反映了纳粹运动在心智特殊性和外貌特殊性方面的官方信念，然而，这并没能掩盖这个政权的教义与它的领导者外表之间明显的不符。对于这种不一致，当时的一句街言巷语十分贴切地讥讽说，典型的纳粹党员应该像戈林一样苗条，像戈培尔一样健硕，而且还要有希特勒一样的金发。

人种学教授汉斯·弗里德里希·卡尔·君特（Hans Friedrich Carl Günther）因其对党的理论贡献而在1935年的全国党代会——在当时的官方报道中被称为“自由的大会”（1939年的最后一届党代会被称为“和平的大会”，因战争被取消）——上荣获了第一个纳粹科学奖。在赞颂者——没有人可以与当时的首席理论家罗森伯格相比——对君特所写的那些著作大加赞扬时，纽伦堡剧院中那些欢欣鼓舞的观众仍然倾倒于那种精心编排、自我吹捧的阅兵集会。凭借那本特别重要的《德意志民族的种族人类学》，这位获奖科学家奠定了“我们斗争运动和国家社会主义政权立法的精神基础”[50]。这个颁奖仪式过了四天后，《纽伦堡种族法》颁布。其中的《德意志血统与荣耀保护法》巩固了君特的两个中心思想。种族主义者的幻想是希望——国家社会主义的立法者如今已经确定——通过优生而使德意志人再次成为一个“特殊的、纯粹的且只与自己相似”的民族。

“种族君特”——正如他朋友们对他的昵称——在许多领域都只是一个半吊子。他在1914年时获得了自己的博士学位，在他报名参加规定的口试那天，他还自愿报名参军，渴望“在战场上荣耀自己的大学”[51]。然而，身体上的状况却对他的英雄主义抱负构成了一个不可逾越的障碍。就像从来没有打过仗的希姆莱一样，他也会渴望经历自己错过的战争，并幻想着他从来没能证明的男子气概。在发表于1920年的《骑士、死亡和魔鬼：英雄主义的概念》一书中，他抱怨自己时代的那种女人气的堕落文化——一种需要进行手术的溃疡机体，并大肆鼓吹日耳曼战士的英雄主义和男子气概。他发现这些北欧种族的真正代表活跃在塔西佗的书中——他感叹说，这本著作展现了一种“如此崇高的……道德取向，我们对此只能汗颜”[52]。但他坚持著述，并最终受益于此，1930年，魏玛国会第一位纳粹部长威廉·弗里克（Wilhelm Frick）① 任命他为耶拿大学教授，讲授哲学、史前

① 纳粹官员，曾任第三帝国内政部长，奥地利与德国合并的法令即由此人签订并受命执行。弗里克是猖狂的排犹分子，他起草、签署并执行了多项旨在将犹太人排除出德国生活和经济领域的法令。他的活动构成了各项纽伦堡法律的基础。二战结束后被判处绞刑。——译注

史、种族科学以及新兴的社会人类学。最初这一任命遭到了学校教职人员的反对，在他们看来，君特虽受众人追捧，但却无法弥补他在学术资历上的明显缺陷。然而，学者们的抗议是徒劳的。

《骑士、死亡和魔鬼》触动了希姆莱，这本处女作已经包含了君特之后著作中的主要观点，该书表达了他曾“意识到并且一直以来都在思考的”问题。[53]这本书使出版商朱利厄斯·弗里德里希·莱曼（Julius Friedrich Lehmann）十分兴奋，他和君特在阿尔卑斯山漫步期间，花了两天的时间掂量了后者的学识，之后他便委托这位年轻的作者着手自己酝酿已久的一项计划：写一本《德意志民族的种族人类学》。事实证明，他们的合作取得了巨大的成功：这本《种族人类学》到1932年时已卖出了3.2万册，而且后来还发行了删节本《种族人类学精简本》，加起来总共销售了30多万册。君特也因此而成为上述所说的那种受到国家社会主义认可的科学家，莱曼成为“意识形态企业家”，而塔西佗则成为得到广泛阅读的北欧种族报道者。[54]

在君特经常被引用的定义中，“一个种族在人群中体现为体格特征与灵魂特征的特定结合，这种结合不同于其他任何族群，而且延绵不绝、独一无二”[55]。这样的定义附和了塔西佗的说法。君特不仅饱读种族主义著作，而且熟谙古典作品，因而对塔西佗的著作多有引用。通过糅合自己的观点和引文，他写道：“这种遍布于‘日耳曼尼亚’的北欧民族生来就是英雄，他们血统纯洁，除自己而外与其他种族毫无相似之处”。他的种族理论是一种怪异的杂糅，其中有观察、想象以及学术著作的精要概括，位居欧洲其他四类种族之上的正是被塔西佗推崇的这种北欧种族。他认为“雅利安人”是一种过时的说法，而应该代之以法籍俄裔人类学家约瑟夫·丹尼克（Joseph Deniker）所提出的北欧种族的概念（但应该指出的是，国家社会主义者通常会交替使用“日耳曼人”、“北欧人”和“雅利安人”这三种名称）。北欧人在外貌和身姿方面都与其他种族有很大的不同，典型的北欧人伟岸挺拔：他们体格高大、四肢修长、身形精干，而且脑型稍长，脸型偏瘦，白肤金发，目光“凶锐”。他们的心灵如同他们的体格：君特认为，如果一个画家想要生动地描画出那种勇敢高贵、英姿飒爽的男人或女人，那么这种形象必然会类似于北欧种族。其他令人钦佩的种族特质——同样或多或少是塔西佗式的——包括“对真质的渴求、一种骑士的正义感、［政治上］富有远见的领导能力”，以及艺术和科学方面的创造力。[56]这些理想的品性特征（其中大部分已经被雅各布·维姆菲林和他的同时代人宣称为他们祖先的品性）为北欧种族所独具。正是对其独特精神的强调使希姆莱得以声称，最勇敢的波兰军官属于德意志血统，并断言自己的头颅能够容纳一个“雅利安人的大脑”[57]。然而，即便是希姆莱的把戏也没法改变这一事实，即国家社会主义政策将体格外貌设定为一种普遍的标准：在某些情形中，一些人被怀疑为犹太人“是因为他们的外表让人联想到了犹太背景”[58]。

过去如此辉煌，如今却如此凄黯。由于“杂交繁育”，北欧种族在君特焦虑的目光里实际上已经在当代的德意志人中间消失殆尽。要想挽救它就必须“再次北欧化”（*Aufnordung*）。他主张精选北欧男性和女性，并消除那些被认为是“堕落”的社会元素，从而复兴过去的纯洁。他发现塔西佗的“日耳曼人”已经有了这种做法。他们已经采取了各种优生措施，为此，他们会把“那些品质低劣或畸形变态者吊死或者溺死在沼泽里”，在君特所列举的那些人中间有背信弃义者、叛徒、懦夫以及道德败坏者，其中还包括那些具有同性恋倾向的人（尽管很难确定塔西佗或日耳曼人是否在意这样的一群人）。[59]对此，君特解释说，“由于那些人的基因不会被传到下一代”，所以这种惩罚性的做法保证了民族的持续净化。对一个淫妇的严厉惩罚——按塔西佗的说法，她们先要被剃光头发并被剥去衣服，然后穿行全村被鞭打一遍——同样被一种意识形态的棱镜解读为自觉“有义务保持精华宗族之纯洁”的某种另类表达。一个女人不忠会使一个部族遭受到外来元素入侵的危险，为了阐明自己所主张的结论，即异族通婚会导致持续不断的“种族没落”，君特在塔西佗那里找到了一个例子。在他的译述中，巴斯塔奈人（Bastarnae）这个部族“由于杂交繁育而退化成了萨马提亚人（Sarmatians）的样子”。同时引述拉丁文和德文貌似严谨，然而，通过遗漏有所限定的或自相矛盾的事实细节，两种引述都被改动了。“退化”一词原本有拉丁词语 *nonnihil*（意思是“在一定程度上”）作限定，但在君特这里却被抹去，而 *connubium* 的意思本为“近亲通婚”（“intermarriage”），却被君特表达为“杂交繁育”（“cross-breeding”）。关于日耳曼人“生来善战的体格”，他的引述更是随便，其中，“打仗”（“to fight”）前表示“仅仅”之意的拉丁词语被他径直删去，通过这种变戏法式的伎俩，塔西佗那种限定性的、（至少部分）带有贬义的评论就被他变成了另一种值得称道的品质特征。

君特对纳粹意识形态的影响是极其深刻的，尽管随岁月的流逝而有所减弱。他的学说被概括成《国家社会主义理论基础》这样的一些知识手册，并通过简编而被纳入学校的课程当中。在众多的教义宣传册中，海因里希·希姆莱还将其置于极其显要的核心地位，此外，

《我的奋斗》的第二部分也受其影响（希特勒的藏书室中有很多君特的著作）。[60]可能发起了纳粹奖授予的罗森伯格也在他的纽伦堡演讲中提到了这位种族研究专家在法律方面的影响。《德意志血统与荣耀保护法》的通过就是“源于德意志人血统的纯洁性是德意志民族延续的先决条件这一深刻的信念”。这种信念的力量使国会“一致签署了以下的法令……规定禁止犹太人与德国公民或相关血统者通婚”。在君特的解释中，这就如同“日耳曼人”阻止异族通婚以保持种族纯洁的努力一样，国家社会主义者也要通过立法来禁止犹太人与德国人之间的通婚。

基于所谓的日耳曼习俗的国家社会主义立法绝不仅止于此。纳粹党攫取权力后就立即解散了工会，并通过了《全国劳工组织法》，该法将管理者和雇员之间的关系设定为“首领”和“随从”的关系，其中前者代表着共同的利益，后者必须要效忠于前者——就像塔西佗《日耳曼尼亚志》第 14 节和第 15 节所讲述的内容。[61]同样，《纽伦堡种族法》所规定的内容基本上是改编自那位罗马史家从古希腊人的材料里摘取出来并应用到《日耳曼尼亚志》第 4 节中的“日耳曼人”时所塑造出来的那种刻板而并不可靠的民族志形象。因此，意识观念一致的《日耳曼尼亚志》读者就把那些关涉“犹太人问题”的法律视为恢复塔西佗所提到的那种种族纯洁的“最新努力”。[62]然而事实上从未有过这样的事情。

一本得到希姆莱认可的宣传册声称，如果不把血统（种族的代名词）植根于“土地之宝贵与神圣的信念”之中，国家社会主义者对血统的关切将会前功尽弃。[63]当时的人简单地把国家社会主义等同为一种关于“血统与土地”的意识形态，这句短语如此朗朗上口，以至于戈培尔——他的笔在自己的日记本上留下了另一条玩世不恭的污痕——也认为它在1940年时正“甚嚣尘上”。[64]剥去其神秘的文饰，它所强调的不过是城市与乡村之间的对立，并将后者抬升为北欧种族之强健、美德与真实性的所在地。在党的组织机构内，意识形态的宣传推广工作由理查德·瓦尔特·达雷（Richard Walther Darré）负责，此人是农民的热情支持者，他笃信人类育种，好像人们就是一群用来培育北欧民族的汉诺威马。达雷出生于阿根廷，并在德国和英国长大，因而精通四种语言，他很早就决定要从事与农业有关的职业，他觉得这是他的天职。他不仅阅读了很多种族主义的著述，而且还为这类著作贡献了两本自己的著作，即1928年发表的《作为北欧种族生活之源的农耕》以及1930年出版的《血统与土地中诞生的新贵族》，这两本书也使他树立了自己的声望。当他于1930年见到希特勒时，给后者留下了深刻的印象，随后就被派往慕尼黑去帮助建立农业部，并着手开展争取德国农民支持纳粹党的工作。他平步青云，仕途得意，很快就获得了一大堆头衔：粮食与农业部长、帝国农民领袖以及种族与移民办事处主任，其中最后一个部门隶属于党卫军，而且，希姆莱任命的达雷在这一职位上负责维护雅利安种族的纯洁性以及将德国民众（Aufnordung）重新北欧化。他的职责并不止于此：他还负责争取生存空间（lebensraum）（对于这个词语，《韦伯斯特第三国际词典》的定义是“一个国家必要的生存领域”），并且对其进行日耳曼殖民。

国家社会主义者将北欧种族的一些珍贵品性根植于所谓的农民当中，因为乡村自给自足，城市却是寄生性的。这种反城市主义与一种文化悲观主义相关联：现代性已经破坏了农民的生活，而这样的生活是围绕着长年不断的农务料理以及适应季节之变化而建立起来的。人们在这种金色的光芒中看到，农耕所体现的是一种以坚韧刚强、严肃认真和尽职尽责为特点的生活方式，这与孱弱的城市居民的无根状态形成了鲜明的对比。这种学说还认为，日耳曼人的宗族将他们的土地视为一种恩赐，要保留给未来的子孙。一旦子孙中的佼佼者用战功证明了自己，土地就会传承给他。随后他便择取一位同样出色的女性结成夫妻。而其他儿子则往往被迫离开他们以前的家，做一个四处劫掠的武士来维持自己的生存。因此，日耳曼人给外人——比如塔西佗——留下的印象就是一种游牧民族的形象，而不是农民。不幸的是，达雷又补充说，对日耳曼人的这种误解却在大众的观念中久久挥之不去。为了增加德国农业乡村的数量——这是“人民的血液”，同时也是北欧种族的复兴之源，达雷（与希姆莱一起，直到 1938 年）对于如何使德意志血统的农民开垦那些在德国之外的东部地区征服得来的生存空间方面做出了详细的规划。[65]

塔西佗本人笔下的日耳曼农耕的特征至少是颇为矛盾的：最勇敢的战士什么也不做，他们把包括农活在内的日常家务都丢给了家庭中的弱势成员——妇女和老人。君特将这种惰性抬高为英雄式的疏懒，那是一段休养期，在此期间，英雄准备即将到来的战斗。大部分国家社会主义读者就像尤斯图斯·穆泽时代以来的许多前人一样，都喜欢忽略那些关键的段落而一口断定：“据塔西佗所说，［日耳曼人］是一个高贵而均质的农民民族。”[66]达雷进一步阐述说，正是在他们的农田里，“整个民族带着它的根基融入到乡土（*Heimatboden*）之中”[67]。

这里的话以及类似的隐喻促进了日耳曼民族神秘的土著性所带来的这种融合，而这一民族归根到底乃是源于忒斯托这位出生于大地的神祇，他的儿子曼努斯则是日耳曼部族三个先祖的父亲。这位帝国的农民领袖虽然熟悉罗马的那本小书，但他却不愿意接受这个有关日耳曼起源的神话。很多其他的人则正好相反：通过把那本两千年前的文本与国家社会主义政策径直联系起来，《作为一种原始德意志英雄主义之先知的塔西佗〈日耳曼尼亚志〉》的作者马克斯·施劳斯阿雷克（Max Schlossarek）将忒斯托的神话解读为某种证据，它证明了“德意志民族从一开始就从土地中获取自身的力量，因而毫不奇怪，在第三帝国这个新的德意志国家中，身为土地热爱者的农民是这个民族最重要的基础”[68]。20 世纪 30 年代，作为《日耳曼尼亚志》众多翻译者和编校者之一的朱利厄斯·维斯威勒（Julius Weisweiler）加入了施劳斯阿雷克的行列，将国家社会主义的理念嵌入《日耳曼尼亚志》的书名当中：《塔西佗：日耳曼尼亚志——关于日耳曼地区的血统与土地、风俗与习惯》，并在前言当中论述了“塔西佗对于我们祖先根植于古老乡土中的力量与优势之源所具有的认识”。而在汉斯·瑙曼——波恩大学的第一位纳粹校长（1934 年）——提出他那引起广泛关注的“信仰告白”时，他强调了自己对于“日耳曼种族原生性”的信念，正如本章引用的题词所表明的那样。[69]

关于农民生活的优越性，北欧日耳曼种族的至高地位，对“再次北欧化”的迫切需要，以及在未来实现建立在日耳曼美德基础之上的伟大荣耀，没有人会比海因里希·希姆莱笃信得更为狂热。相比于其他纳粹领导，他有过之而无不及，在他还是一个 24 岁的迷惘青年时，他就曾试图去着手践行他在《日耳曼尼亚志》当中所发现的那些内容。

未竟的使命：帝国首领和他的党卫军

"Wenn alle untreu werden, so bleiben wir doch treu" [当人们不再忠诚，我们仍将忠心耿耿]。

——"党卫军忠诚之歌"，马克斯·冯·申肯多夫（Max von Schenkendorf）原作，1814

1924年秋，海因里希·鲁伊特伯德·希姆莱（Heinrich Luitpold Himmler）在颠簸的火车旅途中翻阅着塔西佗的著作，此时，魏玛共和国在古斯塔夫·施特雷泽曼（Gustav Stresemann）——最初任总理，之后为外交部部长——的主持下，刚刚步入了它的黄金时期。在成为党卫军头目以及第三帝国中最有权势也最为暴虐的其中一人之前，希姆莱仍然还有很长的一段路要走。当时，他居住在德国南部的兰茨胡特（Landshut），担任格雷戈尔·施特拉瑟（Gregor Strasser）的私人助理，后者当时是国家社会主义自由运动的领导人，同时也是一个地方议会的议员。希特勒于1923年11月发动的那场名为啤酒馆暴动的未遂政变改变了当时的政治格局。施特拉瑟经常因公务四处奔波，故而让希姆莱在兰茨胡特家中代理事务。这位未来的帝国首领——一个失业的"潦倒泼妇"——全身心地投入到他的新职务中，相比于那点微薄的薪酬，其更大的动力乃是为了实现种族主义的理想。[70]他骑着他的摩托车在各个村庄间往返飞驰。到了晚上，他便在雇主的药店阁楼中休息，他与家人故旧的关系都已十分疏远，因为他们都不赞成他那偏激的政治行为。也只有那个梦想——以过去辉煌的日耳曼为基础，在未来创造一个伟大的德意志——能够给他带来些许的慰藉。

在希姆莱的家中，过去是一个挥之不去的幽灵。他的父亲格布哈特（Gebhard）是一名教授古典语言的老师，他对上层人士的谄媚奉承招致了学生们私下的嘲讽。就像他想成为的贵族一样，老希姆莱也安置了一个先祖祠（*Ahnenzimmer*）。每当他置身这一家族产业当中熬夜研习历史的时候，他的儿子就经常盯着他看——处在自己历史幻想的暮色之中是令他最开心的时候。然而，海因里希这个梦想者同样也是一个书呆子：他坚持写日记，并整理自己的书信，此外还精心编制了一份大约有 270 个标题的书目评注，其中涵盖了他从 1919 年 9 月到 1927 年 2 月间所读的著作。这些自传性的资料贯穿了他大部分的成长岁月，并体现了“一个纳粹分子的成长历程”。在针对犹太人——“食肉的秃鹰”——的那些日益充满敌意的评论中，希姆莱那种坚定的反犹主义脱颖而出。[71]他厌恶颓靡的城市生活，渴望农民那种淳朴简单的生活方式，他在写给朋友的一封信中倾诉说：“我自己就是一个农民，尽管我没有农田”[72]。他满怀热情地阅读有关北欧种族和日耳曼往昔历史的著作。他的这些感触在他对塔西佗的那本小书所作的评论中——在其书目的第 218 条——表现得尤为明显。

希姆莱从朋友那里借来了一本《日耳曼尼亚志》。当他的火车于 1924 年 9 月 24 日离开兰茨胡特时，他已迷失在了“我们祖先的那种崇高、纯洁而尊贵的光辉形象”[73]之中。他在手中攥着的是一本种族主义运动的指导手册，他成长于这场运动之中，而这本书则证实了目前为止他所信奉的学说，因为正是这部著作树立了那些信念。他那沉闷的脸上因罕见的兴奋而满面通红，他在自己的书目列表上写下了自己的誓言：“由此，我们将重现辉煌，至少是我们当中的某些人。”

而十年之后，他的党卫军就代表了这里所说的“某些人”。

1929 年 1 月 6 日，希特勒任命希姆莱为党卫军首领。在他的领导下，这个组织迅速从 270 个组织松散的流氓发展成一个精悍规整的恐怖机器，其规模到 1933 年时发展至 5 万余人。正如官方的宣传所言，他开启了一个新的时代，而且骤然间就掌握了塑造现实的权力。在某种程度上，希姆莱从来没有离开他父亲的先祖祠。他喜欢把自己说成是一个“日耳曼人”（*Germane*），并把自己的党卫军——起初由希特勒建立，以作为他的私人卫队——设想为伟大的日耳曼帝国先锋队。他的权力竞争对手，空军司令赫尔曼·戈林和宣传部长约瑟夫·戈培尔，并不怎么热衷于北欧意识形态，而元首本人也感到有必要去控制那种日耳曼情感，《我的奋斗》当中的标题变化即表明了这一点。在国家社会主义领导层里的那些热衷权力的机会主义者当中，希姆莱是一个真正的信徒，只有与他偶尔为敌的罗森伯格同属一类，但后者得到的不是权力，而是名望。这位泰然自若的党卫军帝国领袖沿着自己的意识形态路径稳步向前：他的党卫军应该成为“下一代创造历史的基础”[74]。党卫军的法西斯制服——由雨果·博斯（Hugo Boss）公司生产，力图呈现精英气质。有志于参加党卫军的人必须是种族纯洁者，并且要誓言忠诚、友谊、荣誉、自由与服从，除了服从，这些品质曾为塔西佗所赞颂，并在雅各布·维姆菲林的《德意志简史》之后为德意志的先辈所有。

希姆莱的组织把选育一个血统纯洁的北欧种族作为其“不可动摇的最终目标”[75]。由于塔西佗所描述的那种“高大体格”是北欧人的一种特征，因此，党卫军的成员就必须要有五尺九寸以上的身高。他

插图13：海因里希·希姆莱（1900—1945）照片，1931—1932。胡佛研究所档案馆

们的北欧血统还应该表现在他们白肤金发的外貌上。统领该特遣队的帝国首领自比为这个民族首要的育种者，他的“任务是通过精心地培育，使现今混杂而腐化的血统重新回复到那种优良的古老类型［强调为作者所加］”。在这种纯洁性的名义下，希姆莱早在1936年时就开始实施“生命之源计划”（“Lebensborn计划”）。这项计划会给那些怀孕的妇女——不论她们各自的背景如何——提供产房和便利服务。她们必须要符合党卫军规定的那种优秀的标准，因为她们的孩子要填充到未来的党卫军行列中。热切希望推动北欧种族培育的希姆莱私下散布说，那些希望怀孕的单身女性可以在完全保密的情况下与合适的男子发生关系。与此类似，后来他又打算将重婚行为定为杰出的党卫军成员以及战斗英雄的一种特殊待遇。[76]（正如塔西佗所说，日耳曼诸部族免除了那些社会地位较高的人在一夫一妻制方面所受的限制：理由在于权力，而不在于欲望）对于那些秉具一定智识才赋的金发碧眼的美女，希姆莱还设想了一个特别的方案：她们应该在一个“女性智慧与文化学院”接受若干门语言的培训，并且要学习社交艺术、论辩与象棋。随后，这些“高贵的女性”（*Hohe Frauen*）就会与党卫军的高级成员结婚，她们将会在国际舞台上作为参事顾问参与国家事务和外交事务。在和持怀疑态度的费利克斯·克斯滕（Felix Kersten）博士——希姆莱的理疗师和亲信——交谈时，希姆莱又补充说，他心目中的理想是——抛开罗马维斯塔贞女不论——圣洁的日耳曼女性。关于这种“神圣的日耳曼女性”，他在另一个场合也曾反反复复地说过，而且通常从具有国家主义色彩的著作中借取那些塔西佗式的论调来作为这一说法的基础和凭据。[77]

玛佳丽特·博登（Margarete Boden）——希姆莱慈母般的妻子，两人生有一个女儿——就曾以自己的金发碧眼吸引了她那位“亲爱的小坏蛋”[78]。海德薇·波特哈斯特（Hedwig Potthast）——希姆莱和其他人都亲切地称他这位长期情妇为“小白兔”——同样是那种北欧式的外貌，只是更为纤瘦。就希姆莱萦绕于怀的那些烦恼来说，这位帝国首领可谓是颇为不幸。他五尺十一寸的身高符合自己为党卫军规定的身高标准，然而，他那黑色的头发、近视的眼睛以及平瘪的胸膛都体现了他那北欧理想的相反例证。但泽-西普鲁士（Danzig-Westpreußen）省总督阿尔伯特·福斯特（Albert Forster）于1943年的一次内部调查期间曾吐露说：“我要是生成希姆莱那样，我都不会提种族这个词”[79]。与此相反，希姆莱不仅鼓吹日耳曼人的外表，而且还宣扬所谓的日耳曼德行，他自己私底下明白，这两方面他很多都不具备。

作为游荡在君特学说中的那种北欧灵魂，希姆莱规定说，这种灵魂激活了他部下的那些北欧身体。他们系着一条皮带，以作为他们哥特式装束的一部分，皮带上的扣环镌刻着“我的荣誉就是忠诚”(*Meine Ehre heißt Treue*)。根据1935年11月9日所颁布的一项法令，党卫军士兵要在18岁时开始踏上自己的职业生涯。在此之前，他们应该是希特勒青年团的成员，在那里，他们会被灌输一些宣传手册，比如《扈从——日耳曼人的战斗单位》。这本特别的摘录集乃是从各个作家那里选录得来，其目的在于“传达日耳曼祖先的生活方式与德行操守所体现出的一种印象”，其中还带有一句塔西佗格言：“始终为一群精挑细选的青年所拱卫，这是最高贵的荣耀，也是最伟大的力量。”[80]

在该手册的结尾处，青年读者们会通过塔西佗那本最危险的书——其中的两段——了解到“扈从的荣誉在于战斗和勇气”，这会以纳粹的行话来呈现，并且居心叵测地与元首崇拜联系起来。这本摘录还提到，一旦日耳曼的年轻人被他的长辈认为“有从军资格”，他就会在庄严的仪式上从长辈那里获得一面盾和一支矛，从此成为“国家”（“body politic”）的一名正式成员。两千年后，少年纳粹在加入党卫军时会象征性地接过一把匕首，从此就成为党卫军的一员。尽管这种成年礼源于中世纪的骑士文化，但希特勒青年团却理所当然地将其视为历史悠久的日耳曼传统。相似之处还不止于此。就像这本摘录对中性的拉丁词语*princeps*所作的翻译一样，日耳曼的祖先的扈从与“地方首领”（“Gaufürst”）那些配备新式武装的随从也没有什么分别

（*Gau* 是纳粹表示行政地区的术语）。不管是在战争时期还是和平时期，只要某个随从在“他的元首”（“Führer”，是对 *princeps* 的现代译法）身边与自己的同侪竞逐到一席荣誉之位，那些被挑选出来的年轻人就要给他提供权力与威望的支持（这又使读者回到了那句题词）。这位日耳曼首领为胜利而战斗的同时，他的随从也要为他而战斗。如果自己的首领战死而自己却生还归来，那么他就要蒙受羞辱。他们坚信自己的心声响彻时空，并因他们的祖先而更加响亮，未来的党卫军士兵在加入党卫军时要作出以下宣誓：“我向您，阿道夫·希特勒，宣誓忠诚与勇气。我发誓服从您和您任命的上级，至死不渝。愿上帝助我。”[81]

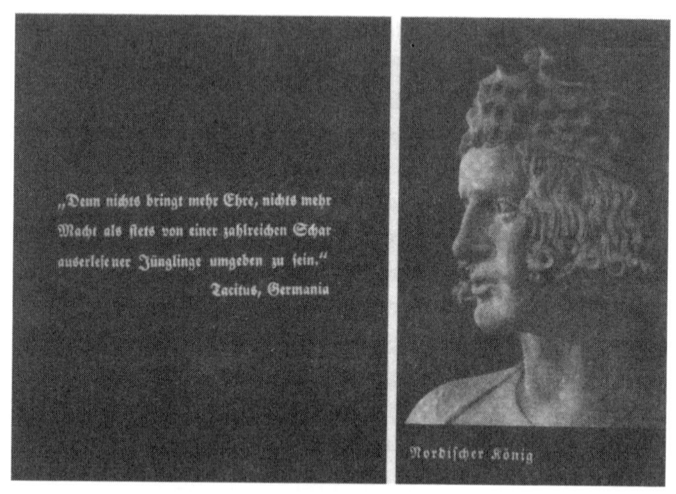

插图 14：一本希特勒青年团手册上的塔西佗格言。
威德纳图书馆，哈佛学院图书馆，*KD*41701

就像他们的日耳曼祖先过去练习身体的灵巧性一样——正如剑舞

和步兵随骑兵奔跑的习惯所展现的那样，“战斗游戏和体格锻炼也会随时确保党卫军秩序内部的筛除与选拔”[82]。党卫军士兵应该努力使自己达到相当的体力和耐力，而且还要维系另外两种日耳曼品质：自由意志以及好战精神。[83]他们每年都要争取一个军功徽章。然而，党卫军帝国首领本人就缺乏强健的体魄。照片上所显示的是一个穿着滑稽的希姆莱，他面色苍白、身形肿胖，身边还围绕着一群身强体壮的人，使他看起来就像是人群中的一个胖乎乎的小矮人。但希姆莱毫不气馁，他在私底下进行锻炼，他的个人助理卡尔·沃尔夫（Karl Wolff）对其监督时更多是对其进行鼓励。在他的体育老师卡尔·哈根米勒（Karl Haggenmüller）嘲弄他的那段记忆的提醒下，他进行了几个月的训练，每天锻炼一个小时。到他终于敢接受测试的时候，手持秒表的是他的下属沃尔夫，希姆莱这个“日耳曼人”也就因此顺利通过了测试。[84]

日耳曼人的自由意志——希姆莱和他的手下在跑道上践行了它——得到了众多国家社会主义作家的高度赞誉。这些作家大多以塔西佗为参考凭据，然而，这与同样由意识形态要求的无条件服从相龃龉。塔西佗本人曾经意识到日耳曼人独立性的弊病：在开会时，战士们总是迟到，有时还会拖上两到三天；他们缺乏维持宗族间和平的必要法规；往往互相争斗而不是同罗马人战斗。恣意放任的独立性造成了族群的分裂。他们会作为雇佣军，使某个敌人得胜而使另一个日耳曼部落失败。早在16世纪时，海因里希·贝倍尔就曾坚信，日耳曼人除了其他被遗弃的日耳曼人外不会屈从于任何人。如今，希姆莱宣称，“唯有我们自己的人［为他人战斗时］才会给我们带来真正的危险”，这是一个不容置疑的种族主义真理。[85]他依然将自由意志确立为一种高尚的道德品质，但却存在着危险的缺陷，他将两千年的德意志历史重新讲述成一条坎坷的“通向服从之路”：它在元首那里发现了自己最终的归宿。希姆莱被这种自相矛盾的浅薄论调冲昏了头脑，他需要那种“源于血统、荣誉以及自由意志”的服从，这是一种“自愿的”服从，“因而更具有约束力”。绝对的自由就在无条件的服从之中：这位老练的空谈者再一次沉迷于自己的学说当中。

希姆莱年轻时曾时常因自己不着边际的信口开河而责备自己。[86]但从政后他依然喋喋不休——如今则是毫无羞愧之色。他在同党卫军中将们的私密讲话中，总是通过反复强调、引经据典，或作亲密的暗示来兜售自己的陈词滥调：荣誉、历史、元首以及战友之谊。他还用轻描淡写的残忍谈到党卫军内部的问题。在一次同样的场合，他（以那种共享信念的亲切感）承认，很不幸，像他们日耳曼祖先那样——将同性恋者和衣投入流沙之中——来处理同性恋者将不再是一种合适的做法。为了取代这种古老的做法（对此，塔西佗与君特都曾论述过），希姆莱打算有组织地清洗那些与同性恋有牵连的党卫军成员。当希特勒于 1941 年下令将党卫军成员和警察中的同性恋者处死的时候，他一定认为自己的看法得到了认可。[87]就像《德意志血统与荣誉保护法》和《全国劳工组织法》一样，国家社会主义立法与那种所谓的日耳曼人的过去相呼应，而这种过去往往出现于对塔西佗著作的过度阐释之中。

当希姆莱获悉《日耳曼尼亚志》在意大利还留存着一份古老的手稿时，他便给党卫军的分支部门德意志研究会（Ahnenerbe）下达了命令，要求调查此事。“Ahnenerbe”的字面含义是“先祖的遗产”。

该词萌芽于种族主义运动，而后在国家社会主义的用语中大量出现，用以唤起传袭下来的种族品质和民族的传统习俗。1935 年，希姆莱、达雷以及赫尔曼·维尔特（Hermann Wirth）——后者对于一些人来说是一位有洞见的史前史学家，但大多数人认为他是一个不辨是非的怪人——以该词为名建立了一个机构。在名称和规模上进行了一番变动后，这一机构被正式更名为“先祖遗产研究和教学会”（Forschungs-und Lehrgemeinschaft das Ahnenerbe），并在 1939 年时并入了党卫军的庞大组织当中。该机构的“智识努力和智识斗争”旨在从遗忘中唤起雅利安－日耳曼的古老成就。该组织旗下聚集的大多数人往往不是纳粹分子，他们对自然科学和人文学科的攻击乃是出于意识形态的驱使。[88]一些江湖骗子与那些备受尊敬的科学家并肩工作，一起出征路途遥远的考察活动，比如去瑞典发掘史前北欧字母的证据；到中东去证实北欧种族在罗马帝国的至尊地位受到犹太人挑战的说法；考察喜马拉雅山，以便证明君特关于雅利安人征服东方的假设。各种发现的结果都发表在该组织的月刊《日耳曼尼亚》（*Germanien*）上；更为全面的研究结果则以专门的系列丛书形式出版。他们的工作格言出自于该研究会的主席：“只要一个民族谨记自己的过去以及他们祖先的伟大，这个民族就会幸福地生活在当下以及未来的时代。”希姆莱这句权威话语同样能在《对塔西佗〈阿古利可拉传〉的古文字学研究》和《〈日耳曼尼亚志〉以及埃希纳斯抄本影印本》中看到。

埃希纳斯抄本是被马可·瓦塔索（Marco Vattasso）重新发现的，当时切萨雷·阿尼巴勒迪（Cesare Annibaldi）也在场，后者是一位牧师，也是一名语言学家，并在杰西的一个文理中学中任教，杰西位于亚得里亚海以西的 15 公里处，是马尔凯区（Marches）埃西诺

（Esino）河畔的一个中世纪的小镇。1901 年 9 月 29 日，他们穿过小镇的费德里克二世广场（Piazza Federico Secondo），走向附近的巴利亚尼宫（Palazzo Balleani），该宅邸的大理石阳台——由四根蒂拉莫内栏杆（telamones）支撑——仍然在当地的巴洛克式白色建筑中居于主导地位。穿过厚重的大理石门框内所嵌设的双翼门后，他们又走过了 18 世纪早期的那些五颜六色的瓷砖，它们已被数代人的靴子磨得晦暗不清。穿过饰金的白色拱顶，他们来到了巴蒂斯奇·巴利亚尼伯爵的私人图书馆。在那里的很多宝贵的藏书中，他们发现了久已被遗忘的一份冗杂的 15 世纪手稿。该手稿包含了三部作品：《克里特的狄克提斯》（*Dictys Cretensis*），[①] 这是一部有关特洛伊战争的编年史，据说是古希腊原文的拉丁语译本；塔西佗的《阿古利可拉传》；另一部作品的文本以红色和黑色墨迹的大写单词开头：DE ORIGINE ET MORIBUS GERMANORUM（见本书导言插图 2）。阿尼巴勒迪发现，前两部作品有几页手稿都是用加洛林小草书体来书写的，这种书体可以追溯到 9 世纪，而其他稿件以及《日耳曼尼亚志》的全部手稿则看起来像是出自于某位人文主义者的手笔。他在公布这个令人震惊的发现时表示——《阿古利可拉传》的加洛林部分曾经属于著名的赫斯菲尔德抄本（Codex Hersfeldensis），这份抄本曾于 1455 年由阿斯科利的艾诺克带到了罗马。当时，艾诺克想利用自己辛辛苦苦的发现赚上一笔，但却遇到了诸多困难，于是他就把这些宝贵的羊皮纸卷分成几份逐本售出。艾诺克于 1457 年去世后，斯岱法诺·瓜尔涅里（Stefano Guarni-

---

① 狄克提斯指该编年史的作者，这部史书于 2 世纪至 3 世纪前后被后人所整理并得到出版发行。成为欧洲中世纪时期反映特洛伊战争的最主要的资料来源。——译注

eri）设法给自己弄来了一部分手稿，补上了遗失的部分，而且还亲手补抄了一份《日耳曼尼亚志》（可能出自赫斯菲尔德抄本）。瓜尔涅里是一名法律学者和外交官，同时也是佩鲁贾的一名高官，他出生在奥西莫（位于杰西以东大约 15 公里处）的一个显赫家庭。他和他的兄弟曾接受过人文主义的教育，并在之后的生活中进行手稿的搜集工作和娴熟的抄录工作，同时成立了一个收藏各类手稿的私人图书馆。这个图书馆一直由瓜尔涅里家族保管，直到该家族的最后一名后裔斯碧琅蒂娅・瓜尔涅里（Sperandia Guarnieri）于 1793 年嫁给盖塔诺・巴利亚尼（Gaetano Balleani）。这对夫妻将自己的家安置在杰西的那座宅邸，这也给妻子的先祖斯岱法诺所留下来那个图书馆提供了安置的场所。百年之后，阿尼巴勒迪正是从这里把那份自己冠名为埃希纳斯抄本的手稿带到了公众的视野当中。

阿尼巴勒迪天启般地发表了这份现存最早的抄本，据说，这份手稿是论述德意志民族的最早作品，它激起了人们对日耳曼的热情，到意大利朝圣的人也接踵而至。然而，那些国家社会主义的领导者对这份手稿不仅仅是想瞧瞧而已（并非因为除了那些训练有素的古文书学家外，这份手稿对于任何人都难以辨读）。1936 年，这是柏林举办奥运会的一年，希特勒亲自向墨索里尼询问这份手稿的情况，后者十分爽快地答应把埃希纳斯抄本交还给“日耳曼人”的后裔。然而，由于墨索里尼改变了自己的主意，所以手稿并未易手。于是，一些纳粹分子就亲自或者派意大利中间人前往巴蒂斯奇・巴利亚尼图书馆。两个来自罗马的匿名人士曾经一度造访过奥西莫的那座宅邸，并代表一些未披露身份的德国人出过钱。“尽管旧报纸包裹着的手稿就存放在那个房间的一张桌子上，但［巴蒂斯奇・巴利亚尼伯爵夫人］说她并不知道有关那份手稿的任何事情，并表示，在丈夫不在的情况下，她不能提供任何有关的信息。”[89]他们来来往往，却一无所获。

鲁道夫·蒂尔（Rudolph Till）就幸运得多。他于1938年2月被任命为德意志研究会的成员，不久以后又成为慕尼黑大学的全职教授（可能是由于希姆莱本人的干预），并主持古典文献和历史研究学院，该学院负责对意大利和希腊中的印度－日耳曼和雅利安元素进行研究。[90]当巴蒂斯奇·巴利亚尼伯爵屈从于意大利教育部长朱塞佩·博塔伊（Giuseppe Bottai）和德国驻罗马的大使、党卫军分队队长汉斯·格奥尔格·麦肯森（Hans Georg von Mackensen）的敦促时，蒂尔在战争爆发之前的几个月中获准对手稿进行研究。当时的抄本已经转移到了罗马，在那儿，中央残本书籍研究所（Instituto di Patologia del Libro）① 对其进行了拍照。1943年，蒂尔和德军（Wehrmacht）发表了附有古文字学研究结果的埃希纳斯抄本影印本，并将其作为德意志研究会系列丛书的第一卷。该书的前言将最深切的感激留给了德意志研究会的主席，因为他提供了“决定性的推动力以及持续的、有针对性的支持”。恐怕没有读者会想到，蒂尔（出于某些未知的原因）其

---

① 机构全称为L'lstituto Centrale di Patologia del Libro，始建于1938年，位于罗马的Via Milano，76。主管单位是当时的法西斯政府文化部。主要研究书籍的残损问题，当然包括修复、保存和展示工作。修复的书籍，有现代书籍，也有古代羊皮纸和纸莎草纸书籍。研究所还建立了一个附属博物馆，展示残本书籍、修复本、书籍史文物，名叫Museo dell'lstituto Centrale di Patologia del Libro Alfonso Gallo。Alfonso是创立者。两个机构现在都还在，分别是意大利最大的残本档案和书籍研究、修复和收藏、展示机构，博物馆亦对游人开放参观，只不过名字有所不同了：L'lstituto Centrale per il Restauro e la Consenazione del Patrimonio Archivistico e Libraio即“中央档案和书籍遗产修复和保存研究所”，博物馆也用这个名字，都直属意大利文化遗产部管理。——译注

实从未想到要感谢希姆莱。然而，德意志研究会出版社与其经理沃夫哈姆·西弗斯（Wolfram Sievers）之间的通信表明，蒂尔曾在自己最初的序言中忽略了希姆莱，但西弗斯坚持认为应该承认这位党卫军帝国首领的功劳，“因为正是由于他，德意志研究会才意识到埃希纳斯抄本的重要性”[91]。

为了获得那份梦寐以求的手稿，希姆莱一直在寻找着一个机会。当墨索里尼于1943年夏天被迫下台的时候，盟军的“爱斯基摩人行动”（Operation Husky）① 已经攻占了西西里岛，并成功开始了对意大利本土的进攻，他在这种混乱中看到了机会。他向福特达摩别墅派出了士兵，他们奉命对那里进行了搜查。然而，他们失败了。这份让人日思夜想的手稿仍然不知所踪，党卫军帝国首领能够拿在手里的也只能是蒂尔的那份复制的本子。

① 二战期间盟军夺取西西里岛的作战计划，于1943年1月的卡萨布兰卡会议上确定，参战将领有英国的蒙哥马利和美国的巴顿，此役迫使意大利退出了战争。——译注

后记　另一种读法，另一本书

对于那些“日耳曼人”的狂热歌颂者——他们力图把［其他民族的］辉煌成就都归功于日耳曼尼亚，我无法隐藏自己的怀疑。

——比亚图斯·雷纳努斯（Beatus Rhenanus），

1532，缩写名

洪水完成了海因里希·希姆莱的党卫军没有完成的任务：它找到了埃希纳斯抄本。第二次世界大战结束后，奥雷利奥·巴蒂斯奇·古列尔米·巴利亚尼伯爵把手稿存放到了佛罗伦萨西西里银行（Banco di Sicilia）的一个保险箱里。当阿尔诺河（Arno）[1] 于1966年11月决堤时，佛罗伦萨的城里涌进了自16世纪50年代以来最为汹涌的洪水，这份手稿与许多艺术品一同遭到了毁损。后来它被带到了罗马附近的格鲁塔菲罗塔圣玛利亚修道院［Santa Maria di Grottaferrata，也被称为圣尼罗修道院（Abbazia di San Nilo）］，那里的僧侣熟练地用吸水纸对手稿进行了处理。修补工作做得很成功，手稿虽有破损，但没有

① 意大利中部河流，流经佛罗伦萨－比萨等城市，注入利古里亚海。——译注

被完全毁坏，它又被运回佛罗伦萨。

尽管有部分的损毁，但这份抄本仍然吸引着人们的目光。对它有收购兴趣的不仅有尤斯图斯·格奥尔格·肖特利乌斯数世纪前曾经工作过的沃尔芬比特尔（Wolfenbüttel）图书馆，而且还有大洋彼岸的哈佛大学古典学教授梅森·哈蒙德（Mason Hammond），后者在写给系主任的一封信中提到了他在 1979 年夏末的一次晚宴上与巴蒂斯奇·巴利亚尼伯爵会面的情形。在交谈过程中，哈蒙德感觉这位伯爵正在考虑变卖他的部分家产，而哈佛大学有可能争取到这份具有历史意义的手稿。然而，这次交易从未实现，最终不了了之，因为哈佛的威德纳图书馆（Widener Library）已经拥有了该手稿的一套照片（这套照片还附带有哈蒙德书信的一份复印件）。然而，这份羊皮纸终究是一种负担：巴蒂斯奇·巴利亚尼家族缺乏妥善保存这份手稿的相应措施，许多有兴趣的学者来看手稿也造成了诸多相应的不便。伯爵去世后，该家族就决定把它遗赠给意大利政府。因此，自 1992 年以来，手稿就一直由位于罗马的国家图书馆保存，① 如今，手稿在馆中被编录为 1631 年维托里奥·埃马努埃莱抄本（the Codex Vittorio Emanuele 1631）。最近，也就是 2009 年的夏天，德国德特莫尔德市（Detmold）② 将手稿借来进行了一次展出，以纪念——如果不是赞颂的话——阿米尼乌斯大胜瓦鲁斯罗马军团两千周年。[1]

西西里银行里的那个保险箱金属般的沉默也许象征着随着 1945 年国家社会主义政权的崩溃而席卷塔西佗著作的那种突然的沉默。在

---

① 意大利有八个国家图书馆，其中最大的是罗马国立中央图书馆和佛罗伦萨国立中央图书馆，此处指前者。——译注

② 德国西部城市，位于条顿堡林山东坡，韦勒河畔。——译注

种族主义和国家社会主义的学术性出版物，特别是非学术性出版物的改编中显耀了数十年后，《日耳曼尼亚志》已经从大众文化中消失，有的话也只是零星出现在一些学术性的刊物中。当古典学家迟疑不决地、试探性地重新走近这部现今仅存的古代民族志专著时，他们不得不从意识形态的瓦砾下恢复它的本来面目，既不把它视为德意志民族价值尊奉的奠基性文献，也不把它当作一部指导人们走向美好未来的道德或种族手册，而是把它作为一个客观的文献学和历史学研究对象。《日耳曼尼亚志》乃是其时代和文化的产物，对于这样的一种理解，古典学家们表现出了越来越多的兴趣：比如关于拉丁语的一般性和塔西佗语言风格的特殊性，这本著作能够展现怎样的内容；流传的文本可能会在哪儿出现错误；关于罗马人对外族人的态度，它是否能够有所揭示；以及作品中的信息与其他的历史学和考古学资料如何相互印证等。这种严肃的、学术性的研究路径自 20 世纪 80 年代以来就得到了蓬勃的发展，它促成了看待《日耳曼尼亚志》的一种新的并且在很大程度上是非意识形态的评价取向（十年间所发表的那三篇透彻而深入的评述就证明了这一点），相比于狂热，它更看重的是审慎。然而，这种路径取向并不是在 1945 年以后骤然出现的。事实上，几乎从赫斯菲尔德抄本在 15 世纪中期被重新发现以来，它就一直与那种意识形态的取向相并存。

比亚图斯·雷纳努斯是鹿特丹伊拉斯谟的一位朋友，他终其一生（1485—1547）都在致力于自己的研究。当时的人们评价他事业上的热忱时总要拿他的名字揶揄一番，说他是 *beatus*（快乐的）比亚图斯（“Beatus”在拉丁语中有“幸福的”意思）——至少他自己是这么自娱自乐的。比亚图斯出生在阿尔萨斯的塞莱斯塔（Schlettstadt），他在古典学方面接受了严格的训练，而且很快就灵活地掌握了拉丁语和希腊语这两种语言，而丰富的历史知识则使他得以在 1519 年夏末编订出塔西佗作品的第一套标准的版本。在 1519 年的早些时候，他就已经出版了单行本的《日耳曼尼亚志》，并附加了一篇简短评论，主题是“日耳曼尼亚居民的古代名称”。这也是德语地区的第一篇相关主题的评论。[2]

尽管他的同时代人研究《日耳曼尼亚志》是因为这本书能够为他们的现状以及未来的美好前景提供说明，但雷纳努斯却只是把它当作一份过去的文献。在人们理解和接受《日耳曼尼亚志》的早期阶段，他就疏离于人文主义者的圈子而自成一家，大多数人文主义者都想通过塔西佗来讲述他们过去的伟大，并让塔西佗在他们自己撰写的那些歌颂性的、示范性的史书中充当首要的见证人。雷纳努斯并非不受爱国热情的影响，只是——尽管有偶尔的过失——他拒绝让自己学术上的严谨屈从于爱国主义的热情。文献学上的严谨和历史学方面的审慎使他侧重于重新审视塔西佗本人所说的话：他写了什么，他要表达的意思是什么。塔西佗写道：“几乎没有人——也许有一两个——戴着金属或者兽皮制的头盔（*cassis aut galeae*）。”在流传着的拉丁文手稿中，这两种头盔的数目是不一样的：第一种头盔是单数的（*cassis*），而后一种则是复数的（*galeae*）。雷纳努斯对这种不同提出了异议。“在［他］看来，这个词肯定是 *galea*，这是毋庸置疑的”，它应该是单数的形式，而错误是由“后面那个以 *e* 为开头的单词”造成的。塔西佗接下来所论述的马匹（*equi*）导致这版《日耳曼尼亚志》抄本的抄写员写了两次字母 *e*［这种字母重复（dittography）是一种常见的抄写错误]。[3]雷纳努斯进行这种校勘的动机非常不同于凯尔提斯，后者的校订是对塔西佗文本的胡乱摆弄，正如我们所看到的那样，他抹去了原文中所提到的那些人祭。

雷纳努斯还将这种严谨的作风扩展到了他对古代历史资料的研究当中。他主张就过去本来的面目来理解过去。“［从古至今］各个王国和民族经历的变化之大，不可想象……我们应该反复地思考以下的问题：你正在阅读的著作是在什么时候写的？由谁写的？主题是什么？对此，［只要］拿最近时代的著作和那些古老时代的著作比较一下就可以明白。”[4]换句话说，塔西佗的《日耳曼尼亚志》不应该用来简单地比附当下。雷纳努斯的劝诫与约翰·伊柏林·冯·金茨伯格的做法形成了鲜明的对比，后者在自己的《日耳曼尼亚志》译文中使用了雷纳努斯的评注。他还怂恿他的读者们要特别地注意，甚至在译文中到处插入“注意”的标注，以便指出它与现时代的相关性。塔西佗写道，古代的德意志人在召集会议时总是很拖沓，这引起了伊柏林的“注意”（*Merke*），因为这种迟缓和他那个时代的三政会（diet）① 情形完全一样。

过去的确是一个不同的国度：尽管雷纳努斯同时代的大多数人所关注的都是他们当今与过去之间的相似性——真实的或者是牵强的，雷纳努斯却专注于它们之间的差异。在他那部出版于 1531 年的三卷本著作《日耳曼记事》（*Res Germanicae*）中，他把这种思想发挥得淋漓尽致。他将古代的“日耳曼尼亚”（*Germania vetus*）与现代德国区

① “diet”一词源自拉丁语“天”（*die*），中世纪至近代早期神圣罗马帝国诸邦的国事会议。——译注

分开来。他还拒斥那种把外族的成就都归功于“日耳曼人”（他当时自豪地补充说，“日耳曼人”的历史并不需要这样的把戏）的做法，本节所引的题词就对此做出了批评。而且最为引人注目的是，他甚至质疑了这样的观点，即一个地区的民众被不加批判地认为是朱利乌斯·恺撒和塔西佗所提到过的一个部族的后裔。“如果有人想把塔西佗……笔下的那些苏维汇人的情况归之于今天的斯瓦比亚人，那他就错了。”[5]雷纳努斯的教训就是，德意志人的现在不能简单地诉求于日耳曼人的过去。

对《日耳曼尼亚志》进行文献学和历史学的解读，雷纳努斯做得如此的令人信服，也如此的出人意表，这种解读路径在数世纪的发展中一直伴随着那种意识形态的解读方式，而且在某种程度上还相互交织。对于那种把“日耳曼人”简单地等同于德意志人的祖先，甚或更为简单地将之等同为德意志人的观点，批评的声音不绝如缕。海因里希·海涅——本书导言当中提到了他那首讽刺性的问答诗——不仅有许多并不知名的同道中人，而且还有克里斯托夫·马丁·维兰德（Christoph Martin Wieland）为伴。① 对于那种简单化的观点，这位魏玛古典主义时期的杰出作家（1733—1813）冷言相向，他认为，鉴于数世纪以来的变迁，“把18世纪的德意志人视为忒斯科的后裔”没有什么“可取之处”。[6]维兰德质疑道，难道有人真的想用赫尔曼的语言来说话，并接受日耳曼部族的那些生活方式？对这种观点提出批评的

① 德国诗人，其诗歌具有鲜明的讽刺格调，代表作有《奥伯龙》《阿加松》，此外还把11部莎士比亚的剧本翻译成了德语散文。——译注

还有那些坚持把《日耳曼尼亚志》当中描述的“日耳曼人”视为原始野蛮人的争论者——比如福尔哈贝尔主教，以及像爱德华·诺登那样对塔西佗描述的真实性提出质疑的人。然而，他们被无数的日耳曼狂热者所淹没，后者把日耳曼人的过去颂扬为德意志未来的许诺，并把《日耳曼尼亚志》当作一部“黄金宝卷”——直到 1945 年。

然而，尽管日耳曼神话及其最重要的一部原始资料在 1945 年以后失去了精神上的感召力，但它并没有失去它的吸引力。1979 年，海因里希·伯尔——德国的诺贝尔文学奖获得者，曾在其著作中批判过纳粹的遗产——在《德国时代周刊》（*Die Zeit*）上发表了一篇关于《日耳曼尼亚志》的文章。他在文中坦言，塔西佗的这部作品以“令人惊讶的及时”打动了他。[7] 他还说，即使它没有打动我，它也依然值得每一个德国人去读，因为“它是有关我们祖先的一部古老的著作——如果不是最古老的话”。伯尔品味着塔西佗笔下的那些日耳曼歌谣，说“它听起来是如此的熟悉，如今，某些真正的日耳曼事物得以保留在一个德意志人共鸣的胸膛之中！”文章其余的部分也都是这样的论调。

伯尔对《日耳曼尼亚志》的理解很快就被当时的一位杰出的古典学家十分恰当地斥为天真幼稚，当然，这种解读是可以理解的；毕竟，它曾有过很长的一段历史。然而，正是这段不祥的历史揭示了这种天真的解读所具有的危险性。塔西佗这位罗马的历史学家最终的目的并不是要写一本最危险的书；只是他的读者使它成为这样的一本书。

译后记

本书原属业师朱孝远教授主编的“经科人文译丛”，于2013年春节前夕承译，同年9月如期交稿，但因故未能如期出版，为使半年辛苦不致白费，最终在经济科学出版社前编辑邓敏老师的帮助下，另寻途径，才最终促成了本书出版。

翻译本书实际源于自己对翻译的热情，其中不仅有爱好，更重要的是深知翻译是从事西学必修的一门功课。本科学习期间，有幸结识著名翻译家杨德友先生，幸承聆教，而毕业前杨老师所赠的译著更成为日后学习的勉励和鞭策。2012年入京求学于朱孝远教授后，朱老师亦经常对我们强调西文翻译的能力，常说西文阅读是一回事，如何用汉语准确地表达出来是另一回事，对此，我常谨记于心。然译事之艰，远非热情可为，哑摸砥砺，实为长久之功。因此十分感谢朱老师给我提供这次机会，作为入学的鼓励与督促，如果没有朱老师的关心与鞭策，初尝译事之艰的我恐怕很难坚持下来。

本书作为一本古典学专著，内容广泛而繁杂，不光涉及多种语言，而且作者语言的表达正如学者詹姆斯·里夫斯所言，“简洁、优雅而富有智慧”，使得很多表述难以拿捏，就本书导言的题目而言，“自负的过去”中，“portentous”既有“自负”之意，也有“不祥”之意，然综观全书，两种意思似乎都有，因为在作者看来，正是德意志自命不凡的历史宣称潜含了一种不祥的预兆。

本书译文由好友焦崇伟统校，在此表示衷心的感谢，同时感谢北京大学历史学系张雄老师、王倩和詹学昭师姐在意大利语方面提供的帮助。此外还要感谢陈曦、跻崭、周君恺等好友在翻译过程中给予的许多帮助和鼓励，在此致以诚挚的谢意！最后还要感谢邓敏编辑、张卜天兄在本书出版过程中给予的帮助与支持。

当然，初涉译事，水平有限，错讹难免，恳请读者不吝批评指正。

2015 年 1 月，北大畅春新园

注 释

导言 自负的过去

1 This episode was first narrated by Simon Schama, *Landscape and Memory* (London: HarperCollins, 1995), 75–81. I have followed him to the extent that I was able to verify details in conversation with Giovanni Baldeschi-Balleani (the count's son), to whom I am deeply grateful for his hospitality and generosity. The manuscript was actually discovered by Marco Vattasso, but Cesare Annibaldi, said priest, was present and subsequently published the first edition of the codex: *L'Agricola e la Germania di Cornelio Tacito; nel ms. latino n. 8 della biblioteca del Conte G-Balleani in Iesi* (Città di Castello: S. Lapi, 1907). Further information and documentation can be found in Francesca Niutta, "Sul codice Esinate di Tacito, ora Vitt. Em. 1631 della Biblioteca Nazionale di Roma," *Quaderni di Storia* 43 (1996): 173–202, esp. 178–79, 189–202; see also the end of chap. 8 with its n. 89. For the quotation, see n. 11.

2 Rudolf Stampfuss, "Der Kampf um den Rhein," *Der Schulungsbrief* 2 (1935): 169.

3 There is a good summary of the issues (with further literature) in J. B. Rives, *Tacitus. Germania* (Oxford: Clarendon Press, 1999), 1–11, 68–71.

4 Jacob Grimm is quoted fully in chap. 7, n. 20.

5 Bundesarchiv Koblenz, NL Himmler, N 1126/9, no. 218. On Campano see chap. 3, section 2, *Indigenous German Warriors*.

6 Richard Geuß, "Deutsche Vorgeschichte und deutsche Schule," *NS Bildungswesen* 1 (1936): 38.

7 Friedrich Nietzsche, *Jenseits von Gut und Böse* (Leipzig: C. G. Naumann, 1886), 201. For the issues discussed here see J. J. Sheehan, "What is German History? Reflections on the Role of the Nation in German History and Historiography," *Journal of Modern History* 53 (1981): 2–23, and Richard Löwenthal, "Geschichtszerrissenheit und Geschichtsbewußtsein in Deutschland," in *Sozialismus und aktive Demokratie: Essays zu ihren Voraussetzungen in Deutschland* (Frankfurt am Main: S. Fischer, 1974), 155–76.

8 I am using Benedict Anderson's title (*Imagined Communities: Reflections on

the Origin and Spread of Nationalism, rev. ed. [London: Verso, 2006]), but this imagined community is different from his. I have suggested elsewhere (in A. J. Woodman, ed., *The Cambridge Companion to Tacitus* [Cambridge: Cambridge University Press, 2009], 280–89) that many of his observations already applied to the community of German humanists.

9 E. M. Arndt, "Geist der Zeit," orig. 1809, in *Deutsche Volkwerdung, Sein politisches Vermächtnis an die deutsche Gegenwart: Kernstellen aus seinen Schriften und Briefen*, ed. Carl Petersen and P. H. Ruth (Breslau: F. Hirt, 1940), 62.

10 Heinrich Heine, "Ludwig Börne. Eine Denkschrift," orig. 1840, in *Werke und Briefe*, ed. Hans Kaufmann (Berlin: Aufbau-Verlag, 1961–64), vol. 6, 171. For the Germanic myth and its development see the seminal study by Klaus von See, *Deutsche Germanen-Ideologie: Vom Humanismus bis zur Gegenwart* (Frankfurt am Main: Athenäum Verlag, 1970). The constitutive role of the past is a feature of nationalism in general rather than German nationalism in particular; see, e.g., David McCrone, *Understanding Scotland: The Sociology of a Stateless Nation* (London: Routledge, 1992), esp. 6.

11 Arnaldo Momigliano, *Studies in Historiography* (New York: Harper & Row, 1966), 112–13. For the following comparison to the Bible see chap. 8, n. 15.

12 Karl Gabler, "Sind die Germanen bei Tacitus Barbaren?" *Nationalsozialistisches Bildungswesen* 1 (1936), 41.

13 See Richard Dawkins, "Viruses of the Mind," *Free Inquiry* 13 (1993): 34–41.

14 Maximilian Schlossarek, *Die Taciteische 'Germania' als Künderin eines urdeutschen Heroismus* (Breslau [Wrocław]: Frankes Verlag, 1935), 18–19. On reception studies see Charles Martindale, "Introduction: Thinking through Reception," in *Classics and the Uses of Reception*, ed. Charles Martindale and R. F. Thomas (Malden, MA: Blackwell, 2006), 1–13.

15 The last quotation is from Eugen Fehrle, *Germania*, 4th ed. (Munich: J. F. Lehmanns, 1944), xv. Methodologically I am following Quentin Skinner, "Meaning and Understanding in the History of Ideas," reprinted in *Meaning and Context: Quentin Skinner and His Critics*, ed. James Tully (Princeton: Princeton University Press, 1988), 29–67. On *Begriffsgeschichte* as different from intellectual history, see Melvin Richter, *The History of Political and Social Concepts: A Critical Introduction* (Oxford: Oxford University Press, 1995). "Nazification of the past": Ernst Bloch, *Politische Messungen* (Frankfurt am Main: Suhrkamp, 1977), 300. For a first impression of the huge influence of the *Germania* on British writers see Jane Rendall, "Tacitus Engendered: 'Gothic Feminism' and British Histories, c. 1750–1800," in *Imagining Nations*, ed. Geoffrey Cubitt (Manchester: Manchester University Press, 1998), 57–74. For French writers see esp. Catherine Volpilhac-Auger, *Tacite en France de Montesquieu à Chateaubriand* (Oxford: Voltaire Foundation at the Taylor Institution, 1993), 291–402.

1 Pliny the Younger, *Panegyricus* 48.3. Domitian's predilection for killing flies is attested in Suetonius, *Domitian* 3.1. Translations from the Latin (usually as given by the respective *Oxford Classical Text*) are my own unless specified otherwise.
2 Tacitus, *Agricola* 3.2. My description in this paragraph is based on the *Agricola* (esp. 1–3 and 43–46). Other evidence seems to cast Domitian's reign in a significantly better light.
3 Tacitus, *Germania* 1.1. This order of Tacitus's minor works has recently been contested.
4 For the famous (and not unanimously accepted) reconstruction see Geza Alföldy, "Bricht der Schweigsame sein Schweigen? Eine Grabinschrift aus Rom," *Mitteilungen des Deutschen Archäologischen Instituts, Römische Abteilung* 102 (1995): 251–68. On Tacitus's *praenomen* see R. P. Oliver, "The Praenomen of Tacitus," *American Journal of Philology* 98 (1977): 64–70. A convenient summary of known facts about Tacitus's life can be found in A. R. Birley, "The Life and Death of Cornelius Tacitus," *Historia* 49 (2000): 230–47. On Tacitus's life and work there is the monumental (and somewhat problematic) work by Ronald Syme, *Tacitus* (Oxford: Clarendon Press, 1997 [orig. 1958]). Shorter, less controversial, and more accessible is R. H. Martin, *Tacitus and the Writing of History* (Berkeley: University of California Press, 1981).
5 Pliny the Elder, *Natural History* 3.31.
6 Tacitus, *Annals* 16.5.1, which I have slightly modified.
7 Seneca, *Apocolocyntosis* 4.
8 Tacitus, *Annals* 14.1.1.
9 Ibid., 15.38.1.
10 Suetonius, *Nero* 39.2 (modified) and 31.2 (for Nero's comment).
11 Ibid., 37.1.
12 Tacitus, *Dialogue* 17.3; the following quotation: *Histories* 1.50.2.
13 Tacitus, *Histories* 1.50.3.
14 Ibid., 1.4.2.
15 Suetonius, *Nero* 23.2.
16 Tacitus, *Agricola* 7.2.
17 Tacitus, *Dialogue* 36.8.
18 Pliny the Younger, *Letters* 2.1.6 and 2.11.17.
19 Suetonius, *Titus* 10.
20 Suetonius, *Domitianus* 3.1.
21 Tacitus, *Agricola* 39.1.
22 Adapted from Tacitus, *Histories* 1.2.1.
23 Juvenal, *Satire* 4.38, and Suetonius, *Domitian* 13.2.
24 Tacitus, *Annals* 11.11.

25 Tacitus, *Agricola* 45.1.
26 Lucilius, *Carminum Reliquiae*, ll. 1337–38 (Marx).
27 Tacitus, *Agricola* 1.4; the following quotation: 42.4.
28 Tacitus, *Histories* 1.1.4.
29 Ibid., 4.42.6.
30 Tacitus, *Agricola* 3.1. For the following see Edward Gibbon, *The History of the Decline and Fall of the Roman Empire* (New York: Heritage Press, 1946 [orig. 1776]), 1.
31 Martial, *Epigrams* 10.7.8–9.
32 Virgil, *Aeneid* 6.853.
33 Tacitus, *Germania* 33.2. The expression *urgentibus fatis*, which occurs in the immediate context, is one of the most discussed in Tacitean scholarship; see Rives (introduction, n. 3), 258–60. I have discussed the politics of the Roman debate about the Germanic north in C. B. Krebs, "*Borealism*: Caesar, Seneca, Tacitus, and the Roman Discourse about the Germanic North," in *Cultural Identity and the Peoples of the Ancient Mediterranean*, ed. E. S. Gruen (Los Angeles: Getty Research Institute Publications, 2010), 212–31.
34 Tacitus, *Germania* 2.1; the following quotations: 5.1, 2.2.
35 The Codex Aesinas offers *Tuisconem* where most other manuscripts have *Tuistonem*.
36 Tacitus, *Germania* 6.2; the following quotations: 5.2, 19.1, 19.3. On German humanism see chap. 4.
37 Tacitus, *Germania* 19.1; the following quotations: 22.3, 9.3, 14.1. On Himmler's SS see chap. 8.
38 Tacitus, *Germania* 14.2; the following quotations (with the exception of Campano, for whom see chap. 3): 13.1, 37.3 (heavily modified).
39 Tacitus, *Germania* 15.1. The views on the *Germania* presented here are fully developed in C. B. Krebs, *Negotiatio Germaniae: Tacitus'* Germania *und Enea Silvio Piccolomini, Giannantonio Campano, Conrad Celtis und Heinrich Bebel* (Göttingen: Vandenhoeck & Ruprecht, 2005), 81–110.
40 Tacitus, *Germania* 4. Karl Trüdinger, *Studien zur Geschichte der griechisch-römischen Ethnographie* (Basel: E. Birkhäuser, 1918). Eduard Norden, *Die Germanische Urgeschichte in Tacitus'* Germania (Leipzig: B. G. Teubner, 1920). For Norden see also chap. 7.
41 Many modern readers disagree. For a discussion of this issue see Krebs (n. 33).
42 The tenth book of the curator's epistles provides singularly illuminating insights into the administration of the Roman Empire and the attitude of an emperor who did not wish to be respected on the grounds of "either fears or anxieties, or charges of treason." For his treatment of Christians see Pliny the Younger, *Letters* 10.96 and 10.97, along with the comments in A. N. Sherwin-White, *The Letters of Pliny: A Historical and Social Commentary* (Oxford: Clarendon Press, 1966), 690–712.

43 Pliny the Younger, *Letters* 10.1.1.
44 Eutropius, *Abridgment of Roman History* 8.5.
45 Tacitus, *Histories* 1.2.1; the following quotations: 1.5.2, 1.49.4, 1.3.2. As for the number of books, all we know is that *Histories* and *Annals* amounted to a total of thirty. For a discussion see Syme (n. 4), 686–87 (Appendix 35, "The Total of Books").
46 Tacitus, *Histories* 1.4.1; the following quotations: *Agricola* 3.1; *Annals* 6.8.4, 15.37.4. For the *Annals* I have often made use of A. J. Woodman's excellent translation (Indianapolis: Hackett, 2004), which gives the reader a thorough impression of Tacitus's style.
47 Tacitus, *Annals* 6.27.1; the following quotation: 1.6.3.
48 *The Works of John Milton*, ed. F. A. Patterson, trans. Samuel Lee Wolff, vol. 7 (New York: Columbia University Press, 1932), 317–18.
49 Tacitus, *Annals* 1.5.1 (my emphasis); the following quotations: 3.3.1, 15.37–38.
50 Syme (n. 4), 624.
51 Tacitus, *Annals* 2.66.1; and the following quotation: 14.1.1.
52 Tacitus, *Annals* 3.76.2. See also *Oxford English Dictionary*, 2nd ed., s.v. "conspicuous."

2. 幸存与拯救

1 Poggio Bracciolini, *Epistolae*, ed. Tommaso Tonelli, 3 vols. (Florence: Marchini, 1832–61), 2.34 (abbrev.).
2 Pliny the Younger, *Letters* 7.20.1. I assume that in writing and releasing the *Germania* Tacitus followed common practice, as outlined in R. J. Starr, "The Circulation of Literary Texts in the Roman World," *Classical Quarterly* 37 (1987): 213–23. Pliny the Elder (*Natural History* 13.74–82) gives a detailed account of the ancient production of a papyrus roll.
3 Pliny the Younger, *Letters* 1.2.6. See also Peter White, "Bookshops in the Literary Culture of Rome," in *Ancient Literacies: The Culture of Reading in Greece and Rome*, ed. W. A. Johnson and Holt N. Parker (Oxford: Oxford University Press, 2009), 268–87. Tacitean echoes are listed by Gerhard Perl, *Tacitus: Germania, Lateinisch und Deutsch* (Berlin: Akademie Verlag, 1990), 50.
4 Pliny the Younger, *Letters* 7.33.1.
5 *Historia Augusta*, Tacitus 10.3. On the false lineage see Edmund Groag and Arthur Stein, *Prosopographia Imperii Romani*, pars II (Berlin: Walter de Gruyter, 1936), 251, no. 1036. For the transmission of classical texts see L. D. Reynolds, "Introduction," in *Texts and Transmission: A Survey of the Latin Classics*, ed. L. D. Reynolds and N. G. Wilson (Oxford: Clarendon Press, 1983), xiii–xliii.
6 Here I am relying on probabilities rather than facts.
7 "*Admonitio Generalis*," in *Monumenta Germaniae Historica, Capitularia*

regum Francorum, ed. Alfred Boretius (Hannover: Impensis Bibliopolii Hahniani, 1883), vol. 1, 52–62, 60. For an overview of the linguistic complexity see Rosamond McKitterick, *Charlemagne: The Formation of a European Identity* (Cambridge: Cambridge University Press, 2009), 315–20.

8 "*De litteris colendis*," in *Monumenta Germaniae Historica* (n. 7), 78–80, 79. Michel Banniard, "Language and Communication in Carolingian Europe," in *New Cambridge Medieval History, Vol. II*, ed. Rosamond McKitterick (Cambridge: Cambridge University Press, 1995), 695–708. Generally on "Die geistige Erneuerung unter Karl dem Großen" see Franz Brunhölzl, *Geschichte der lateinischen Literatur des Mittelalters*, 2 vols. (Munich: Fink, 1975–92), vol. 1, 243–315.

9 On Rudolf, see Brunhölzl (n. 8), vol. 1, 343–45.

10 Bruno Krusch, ed., "Translatio sancti Alexandri," *Nachrichten von der Gesellschaft der Wissenschaften zu Göttingen*, Phil.-Hist. Kl. 4 (1933): 405–37.

11 See Hannes Kästner, "Der großmächtige Riese und Recke Theuton," *Zeitschrift für Deutsche Philologie* 110 (1991): 68–97.

12 Poggio (n. 1), *Letters* 1.5. A great deal has been written about the rediscovery of the *opera minora* (see Perl [n. 3], 56–60, and the literature cited there), but no single account seems to present all the evidence.

13 Poggio (n. 1), *Letters* 1.21. The most comprehensive biography of Poggio is still Ernst Walser, *Poggius Florentinus. Leben und Werke* (reprint, Hildesheim: G. Olms, 1974 [orig. 1914]).

14 *Sub specie antiquitatis* is the happy phrase by which Gerald Strauss, *Historian in an Age of Crisis: The Life and Work of Johannes Aventinus* (Cambridge: Harvard University Press, 1963), 14, captures this sentiment.

15 Giannantonio Campano is quoted from the appendix in Di Bernardo (chap. 3, n. 20), 414. For humanism see Nicholas Mann, "The Origins of Humanism," in *The Cambridge Companion to Renaissance Humanism*, ed. J. Kraye (Cambridge: Cambridge University Press, 1996), 1–19.

16 Poggio's letter to Franciscus Piccolpassus is quoted from the translation by P. W. G. Gordan, *Two Renaissance Book Hunters* (New York: Columbia University Press, 1974), 205.

17 Leonardo Bruni (Florence, September 15, 1416) is quoted from Gordan (n. 16), 191.

18 Poggio, as in n. 1.

19 Heinrich was identified by Ludwig Pralle, *Die Wiederentdeckung des Tacitus: Ein Beitrag zur Geistesgeschichte Fuldas und zur Biographie des jungen Cusanus* (Fulda: Verlag Parzeller, 1952), 15–62.

20 The letter can be found in Remigio Sabbadini, *Storia e critica di testi latini* (reprint, Hildesheim: G. Olms, 1974 [orig. 1914]), 264–65.

21 Poggio (n. 1), *Letters* 2.40. On Antonio Panormita (Beccadelli), see *Dizionario Biografico degli Italiani* (Roma: Istituto della Enciclopedia Italiana, 1960–2009), vol. 7 (1965), 400–406.

22 The letter is reprinted in Sabbadini (n. 20), 267–70, esp. 270. For the library in Fulda see Paul Lehmann, "Die alte Klosterbibliothek Fulda und ihre Bedeutung," in *Erforschung des Mittelalters: Ausgewählte Abhandlungen und Aufsätze*, ed. Paul Lehmann (Stuttgart: A. Hiersemann, 1959–62), 1.213–31.

23 Poggio (n. 1), *Letters* 3.1.

24 Poggio (n. 1), *Letters* 3.12. For the Ciceronian but originally Greek expression see Cicero's letter to Lentulus, *ad Familiares* 1.6.2.

25 Poggio (n. 1.), *Letters* 3.14 and 3.19. Wordplay on Tacitus's name has a precedent in Sidonius Apollinaris, *Letters* 4.22.2.

26 Poggio (n. 1), *Letters* 3.29. For Jacopo's letter and its significance see Nicolai Rubinstein, "An Unknown Letter by Jacopo di Poggio Bracciolini on Discoveries of Classical Texts," *Italia medioevale e Umanistica* 1 (1958): 383–400.

27 R. P. Robinson, "The Inventory of Niccolò Niccoli," *Classical Philology* 16 (1921): 251–55.

28 See Remigio Sabbadini, *Le scoperte dei codici latini e greci ne' secoli XIV e XV* (Florence: Sansoni, 1967), vol. 2, 18, and C. W. Mendell, "Discovery of the Minor Works of Tacitus," *American Journal of Philology* 56 (1935): 113–30.

29 Decembrio's note is reprinted in Sabbadini (n. 20), 279.

30 Poggio's letter is reprinted in Georg Voigt, *Die Wiederbelebung des classischen Alterthums* (Berlin: Georg Raimer, 1893), vol. 2, 200, n. 1. The bibliographical information on Enoch is based on *Dizionario* (n. 21), vol. 24 (1993), 695–99.

31 Tortello's praise of the pope is reprinted in Voigt (n. 30), vol. 2, 199, n. 2.

32 The *breve*, found in the archives of Königsberg, is reprinted in Voigt (n. 30), vol. 2, n. 3.

33 Poggio (n. 1), *Letters* 10.17.

34 Cincius Romanus's letter (summer 1416) is quoted from the translation by Gordan (n. 16), 188–89.

35 Potano's colophon is reprinted in Georg Wissowa's edition of the *Codex Leidensis Perizonianus phototypice editus* (Leiden: A. W. Sijthoff, 1907), fol. 1v.

36 Sigismund Meisterlin, *Cronographia Augustensium: Cronik der Augspurger*, orig. 1456, ed. Hans Gröchenig (Klagenfurt: Armarium, 1998), 36 (the conversation), 26–32 (indigenousness). This argument has recently been made by Dieter Mertens, "Die Instrumentalisierung der 'Germania' des Tacitus durch die deutschen Humanisten," in *Zur Geschichte der Gleichung "germanisch-deutsch": Sprache und Namen, Geschichte und Institutionen* (Ergänzungsbände zum Reallexikon der germanischen Altertumskunde 34), ed. Heinrich Beck et al. (Berlin: Walter de Gruyter, 2004), 37–102, 65–67.

37 The letters were found in the Florentine archives and published by Vittorio Rossi, "L'indole et gli studi di Giovanni di Cosimo de' Medici,"

Rendiconti della R. Accademia dei Lincei, classe di scienze morali, ser. 5, vol. 2 (1893): 129–150, esp. 130–35.

38 Cf. Rubinstein (n. 26), 391–92.

3. 德意志祖先的诞生

1 E. S. Piccolomini, *Libellus dialogorum*, is quoted in the translation from C. M. Ady, *Pius II, the Humanist Pope* (London: Methuen, 1913), 79.

2 Lorenzo Valla, *Elegantiarum libri sex* (Paris: Ex officina cursoria Simonis Colinaei, 1527), *Praefatio*, aii^{r}.

3 "*De legatione Germanica*," in *Rerum Germanicarum scriptores aliquot insignes*, ed. Marquard Freher and B. G. Struve (Strasbourg: J. R. Dulssecker, 1717), vol. 2, 288. Poggio's words: chap. 2, n. 13. For the Italian attitude toward Germans see Peter Amelung, *Das Bild des Deutschen in der Literatur in der italienischen Renaissance (1400–1559)* (Munich: M. Heuber, 1964).

4 E. S. Piccolomini, *Opera omnia* (Basel: Ex officina Henricpetrina, 1551), epistle 162, fol. 716.

5 On the reception of the *Germania* in this period see Jacques Ridé, *L'image du Germain dans la pensée et la littérature allemandes de la redécouverte de Tacite à la fin du XVIe siècle* (Lille: Atelier Reproduction des thèses, 1977). Also see Mertens (chap. 2, n. 36). For rhetorical analyses of Piccolomini's and Campano's works, see Krebs (chap. 1, n. 39), 111–90.

6 E. S. Piccolomini, *Commentarii rerum memorabilium que temporibus suis contingerunt*, ed. Adrianus van Heck (Vatican City: Biblioteca apostolica vaticana, 1984), vol. 2, 518. Biographical information is taken from Ady (n. 1) and Georg Voigt, *Enea Silvio de' Piccolomini als Papst Pius II und sein Zeitalter*, 3 vols. (Berlin: G. Reimer, 1856–63).

7 This self-characterization is quoted from Stefan Sudmann, "Das Basler Konzil im Konflikt mit Rom und Reich," in *Rom und das Reich vor der Reformation*, ed. Nikolaus Staubach (Frankfurt am Main: Peter Lang, 2004), 53–70, esp. 54.

8 Piccolomini's letter is reprinted in Georg Voigt, "Die Briefe des Aeneas Sylvius vor seiner Erhebung auf den päpstlichen Stuhl," *Archiv für Kunde österreichischer Geschichtsquellen* 16, no. 146 (1856): 358. For the following comparison with Ovid see Rudolf Wolkan, ed., *Der Briefwechsel des Eneas Silvius Piccolomini* (Vienna: A. Hölder, 1909–12), vol. 1, 542–43.

9 All following quotations are from the *Oratio de clade Constantinopolitana et bello contra Turcos congregando*, as printed in the *Opera omnia* (n. 4), fol. 678–89.

10 Johannes Helmrath, "Pius II. und die Türken," in *Europa und die Türken in der Renaissance*, ed. Bodo Guthmüller and Wilhelm Kühlmann (Tübingen: Niemeyer, 2000), 9–137, esp. 94.

11 Piccolomini, *Commentarii* (n. 6), vol. 1, 93–94.

12 For the letter see Adolf Schmidt, ed., *Germania [von] Aeneas Silvius, und*

Jakob Wimpfeling: Responsa et replicae ad Eneam Silvium (Cologne: Böhlau, 1962), 9–10. For an overview on the *gravamina*: Eike Wolgast, "*gravamina*," *Theologische Realenzyklopädie* 14 (1985): 131–34.

13 Piccolomini is quoted from his dedicatory letter in Schmidt (n. 12), 11.

14 *De ritu, situ, moribus et condicione Germaniae descriptio* is the title of the edition of Strasbourg (1515), instigated by Jacob Wimpfeling, and of the popular edition of Basel (1551); both make reference to Tacitus. The *editio princeps* (Leipzig, 1496) has *Teutonie* instead of *Germanie* (Piccolomini himself did not give a title to his epistolary work).

15 All subsequent unspecified quotations are taken from Piccolomini's *Germania* (n. 12). For a discussion of his usage of Tacitean passages see Mertens (chap. 2, n. 36, 67–71) and Krebs (chap. 1, n. 39, 123–29).

16 Piccolomini, *Germania* (n. 12) 2.4. There is a textual variant: *sororia* ("similar") instead of *ferociora*. The gist is not affected.

17 Tacitus, *Germania* 19.3.

18 Jacob Wimpfeling, *Responsa et replicae ad Eneam Silvium*, in Schmidt (n. 12), 127–46, esp. 127. For the following calculation see Mertens (chap. 2, n. 36), 61.

19 Michele Ferno, *Vita Campani*, in *Opera omnia Campani* (Venice: Bernardinus de Vianis, 2nd ed., 1495), fol. viii^{v}–xvi^{v}, here fol. xi^{v}. On Paul II: J. F. D'Amico, *Renaissance Humanism in Papal Rome* (Baltimore: Johns Hopkins University Press, 1983), 92–97.

20 This characterization by Alessandro Braccesi is quoted from F.-R. Hausmann, "Giovanni Antonio Campano (1429–1477)," *Römische Historische Mitteilungen* 12 (1970): 125–78, esp. 131. Biographical information is also taken from Flavio di Bernardo, *Un vescovo umanista alla corte pontificia: Giannantonio Campano* (Rome: Università gregoriana, 1975).

21 *Vita Campani* (n. 19), fol. xi^{v}. For his familiarity with Piccolomini's work: *Opera omnia* (n. 19), *Epistles* 1, fol. ii^{r}.

22 *In conventu Ratisponensi ad exhortandos principes Germanorum contra Turcos et de laudibus eorum oratio*, in *Opera omnia* (n. 19), fol. xc^{r}–xcv^{r}. This printed version of the *Oratio* is faulty, and subsequent quotations may reflect my corrections: xciii^{r}, ibid., xcv^{r} (slightly abbreviated).

23 Jacques Perret, *Recherches sur le texte de la "Germanie"* (Paris: Les Belles Lettres, 1950), 151, n. 5, gives a helpful collation of parallel passages in Tacitus and Campano.

24 Tacitus, *Germania* 33.2.

25 *Orat. Ratis.* (n. 22), fol. xciii^{v}. On "Etymology as a Category of Thought," see E. R. Curtius, *European Literature and the Latin Middle Ages*, trans. W. Trask (New York: Pantheon Books, 1953), 495–500.

26 *Orat. Ratis.* (n. 22), fol. xciii^{r}.

27 Campano, *Epistles* 6.2, (n. 19), fol. xlix^{v}. For his polish see the letter to Giacomo Ammannati, May 24, 1471 (ibid., fol. xlix^{v}). Indispensable for those interested in Campano's letters: F.-R. Hausmann, *Giovanni Antonio Cam-*

pano: Erläuterungen zu seinen Briefen (PhD diss., University of Freiburg, 1968).

28 *Vita Campani* (n. 19), fol. xi^{v}.

29 The *Oxford English Dictionary* defines "irrumator" with a delicate reference to Julius Rosenbaum's *Plague of Lust* (1901), where the term is identified as someone who "takes the *fellator* between his opened thighs." For Conrad Leontorius's rage, vented in a letter, see Joseph Schlecht "Zur Geschichte des erwachenden deutschen Bewußtseins," *Historisches Jahrbuch* 19 (1898): 351–58. For Leontorius's circle: I. D. Rowland, "Revenge of the Regensburg Humanists," *Sixteenth Century Journal* 25 (1994): 307–22.

30 For further reactions to Campano's letters, see Ulrich Paul, *Studien zur Geschichte des deutschen Nationalbewusstseins im Zeitalter des Humanismus und der Reformation* (Berlin: E. Ebering, 1936), 64. For his role in the dissemination of Germanic traits, see Tiedemann (chap. 4, n. 12), 43.

31 Giovanni Nanni, *Annio da Viterbo: Commentaria fratris Ioannis Annii Viterbiensis ordinis praedicatorum theologiae professoris super opera diversorum auctorum de antiquitatibus loquentium* (Rome: Eucharius Silber, 1498). All references to Annius's text will be to this edition.

32 Heinrich Bebel, *Germani sunt indigenae* (orig. 1509), in *Patriotische Schriften: sechs Schriften über Deutsche, Schweizer und Schwaben*, ed., trans., and with commentary and an introduction by Thomas Zinsmaier (Konstanz: Edition Isele, 2007), 65–86, 78.

33 Virgil, *Aeneid*, 1.1–2. See, e.g., E. S. Piccolomini, *Europa*, ed. Adrianus van Heck (Vatican City: Biblioteca apostolica vaticana, 2001), 148–50, for the Trojan descent of the Franci (to which I will return in the second section of chap. 4, *Since Time Immemorial*). On genealogical myths: Frantisek Graus, "Troja und die trojanische Herkunftssage im Mittelalter," in *Kontinuität und Transformation der Antike im Mittelalter*, ed. Willi Erzgräber (Sigmaringen: J. Thorbecke, 1989), 25–44. Jörn Garber, "Trojaner—Römer—Franken—Deutsche: 'Nationale' Abstammungstheorien im Vorfeld der Nationalstaatenbildung," in *Nation und Literatur im Europa der Frühen Neuzeit*, ed. Klaus Garber (Tübingen: M. Niemeyer, 1989), 108–63.

34 Roberto Weiss, "An Unknown Epigraphic Tract by Annius of Viterbo," in *Italian Studies Presented to E. R. Vincent* (Cambridge: W. Heffer, 1962), 101–20. On Annius: Roberto Weiss, "Traccia per una biografia di Annio da Viterbo," *Italia medioevale e umanistica* 5 (1962): 425–41. Annius's epigraphic forgeries have been doubted: Walter Stephens, "When Pope Noah Ruled the Etruscans: Annius of Viterbo and his Forged Antiquities," *Modern Language Notes* 119 (2004, Italian issue): 201–23.

35 For Annius's methods and his critics, see Walter Stephens, *Berosus Chaldaeus: Counterfeit and Fictive Editors of the Early Sixteenth Century* (PhD diss., Cornell University, 1979).

36 *Antiquitates* (n. 31), *Ioan. Annii Viterbiensis sacrae theologiae professoris in quinque libros Berosi*, *Praefatio*, fol. Nviii^{r}.

37 For the table of contents, see *Antiquitates* (n. 31), fol. Nviii[r]. The following quotation: fol. Pi[v] and again: fol. Pii[r].

38 *Antiquitates* (n. 31), fol. Piiii[r]. Tacitus, *Germania* 2.2. My translation is based on *The Complete Works of Tacitus*, ed. Moses Hadas (New York: Modern Library, 1942), 709.

39 *Antiquitates* (n. 31), fol. Pii[r].

40 Sebastian Münster (*Cosmographey*) is quoted in Herfried Münkler et al., eds., *Nationenbildung: Die Nationalisierung Europas im Diskurs humanistischer Intellektueller* (Berlin: Akademie Verlag, 1998), 258.

41 *Antiquitates* (n. 31), fol. Nviii[r] and again: fol. Qiii[r]; territory: fol. Qv[r]; the following quotation: fol. Tii[r].

42 Rhenanus is quoted in Anthony Grafton, "Traditions and Invention and Inventions of Tradition in Renaissance Italy: Annius of Viterbo," in *Defenders of the Text: The Traditions of Scholarship in an Age of Science, 1450–1800* (Cambridge: Harvard University Press, 1991), 76–103, esp. 93. But even Rhenanus had used Berosus in his *Commentariolus* (in 1519).

43 For the editions see Werner Goez, "Die Anfänge der historischen Methoden-Reflexion im italienischen Humanismus," in *Geschichte in der Gegenwart*, ed. Ernst Heinen and H. J. Schoeps (Paderborn: Schöningh, 1972), 3–21, esp. 12.

4· 成长的时期

1 The *editio princeps* (Bologna: Azoguidi, 1472) is titled *Cornelii Taciti illustrissimi historici de situ, moribus et populis Germaniae libellus aureus.*

2 Jacob Wimpfeling, *Epitome rerum Germanicarum* (Hannover: apud G. Antonium, 1594 [orig. 1505]), *Praefatio*, A4. As "first history": Paul Joachimsen, *Geschichtsauffassung und Geschichtsschreibung in Deutschland unter dem Einfluss des Humanismus*, vol. 3 (Leipzig: Teubner, 1910), 66.

3 Ulrich von Hutten, *Opera quae reperiri potuerunt omnia*, 5 vols., ed. E. Böcking (Leipzig: Teubner, 1859–70), 117.

4 E. S. Piccolomini, *Historia Friderici III. Imperatoris*, is quoted from Ady (as in chap. 3, n. 1), 113. See also Hermann Wiesflecker, *Maximilian I: Die Fundamente des habsburgischen Weltreiches* (Vienna: R. Oldenbourg, 1991).

5 Andreas Althamer, *Scholia in Corneliu[m] Tacitu[m] Rom. historicu[m], De situ moribus, populisq[ue] Germaniae* (orig. Nuremberg, 1529), in Simon Schardius, *Rerum Germanicarum Scriptores varii . . . in quatuor* [*sic!*] *tomos collecti* (Gießen: Ex officina Seileriana, 1673), 1–37, 37. For a historical overview see: Geoffrey Barraclough, *The Origins of Modern Germany* (Oxford: Blackwell, 1952), 339–67.

6 Piccolomini, *Historia Friderici III*, is quoted in Ady (as in chap. 3, n. 1), 118. It was only under Maximilian I that "the German Nation" was officially included in the empire's standard nomenclature. See Barraclough (n. 5), 369. On nationalism before nationalism: R. Stauber, "Nationalismus vor

dem Nationalismus? Eine Bestandsaufnahme der Forschung zu 'Nation' und 'Nationalismus' in der Frühen Neuzeit," *Geschichte in Wissenschaft und Unterricht* 47 (1996): 139–65.

7 Bebel (chap. 3, n. 32), 70. See Rowland (as in chap. 3, n. 29).

8 Conrad Celtis, *Libri odarium quattuor, liber epodon, carmen saeculare*, ed. Felicitas Pindter (Leipzig: Teubner, 1937), od. 4.5.23. For the following humanists' names see L. W. Spitz, *Conrad Celtis. The German Arch-Humanist* (Cambridge: Harvard University Press, 1957), 49.

9 Conrad Celtis, *Quattuor libri Amorum secundum quattuor latera Germaniae. Germania generalis. Accedunt carmina aliorum ad libros Amorum pertinentia*, ed. Felicitas Pindter (Leipzig: Teubner, 1934), am. 1.1.16–22; am. 1.3.61–62.

10 Conrad Celtis, *Oratio in gymnasio in Ingolstadio publice recitata*, in *Selections from Conrad Celtis*, ed., trans., and comm. Leonard Forster (Cambridge: Cambridge University Press, 1948), section 26. On Celtis see Spitz (n. 8).

11 Heinrich Bebel, *Oratio ad regem Maximiliam de laude eius Germanorumque* (orig. 1501), in Zinsmaier (n. 7), 7–64, 20. For a discussion: Krebs (as in chap. 1, n. 39), 241–43.

12 Münster, *Cosmographey*, is quoted from Hans Tiedemann, *Tacitus und das Nationalbewusstsein der deutschen Humanisten am Ende des 15. und Anfang des 16. Jahrhunderts* (Berlin: Ebering, 1913), 19.

13 Althamer (n. 5), 4.

14 Aventinus, *Deutsche Chronik*, *Vorrede des Kaspar Brusch*, in *Johannes Turmair's genannt Aventinus Kleinere historische und philologische Schriften*, ed. Königliche Akademie der Wissenschaften, first half (Munich: C. Kaiser, 1880), 301.

15 Bebel, *Oratio* (n. 7), 34. And Bebel, *De laude, antiquitate, imperio, victoriis rebusque gestis veterum Germanorum*, in Schardius (n. 5), 117. The following quotation: Franciscus Irenicus, *Germaniae exegeseos volumina duodecim* (Hagenau: Thomas Anshelm, 1518), fol. a ii^{r}.

16 Trithemius's praise of Wimpfeling, which I am using more generally, is quoted from Ridé (as in ch. 3, n. 5), vol. 2, 304.

17 Celtis, *Oratio* (n. 10), section 39.

18 G. M. Müller, *Die Germania generalis des Conrad Celtis: Studien mit Edition, Übersetzung und Kommentar* (Tübingen: Niemeyer, 2001). The letter is quoted on p. 36, n. 16.

19 Bebel, *De laude* (n. 15), 127.

20 Bebel, *Oratio* (n. 11), 48. See Dieter Mertens, "Bebelius . . . patriam Sueviam . . . restituit: Der poeta laureatus zwischen Reich und Territorium," *Zeitschrift für württembergische Landesgeschichte* 42 (1983): 145–73. On Maximilian's historical interests: Jan-Dirk Müller, *Gedechtnus* (Munich: W. Fink, 1982), esp. 87.

21 Bebel, *Oratio* (n. 11), 48. On Bebel's life and works: C. J. Classen, *Hein-*

rich Bebels Leben und Schriften (Göttingen: Nachrichten der Akademie der Wissenschaften, 1997).

22 Bebel, *Indigenae* (n. 7), 66. E. S. Piccolomini, *De Europa*, ed. commentarioque instr. Adrianus van Heck (Vatican City: Biblioteca apostolica vaticana, 2001), 148.

23 Bebel, *Indigenae* (n. 7), 70 (and cf. 66: *corrupti*). The following quotation: Bebel, *Epitome laudum Suevorum*, in Schardius (n. 5), 139. Tacitus had explained the purity of the *Germanen* as a consequence of the hostile environment and the common ways of ancient travel. But according to Bebel aggressors had not been disgusted by wood-bristling and swamp-sodden Germany; rather they had always been fought off by his valiant ancestors. In line with his effort to aggrandize the past, the emperor's poet laureate turned a contingency into a credit.

24 For the Roman foundation myth see Livy, *The History of Rome*, book 1.8, esp. 5–6. On *colluvies* see *Thesaurus Linguae Latinae*, vol. 3.1665.79–1666. 25.

25 Aventinus, *Bayerische Chronik* (orig. 1556), in *Sämmtliche Werke*, ed. Königliche Akademie der Wissenschaften, vol. 4 (Munich: C. Kaiser, 1880–1908), 191; cf. *Deutsche Chronik* (orig. 1541), vol. 1, 332 and 339–42. On Aventinus see Strauss (as in chap. 2, n. 14).

26 Aventinus (n. 25), vol. 4, 53; cf. vol. 1, 329.

27 Aventinus (n. 25), vol. 1, 302.

28 Aventinus (n. 25), vol. 1, 333, writing "Teutschenburg."

29 Aventinus (n. 25), vol. 1, 345. The following quotation: 346.

30 Aventinus (n. 25), vol. 1, 353.

31 This paragraph is based on Wimpfeling (n. 2), chap. vi.

32 Bebel, *Oratio* (n. 11), 40. Tacitus, *Germania* 37, is quoted, e.g., by Wimpfeling, Bebel, and Irenicus.

33 Suetonius, *Life of Augustus* 23.2.

34 Tacitus, *Annals* 2.88.2. On Arminius/Hermann and his myth: *Arminius und die Varusschlacht*, ed. Rainer Wiegels and Winfried Woesler (Paderborn: Schöningh, 1995).

35 Jacques Ridé, "Arminius in der Sicht der deutschen Reformatoren," in *Arminius und die Varrusschlacht* (n. 34), 239–48.

36 Wimpfeling (n. 2), chap. iii (but it is a commonplace).

37 Tacitus, *Germania* 13–15, esp. 14.1.

38 Tacitus, *Germania* 24.2. Irenicus (n. 15), fol. fii^{v}.

39 Celtis, *Germania generalis* (n. 18), verse 95. The characterization of Roman fickleness paraphrases Hutten (n. 3), vol. 3, 330.

40 Bebel, *Oratio* (n. 11), 32–34.

41 See Tiedemann (n. 12), 48–58. For Beatus Rhenanus's critical attitude, see the epilogue.

42 Campano (as in chap. 3, n. 22), fol. xcii^{r}.

43 Aventinus, *Annales Ducum Boiariae* (n. 25), vol. 3, 423. The following etymology is Wimpfeling's (n. 2), 203–4, as is the following quotation.

44 Aventinus, *Bayrischer Chronicon* (n. 25), vol. 1, 108.

45 *Dialogus Huttenicus quo homo patriae amantissimus patriae laudem celebravit*, 1529.

46 Hutten (n. 3), vol. 1, 355, is quoted from Hajo Holborn, *Ulrich von Hutten and the German Reformation* (New Haven, CT: Yale University Press, 1937), 125.

47 Hutten, *Ad Crotum Rubianum*, is quoted from Theodore Ziolkowski, *The Mirror of Justice: Literary Reflections of Legal Crises* (Princeton: Princeton University Press, 1997), 114. See Gerald Strauss, *Law, Resistance and the State: The Roman Law in Reformation Germany* (Princeton: Princeton University Press, 1986). The first half of the sixteenth century also saw the first prints of Germanic tribal laws: Johann Sichard, *Leges Riboariorum Baioariorumque quas vocant a Theodorico rege Francorum latae* (Basel, 1530), and B. J. Herold, *Originum ac Germanicarum antiquitatum libri* (Basel, 1557). See Karl Kroeschell, "Germanisches Recht als Forschungsproblem," in *Festschrift Thieme*, ed. Karl Kroeschell (Sigmaringen: J. Thorbecke, 1986), 3–20.

48 Hutten, *Inspicientes* (n. 3), vol. 4, 289.

49 Aventinus, *Deutsche Chronik* (n. 25), 345.

50 Bebel, *Epistula Henrici Bebelii iustingensis . . . de laudibus atque philosophia Germanorum veterum* (n. 7), 138–45, 142. Piccolomini (whom Bebel might be thinking of) is quoted in chap. 3, n. 15.

51 Illiteracy is only one possible reading of Tacitus, *Germania* 19.1. For Celtis's druids and Bebel's proverbs: Krebs (chap. 1, n. 39), 200, n. 17, and 241–48. For doubts about the authenticity: Leo Wiener, *Tacitus'* Germania *and Other Forgeries* (New York: Innes & Sons, 1920).

52 Wimpfeling (n. 2), 209–10 (the Tacitean snippets are given in parentheses): *pudicitia* (cf. *saepta pudicitia agunt*), *sincera ac pura* (cf. *propriam et sinceram et tantum sui similem gentem*), *nobilitas* (cf. *reges ex nobilitate*), *fortitudo* (cf. *praecipuum fortitudinis incitamentum*), *proceritas* (cf. *similis proceritas*), *libertas* (cf. *illud ex libertate vitium*, said in a context where Tacitus describes what Wimpfeling here has in mind), *fides* (cf. esp. *ea est in re prava pervicacia; ipsi fidem vocant*), *liberalitas* (cf. *principis sui liberalitate*), *constantia* (cf. *acies . . . labantes a feminis restitutas constantia precum*). In two instances Wimpfeling uses the word differently from Tacitus.

53 Tacitus, *Germania* 20.2. The number of instances is based on a search of the *Bibliotheca Teubneriana Latina* (Berlin: Walter de Gruyter, 2009). It occurs frequently in humanists' characterization of the German; see, e. g., *Epistula* (n. 50), 138–45, which follows Tacitus even more closely than Wimpfeling. The racist discussion is in Günther, *Rassengeschichte* (as in chap. 8, n. 59), 124.

54 Hutten, *Inspicientes* (n. 48), 282.

55 Bebel, *Epistula* (n. 50), 142.

56 "Martia Roma prius fuerat, Cythereia nunc est" is quoted in a letter by Jacob Wimpfeling, for which see Ernst Martin, "Ein Brief von Jacob Wimpfeling," *Zeitschrift für Kirchengeschichte* 7 (1885): 144–49, 147.

57 For the first conversation see Martin Luther, *Werke, kritische Gesamtausgabe, Tischreden*, vol. 3 (Weimar: H. Böhlau's Nachfolger, 1914), nos. 3803, 3807. The following quotation: vol. 4, no. 4555.

58 Althamer (n. 5), 19.

59 *Germania Cornelii Taciti. Vocabula regionum enarrata et ad recentes adpellationes accomodata. Harminius Ulrici Hutteni. Dialogus cui titulus est Julius. Recens edita a Philippo Melanthone* (Wittenberg: Johannes Luft, 1557 [orig. 1538]). The quotations are from the dedicatory letter, which can be found in *Philippi Melanchthonis opera quae supersunt omnia*, ed. C. G. Bretschneider, vol. 3, *Corpus reformatorum III* (Halle: C.A. Schwetschke, 1836), nr. 1708, 565–67. Celtis's *Germania generalis* was included only in the second edition. For *The Renaissance and Reformation Movements* see L. W. Spitz (Chicago: Rand McNally, 1971).

60 Johann Eberlin von Günzburg, *Ein zamengelesen buochlin von der Teutschen Nation Gelegenheit, Sitten und Gebrauche*, ed. Achim Masser (Innsbruck: Universität Innsbruck, 1986).

61 The reference to Celtis: Althamer (n. 5), 18. A significantly expanded version appeared in 1536 in Nuremberg under the title *Commentaria Germaniae in P. C. Taciti libellum de situ moribus & populis Germanorum.*

5· 英雄的歌谣

1 J. G. Schottelius, *FriedensSieg* (orig. 1648), ed. F. E. Koldewey (Halle: Niemeyer, 1900), esp. 41. For the following: ibid., esp. 48–51. The description of the "stage *Germane*" (*Theatergermane*) Arminius is based on Conrad Buno's contemporary engraving, which can be found in Sara Smart, *Doppelte Freude der Musen: Court Festivities in Brunswick-Wolfenbüttel 1642–1700* (Wiesbaden: Harrassowitz, 1989), 19, fig. 5.

2 Jacob Balde, *Silvarum liber iv. Threni, sive lamentationis Videntis vastationem Germaniae* (1643). On Württemberg see Heinz Engels, *Die Sprachgesellschaften des 17. Jahrhunderts* (Gießen: W. Schmitz, 1983), 6. More generally for historical background see C. V. Wedgwood, *The Thirty Years War* (New York: New York Review Books, 2005 [orig. 1938]), esp. 34–69.

3 B. Ph. von Chemnitz's (written under a pseudonym) *Dissertatio de ratione status in imperio nostro Romano-Germanico* is quoted from E. H. Zeydel, *The Holy Roman Empire in German Literature* (New York: Columbia University Press, 1918), 62.

4 Paul Fleming, *Germaniae exsulis ad suos filios sive proceres regni epistola* (1631), verse 31. Tacitus, *Germania* 33.2.

5 J. G. Schottelius, *Lamentatio Germaniae Exspirantis. Der numehr hinterbenden Nymphen Germaniae elendeste Todesklage* is quoted from Sara Smart, "Justus Georg Schottelius and The Patriotic Movement," *Modern Language Review* 84 (1989): 83–98, 89.

6 Martin Opitz, *Aristarch*, in *Buch von der Deutschen Poeterey (1624)* . . ., ed. Herbert Jaumann (Stuttgart: Reclam, 2002), 77–78. On the Germanic myth: Wilhelm Frenzen, "Germanenbild und Patriotismus im Zeitalter des deutschen Barock," *Deutsche Vierteljahreszeitschrift für Literaturwissenschaft und Geistesgeschichte* 15 (1937): 203–19.

7 Philipp von Zesen, *Rosen=mând*, foreword, is quoted from Ferdinand van Ingen, "Die Sprachgesellschaften des 17. Jahrhunderts: Versuch einer Korrektur," *Daphnis* 1 (1972): 14–23, 19.

8 Conrad Celtis, *Germania generalis* (chap. 4, n. 18), verses 71–73. The quotation is from Celtis, *Panegyricus ad Maximilianum pro instituto & erecto collegio poetarum & mathematicorum*, v. 66–68. On Aventinus see his *Vorrede zur Bayrischen Chronik* (chap. 4, n. 25), vol. 4, 6.

9 See Wedgwood (n. 2) for this anecdote.

10 J. G. Schottelius, *Ausführliche Arbeit von der teutschen Haubtsprache* (Tübingen: M. Niemeyer, 1995 [orig. 1663]), 308. For the vivisection see J. M. Moscherosch, *Visiones de Don Quevedo: Wunderl. u. wahrhafftige Gesichte Philanders von Sittewalt* (Hildesheim: G. Olms, 1974 [orig. 1642–43]), 698.

11 *Teutscher vnartiger Sprach- Sitten und Tugend verderber*, is quoted from Kurt Wels, *Die patriotischen Strömungen in der deutschen Literatur des Dreissigjährigen Krieges* (Greifswald: H. Adler, 1913), 119.

12 J. G. Schottelius (n. 10), biiir. For a longer version of this chapter (and further documentation), see C. B. Krebs, ". . . *jhre alte Muttersprache . . . unvermengt und unverdorben*: Zur Rezeption der taciteischen *Germania* im 17. Jahrhundert," *Philologus* 154 (2010): 119–39.

13 See the full title of J. G. Schottelius, *Teutsche Sprachkunst* (Braunschweig: B. Grubern, 1641). See generally on "Sprachgesellschaften und nationale Utopien" Wilhelm Kühlmann, in *Föderative Nation: Deutschlandkonzepte von der Reformation bis zum Ersten Weltkrieg*, ed. Dieter Langewiesche and Georg Schmidt (Munich: Oldenbourg, 2000), 245–64.

14 For an overview of theories see W. J. Jones, "*König Deutsch zu Abrahams Zeiten*: Some Perceptions of the Place of German Within the Family of Languages, from Aventinus to Zedler," in *Das unsichtbare Band der Sprache*, ed. J. L. Flood et al. (Stuttgart: Hans-Dieter Heinz, 1993), 189–213. *Das Buch der hundert Kapitel und der vierzig Statuten des sogenannten Oberrheinischen Revolutionärs* is quoted from there, 191. The following quotation: Schottelius (n. 10), 24.

15 Genesis 11:1–9 is quoted from the King James Version, modified as needed to fit my syntax.

16 Philipp Clüver, *Germania antiqua* (Leiden: Elsevier, 1616), 41. This entire paragraph is a reconstruction of Clüver's argument with the exception of the age of the German language, for which see J. R. Sattler, *Teutschen Orthographey vnd Phraseologey* (Hildesheim: G. Olms, 1975 [orig. 1607]), 3.

17 The commentator is Althamer; see Friedrich Gotthelf, *Das deutsche Altertum in den Anschauungen des sechzehnten und siebzehnten Jahrhunderts* (Berlin: A. Duncker, 1900), 20. The following reconstruction follows Clüver (n. 16), 80.

18 The characterization is by Hermann Conring, *De moribus Germanorum cum notis criticis Hermanni Conringi cura*, 3rd ed. (Helmstedt: H. D. Müller, 1678), 48. On Nuremberg see Kästner (chap. 2, n. 11), 78.

19 Clüver (n. 16), *Lectori auctor S.* The preceding biographical sketch is based on Joseph Partsch, *Philipp Clüver, der Begründer der historischen Länderkunde* (Vienna: Olmütz 1891), 3–22.

20 Cf. Tacitus, *Germania* 22.1, 17.2, 13.1, 20.1. See Stephanie Moser, *Ancestral Images: The Iconography of Human Origins* (Ithaca: Cornell University Press, 1998), 85–90, for a brief discussion of this iconographic series.

21 Two such critical voices can be found in Theobald Bieder, *Geschichte der Germanenforschung. 1. Teil, 1500 bis 1806*, 2nd ed. (Leipzig: V. Hase & Koehler, 1939), 82.

22 Clüver's interpretation in several aspects reproduces theories by lesser-known predecessors. For a comprehensive survey see Arno Borst, *Der Turmbau von Babel: Geschichte der Meinungen über Ursprung und Vielfalt der Sprachen und Völker* (Stuttgart: A. Hiersemann, 1957–63).

23 Clüver (n. 16), 82. Clüver, in fact, prints "Tuitonem deum" in his own edition, believing that Tacitus most likely encountered that dialect variant of "Teuto" (ibid., 85). But since his subsequent argument is easier to follow if we assume "-eu," and others (like Schottelius) will embrace Clüver's ratiocination but prefer "Teuto," I have simplified the issue.

24 Clüver (n. 16), 84.

25 Schottelius (n. 10), 1018. The following quotation: Martin Opitz, *Briefwechsel und Lebenszeugnisse*, ed. Klaus Conermann (Berlin: Walter De Gruyter, 2009), vol. 2, 792.

26 Christoph Schorer's *Sittenverderber* (1644) is quoted from W. J. Jones, *Sprachhelden und Sprachverderber: Dokumente zur Erforschung des Fremdwortpurismus im Deutschen (1478–1750)* (New York: Walter De Gruyter, 1995), 305–45, 333.

27 Martin Opitz, *Trostgedichte* (1633), book 1, in *Dreißigjähriger Krieg: Eine Textsammlung aus der Barockliteratur*, ed. Wolfgang Popp (Münster: Lit, 1998), 103.

28 Martin Kempe, *Neugrünender Palm-Zweig der teutschen Helden-Sprache und Poeterey* (1664), in *Die Fruchtbringende Gesellschaft unter Herzog August von Sachsen-Weissenfels*, ed. Martin Bircher and Andreas Herz (Tübingen:

M. Niemeyer, 1997), 172, verse 281. Heinrich Bebel's treatise: *Commentaria de abusione linguae latinae apud Germanos* (Strasbourg, 1500).

29 G. P. Harsdörffer, *Frauenzimmer Gesprächspiele* (orig. 1644–49), ed. Irmgard Böttcher (Tübingen: M. Niemeyer, 1968–69), vol. 4, 519. See Erich Trunz, "Schichten und Gruppen in der deutschen Literatur," in *Deutsche Literatur zwischen Späthumanismus und Barock: 8 Studien* (Munich: Beck, 1995), 187–206.

30 For biographical information: Marian Szyrocki, *Martin Opitz*, 2nd ed. (Munich: Beck, 1974). See also Curt von Faber du Faur, "Der *Aristarchus*: Eine Neuwertung," *Proceedings of the Modern Language Association* 69 (1954): 566–90.

31 Opitz, *Aristarch* (n. 6), 78; the following quotations: ibid., ibid., 78–79.

32 Opitz, *Aristarch* (n. 6), 78; the following quotation: 94.

33 Opitz, *Buch von der Deutschen Poeterey (1624)* (n. 6), chap. 4, 23–24. The following quotation: ibid. On bards: Conrad Wiedemann, "Druiden, Barden, Witdoden. Zu einem Identifikationsmodell barocken Dichtertums," in *Sprachgesellschaften, Sozietäten, Dichtergruppen*, ed. Martin Birchner and Ferdinand van Ingen (Hamburg: Hauswedell, 1978), 131–50.

34 Schottelius (n. 10), 1018. The epigraph: D. C. von Lohenstein, *Großmüthiger Feldherr Arminius* (Hildesheim: G. Olms, 1973 [orig. 1689]), *Ehrengetichte*, d3[v].

35 Johann Klaj, *Lobrede der Teutschen Poeterey*, in *Redeoratorien und "Lobrede der teutschen Poeterey,"* ed. Conrad Wiedemann (Tübingen: M. Niemeyer, 1965), Anhang, 412, with reference to Melchior Goldast, *Constitutiones imperiales* (Frankfurt am Main, 1607–13), 4 vols.

36 Schottelius (n. 1), 50.

37 Friedrich von Logau, *Sinngedichte* (Stuttgart: Reclam, 1984), 2.8.13, 115. See Ferdinand van Ingen, "Die Sprachgesellschaften des 17. Jahrhunderts: Versuch einer Korrektur," *Daphnis* 1 (1972): 14–23.

38 Schottelius, *Fruchtbringende Lustgarte. Kurzer Vorbericht An die Hochloeblichste Fruchtbringende Gesellschaft* (orig. 1647), ed. Marianne Burkhard (Munich: Kösel, 1967), iiii[r]. See also Klaus Conermann, "Die Fruchtbringende Gesellschaft," *Veröffentlichungen des Historischen Museums für Mittelanhalt Köthen* 25 (2002): 26–56.

39 Logau (n. 37) is quoted from Hans Kohn, *The Idea of Nationalism: A Study in Its Origins and Background* (New Brunswick, NJ: Transaction Publishers, 2005 [orig. 1944]), 684, n. 21. Other strategies to justify inebriety are discussed in Nienke Lammersen-van Deursen, *Rhetorische Selbstporträts* (Amsterdam: VU University Press, 2007), 86–91. The translation: K. M. Grodnitz von Grodnau, *Tacitus, C. Cornelius (Lat.) . . . Beschreibung 2. Der Teutschen-Völcker Ursprunges . . .* (Frankfurt am Main: Humm, 1657).

40 Schottelius (n. 38), iiii[v].

41 See Schottelius's entry in the *Köthener Gesellschaftsbuch* (no. 397). See also

J. J. Berns, "Der weite Weg des Justus Georg Schottelius von Einbeck nach Wolfenbüttel: Eine Studie zu den Konstitutionsbedingungen eines deutschen Gelehrtenlebens im 17. Jahrhundert," *Einbecker Jahrbuch* 30 (1974): 5–20. The full title of Schottelius's magnum opus: *Ausführliche Arbeit Von der Teutschen HaubtSprache. Worin enthalten Gemelter dieser HaubtSprache Uhrankunft/ Uhraltertuhm/ Reinlichkeit/ Eigenschaft/ Vermögen/ Unvergleichlichkeit/ Grundrichtigkeit/ zumahl die SprachKunst und VersKunst Teutsch und guten theils Lateinisch völlig mit eingebracht/ wie nicht weniger die Verdoppelung/ Ableitung/ die Einleitung/ Nahmwörter/ Authores vom Teutschen Wesen und Teutscher Sprache/ von der verteutschung/ Item die Stammwörter der Teutschen Sprache samt der Erklärung und derogleichen viel merkwürdige Sachen; Abgetheilet In Fünf Bücher* (Braunschweig: Zilliger, 1663).

42 The Roman Marcus Terentius Varro was a polymath; among his many books were twenty-five on the Latin language (of which only five remain). Schottelius's honorary name reflects the recognition he enjoyed among his contemporaries. But it also reveals the continuous paradigmatic status the Romans occupied among those who promoted the national. German greatness at least partly continued to be measured by (Greek and) Roman standards.

43 Friedrich Gundolf, "Justus Georg Schottelius," in *Deutschkundliches*, ed. Hans Teske (Heidelberg: C. Winter, 1930), 72.

44 Schottelius (n. 10), 123.

45 Klaj (n. 35), 403, and Logau (n. 37), 3.5.43, 164. See Andreas Gardt, *Sprachreflexion in Barock und Frühaufklärung: Entwürfe von Böhme bis Leibniz* (Berlin: Walter De Gruyter, 1994), 148–50.

46 *Heldensprache*: G. P. Harsdörffer, *Poetischer Trichter* (Hildesheim: G. Olms, 1971 [orig. 1648–53]), part 3, 5.

47 Schottelius (n. 10), 5, and the following: ibid., 166.

48 Schottelius (n. 1), 15.

6. 自由豪迈的北方民族

1 This episode and the communications can be found in *Huit Dissertations que M. le Comte de Hertzberg a lues dans les assemblèes publiques de l'Académie Royale des Sciences & Belles-Lettres de Berlin, dans les années 1780–87* (Berlin: G. J. Decker, 1787), 39–44. For a biography of Hertzberg see A. T. Preuss, *Ewald Friedrich Graf von Hertzberg* (Berlin: Voss, 1909). For historical background I have here and elsewhere relied on Rudolf Vierhaus, *Germany in the Age of Absolutism*, trans. J. B. Knudsen (Cambridge: Cambridge University Press, 1988).

2 The full title runs *Dissertation tendant à expliquer les causes de la supériorité des Germains sur les Romains & à prouver que le Nord de la Germanie ou Teutonie entre le Rhin & la Vistule, & principalement la présente Monarchie*

Prussienne, est la patrie originaire de ces nations héroiques, qui dans la fameuse migration des peuples ont détruit l'Empire Romain, & qui ont fondé & peuplé les principales monarchies de l'Europe. All quotations are from the edition cited in n. 1.

3 Biographical data are taken from Robert Shackleton, *Montesquieu: A Critical Biography* (London: Oxford University Press, 1961).

4 Louis de Jaucourt, "Germanie," in *Encyclopédie, ou Dictionnaire raisonné des sciences, des arts et des métiers* (Paris: Briasson, 1751–65), vol. 7, 644–46. Generally on *Tacite en France de Montesquieu à Chateaubriand* see Volpilhac-Auger (introduction, n. 15).

5 See Leon Poliakov, *The Aryan Myth: A History of Racist and Nationalist Ideas in Europe*, trans. Edmund Howard (New York: New American Library, 1977 [orig. 1971]), 17–36, for the *querelle des races*; Montlosier and Sieyès are quoted on pp. 30 and 28, respectively.

6 All quotations from *The Spirit of the Laws* are taken from the translation by Thomas Nugent (rev. J. V. Prichard [London: G. Bell & Sons, 1918]), which is in the public domain (www.constitution.org/cm/sol.htm). I have occasionally modified them. References are to book and chapter; see *Spirit* 1.1 and 19.4.

7 *Spirit* (n. 6), 19.14. See Shackleton (n. 3, 307) for Montesquieu's copy of the treatise, and G.-L. Fink, "Von Winckelmann bis Herder: Die deutsche Klimatheorie in europäischer Perspektive," in *Johann Gottfried Herder, 1744–1803*, ed. Gerhard Sauder (Hamburg: F. Meiner, 1987), 156–76, for the popularity of the theory.

8 Johann Heumann von Teutschbrunn, *Der Geist der Geseze der Teutschen* (Nuremberg, 1761), 9.

9 *Spirit* (n. 6), 30.2. My count of Tacitean references is based on Catherine Volpilhac-Auger, *Tacite et Montesquieu* (Oxford: Voltaire Foundation at the Taylor Institution, 1985), 190.

10 *Spirit* (n. 6), 11.6; see also 18.30, 28.2, 31.4.

11 Sebastian Franck (*Chronicon Germaniae*, 1538, fol. 6b), whom I cite from Erwin Hölzle, *Die Idee einer altgermanischen Freiheit vor Montesquieu* (Munich: R. Oldenbourg, 1925), 18.

12 Tacitus, *Germania* 11.1. "Verderbliche Staatsmaximen" is the characterization by Heumann (n. 8), fol. 2[v].

13 "Commentaire sur l'esprit des lois," in *Oeuvres complètes de Voltaire* (Paris: L. Hachette, 1876–1900), vol. 31, 297, 307; my paraphrase follows the original closely. The expression "in the woods" became common currency: see Poliakov (n. 5).

14 For the review see *Göttingische Zeitungen von gelehrten Sachen* 90 (1749): 715–18. Kästner (*Vorrede*, xi–xiii) is cited from Frank Herdmann, *Montesquieurezeption in Deutschland im 18. und beginnenden 19. Jahrhundert* (Hildesheim: G. Olms, 1990), 85. For *Der Geist der Geseze der Teutschen* see n. 8. J. H. G. von Justi, *Die Natur und das Wesen der Staaten* (Berlin: Johann

Heinrich Ruedigers, 1760), had already spoken of the "Geist der Gesetze" in his (unpaginated) preface.

15 F. K. von Moser, *Von dem deutschen Nationalgeist* (Nuremberg: Notos, 1976 [orig. 1765]), 5, 7, 33. For biographical information see *Allgemeine Deutsche Biographie* (Leipzig: Duncker & Humblot, 1885), vol. 22, 764–83.

16 F. C. K. v. Creutz, *Versuch einer pragmatischen Geschichte von der merkwuerdigen Zusammenkunft des teutschen Nationalgeistes und der politischen Kleinigkeiten* (Frankfurt am Main: Varrentrapp, 1766), 24, 6.

17 H. W. v. Bülow, *Noch etwas zum deutschen Nationalgeiste* (Lindau: Thierbach, 1766), 35, 92.

18 J. H. Eberhard, *Freie Gedancken über einige der neuesten Staats-Strittigkeiten*, (1767), is quoted from Nicholas Vazsonyi, "Montesquieu, Friedrich Karl von Moser, and the 'National Spirit Debate' in Germany, 1765–1767," *German Studies Review* 22 (1999): 225–46, esp. 236.

19 The two quotations are by Friedrich Nicolai (1765, cited in Kohl [n. 43], 112) and N. S. Nothanker (1773, cited in Ergang [n. 44], 143). Goethe and Schiller are quoted in Conrad Wiedemann, "The Germans' Concern about Their National Identity in the Pre-Romantic Era: An Answer to Montesquieu?" in *Concepts of National Identity*, ed. Peter Boerner (Baden-Baden: Nomos, 1986), 141–52, esp. 143. The following two journals are *Der Teutsche Merkur* and *Allgemeine Deutsche Bibliothek*.

20 *Herder's Sämmtliche Werke*, ed. Bernhard Suphan (Berlin: Weidmann, 1877–1913), vol. 13, 384. On Herder's experiencing Germany see A. J. La Vopa, "*Herder's Publikum*: Language, Print, and Sociability in Eighteenth-Century Germany," *Eighteenth-Century Studies* 29 (1996): 5–24. *SW*=*Sämmtliche Werke*.

21 *Spirit* (n. 6), 1.3, 28.1, 18.22.

22 Montesquieu, *Persian Letters*, trans. Margaret Mauldon (Oxford: Oxford University Press, 2008), no. 103.

23 Heumann (n. 8), fol. 2^r, 5. He returns to the problem later, e.g., when discussing "die einheimischen und Hülfs-Rechte[n]" (101).

24 Hermann Conring (1606–81), the influential seventeenth-century historian of German law, published in 1643 his treatise *On the Origin of German Law* (for which he is credited with the foundation of the history of German law). He gratefully points to Tacitus, who attributed to the German ancestors a "well-ordered community and praiseworthy mores" (*De origine juris germanici* [Helmstedt, 1643], 18–19). Unfortunately laws could not be found in his account, and the *Germania*, of which he produced his own edition (*De moribus Germanorum cum notis criticis Hermanni Conringi cura* [Helmstedt, 1652]), merely provided the historical context for those interested in German law in general and its origins in particular.

25 G. C. Gebauer, *Vestigia iuris Germanici antiquissima in Cornelii Taciti Germania obvia* (Göttingen: Vandenhoeck, 1766), basically a collection of previously written essays. Tacitus's remark: *Germania* 12.2.

26 Justus Möser, "Zwei Recensionen über 'Von dem deutschen Nationalgeiste (Frankfurt a. M. 1765)' und 'Noch Etwas zum deutschen Nationalgeiste (Lindau 1766),'" in *Sämmtliche Werke*, ed. B. R. Abeken (Berlin: Nicolai, 1843), vol. 9, 240–45, 241 (abbrev.).
27 Friedrich Nicolai, *Leben Justus Möser's*, in *Sämmtliche Werke* (n. 26), vol. 10, 47. More recently on Möser's time: J. B. Knudsen, *Justus Möser and the German Enlightenment* (Cambridge: Cambridge University Press, 1986).
28 Herder, "An das Lief- und Estländische Publikum" (orig. 1772), in *SW* (n. 20), vol. 5, 347. See also *Der Teutsche Merkur* 2 (1773): 259.
29 Möser, *SW* (n. 26), vol. 6, esp. ix–x.
30 Ibid., 40–41. Cf. Tacitus, *Germania* 12.3. Möser's critical reader: J. Ch. Gatterer, "Rezension zu 'Justus Mösers Oßnabrueckische Geschichte. Allgemeine Einleitung,'" *Allgemeine historische Bibliothek* 9 (1769): 111.
31 Tacitus, *Germania* 26.3 (cf. 14.5, 15.1). Montesquieu, *Spirit* (n. 6), 18.21. See K. H. L. Welker, "Altes Sachsen und koloniales Amerika: Naturrechtsdenken und Tacitusrezeption bei Justus Möser," in R. Wiegels and W. Woesler (chap. 4, n. 34), 323–44, on property as qualification; and (despite occasional Nazi jargon) Horst Kirchner, *Das germanische Altertum in der deutschen Geschichtsschreibung des achtzehnten Jahrhunderts* (Berlin: E. Ebering, 1938), 46–56, on the controversy about farming among the *Germanen.*
32 Möser's letter to Thomas Abbt (ca. 10 Aug. 1765), in *Briefe*, ed. Ernst Beins and Werner Pleister (Hannover: Selbstverlag der Historischen Kommission, 1939), 195–98, is discussed in Peter Schmidt, *Studien über Justus Möser als Historiker* (Göppingen: Kümmerle, 1975), 118.
33 Möser, *SW* (n. 26), vol. 5, 202.
34 Jacob Grimm, "Vorrede Deutsches Wörterbuch I," in *Kleinere Schriften*, vol. 8, *Vorreden*, ed. Eduard Ippel (Gütersloh: C. Bertelsmann, 1871), 338.
35 J. C. L. de Simonde, *De la vie et des écrits de P. H. Mallet* (Genève: J. J. Paschoud, 1807), 12.
36 The titles of Mallet's two volumes are *Introduction à l'histoire de Dannemarc, où l'on traite de la religion, des loix, des moeurs & des usages des anciens Danois*; and *Monuments de la mythologie et de la poesie des Celtes et particulierement des anciens Scandinaves: pour servir de supplement et de preuves a l'Introduction a l'histoire de Dannemarc.* I have used Bishop Percy's translation, *Northern Antiquities* (rev. ed., London: H. G. Bohn, 1847), abbreviated as *NA.* On the Nordic Renaissance, see F.-X. Dillmann, "Frankrig og den nordiske fortid—de første etaper af genopdagelsen," in *The Waking of Angantyr: The Scandinavian Past in European Culture*, ed. Else Roesdahl and P. M. Sørensen (Århus: Århus University Press, 1996), 13–26.
37 I paraphrase the preface, *NA* (n. 36), 55–59; the quotation: 122.
38 Gottfried Schütze, *Der Lehrbegriff der alten deutschen und nordischen Völker von dem Zustande der Seelen nach dem Tode überhaupt* (Leipzig: Langenheim, 1750), 65.

39 Mallet deals with religion primarily in *NA* (n. 36), chaps. 3–6; the quotations: 122, 83. The reinterpretation is in Schütze (n. 38), 227. For a modern study of "Tacitus' *Germania* als religionsgeschichtliche Quelle" see Dieter Timpe in *Germanische Religionsgeschichte: Quellen und Quellenprobleme*, ed. Heinrich Beck (Berlin: Walter De Gruyter, 1992), 434–58.

40 *NA* (n. 36), 221–23 (runes), 158 and 235–39 (bards).

41 Otto Fischer, ed., *H. W. v. Gerstenbergs Rezensionen in der Hamburgischen Neuen Zeitung 1767–1771* (Berlin: Behr, 1904), 269. For the reception of the Nordic mythology see Lutz Rühling, "Das deutsche Bild Skandinaviens: Von barocker Poeterey bis zum wilden Norden," in *Grenzgänge: Skandinavisch-deutsche Nachbarschaften*, ed. Heinrich Detering (Göttingen: Wallstein-Verlag, 2001), 60–77.

42 Klopstock (to Denis, 8 Sept. 1767), in *Briefe*, vol. 5, ed. Klaus Hurlebusch, in *Werke und Briefe*, ed. Horst Gronemeyer et al. (Berlin: Walter De Gruyter, 1974–), no. 19, p. 24. Klopstock's portrait of the ancient Germans is discussed in Jean Murat, *Klopstock: Les thèmes principaux de son oeuvre* (Strasbourg: Les Belles Lettres, 1959), 255–311, esp. 293–96.

43 Klopstock's letter to Tscharner (13 Sept. 1750) is quoted in K. M. Kohl, *Friedrich Gottlieb Klopstock* (Stuttgart: Metzler, 2000), 41. For the following see more generally Klaus Düwel and Harro Zimmermann, "Germanenbild und Patriotismus in der deutschen Literatur des 18. Jahrhunderts," in *Germanenprobleme in heutiger Sicht*, ed. Heinrich Beck (Berlin: Walter De Gruyter, 1986), 358–95.

44 Herder's dictum is quoted from Dieter Lohmeier, "Kopenhagen als kulturelles Zentrum der Goethezeit," in *Grenzgänge* (n. 41), 78–95, 78. The final characterization of Klopstock is de Staël's, quoted from Robert Ergang, "National Sentiment in Klopstock's Odes and Bardiete," in *Nationalism and Internationalism*, ed. E. M. Earle, (New York: Columbia University Press, 1950), 120–43, 122.

45 Klopstock, *Die deutsche Gelehrtenrepublik*, ed. R. M. Hurlebusch (Berlin: Walter De Gruyter, 1975), 144.

46 Klopstock, *Hermanns Schlacht*, ed. M. E. Amtstätter (n. 42), Abteilung *Werke*, vol. 6.1, 77, 151. The letter to Johann Friedrich Boie (24 Nov. 1767) is quoted in Harro Zimmermann, *Freiheit und Geschichte: F. G. Klopstock als historischer Dichter und Denker* (Heidelberg: C. Winter, 1987), 234.

47 Klopstock's ode is quoted in Bernd Fischer, *Das Eigene und das Eigentliche* (Berlin: Erich Schmidt, 1995), 146. The poem is titled "Unsere Sprache." For the comparison to Zesen, see Kohl (n. 43), 53.

48 Klopstock, *Briefe 1776–1782*, ed. Helmut Riege (n. 42), vol. 7.2, 435. The letter to Ebert (18 Feb. 1769) is quoted in Kohl (n. 43), 106.

49 Herder, "Eine Erscheinung," *SW* (n. 20), vol. 29, 333. See also Dieter Lohmeier, *Herder und Klopstock* (Bad Homburg: Gehlen, 1968), esp. 15–28.

50 "Auf meinen ersten Todten": Herder, *SW* (n. 20), vol. 29, 282. Biographi-

cal data are taken from Wulf Koepke, *Johann Gottfried Herder* (Boston: Twayne, 1987), esp. 1–8.

51 Herder, *Iduna*, in *SW* (n. 20), vol. 18, 488. The following quotation: *Fragments on Recent German Literature*, in *SW* (n. 20), vol. 1, 366.*

52 Herder, ibid. vol. 1, 366. The following quotation: ibid., 185. Tacitus's remark: *Germania* 4.1.

53 Herder, ibid., vol. 2, 32 (the parts in italics are my translations of the original Latin that Herder quotes: *informem terris, asperam coelo, tristem cultu adspectuque*, and *nec tam voces illae, quam virtutis concentus videntur.* The following: *Zusatz zu der neuen Ausgabe*, in *SW* (n. 20), vol. 2, 246. For Herder's interest in folklore see W. A. Wilson, "Herder, Folklore and Romantic Nationalism," *Journal of Popular Culture* 6 (1973): 819–35. When Herder published a collection of such songs, he tellingly titled them *Stimmen der Völker in Liedern* (*Peoples' Voices in Songs*).

54 Herder, *Von deutscher Art und Kunst, Stimmen der Völker, Vorrede*, is quoted in Otto Dann, "Herder und die Deutsche Bewegung," in *Johann Gottfried Herder, 1744–1803*, ed. Gerhard Sauder (Hamburg: F. Meiner, 1987), 308–40. On "Das Wort 'Volk' im Sprachgebrauch Johann Gottfried Herders" see Wulf Koepke, *Lessing Yearbook* 19 (1987): 207–20.

55 Herder, *SW* (n. 20), vol. 2, 42.

56 Herder, *SW* (n. 20), vol. 13, 252, 257, is quoted in F. M. Barnard, *Herder's Social and Political Thought* (Oxford: Clarendon Press, 1965), 70. On the reception of Herder see Bernhard Becker, "Phasen der Herder-Rezeption von 1871–1945," in Sauder (n. 54), 423–36.

7· 白种人血统

1 Jacob Grimm, *Geschichte der deutschen Sprache*, is quoted from Ludwig Denecke, *Jacob Grimm und sein Bruder Wilhelm* (Stuttgart: J. B. Metzlersche Verlagsbuchhandlung, 1971), 97. For historical background: David Blackbourn, *History of Germany, 1780–1918: The Long Nineteenth Century*, 2nd ed. (Malden, MA: Blackwell, 2003).

2 *Deutschlands Zukunft: In sechs Reden* (Elberfeld: Büschler, 1814). His autobiography: *Erinnerungen aus meinem Leben* (Hannover: Hahn'sche Hofbuchhandlung, 1863).

3 Friedrich Kohlrausch, *Die deutsche Geschichte für Schule und Haus*, is normally quoted from the ninth edition (Elberfeld: Büschler, 1829), but this passage is from the second edition (1816), 30 (as it seems omitted in later editions). I have occasionally used the English translation by J. D. Haas, *A*

---

* My translation of this and the following passage follows but modifies the text available at the *Internet Modern History Sourcebook* (www.fordham.edu/halsall/mod/1784herder-mankind.html).

History of Germany: From the Earliest Period to the Present Time (New York: D. Appleton, 1856).

4 Fichte is quoted from *J. G. Fichte: Addresses to the German Nation*, ed. G. A. Kelly (New York: Harper Torchbooks, 1968), 3, 211.

5 Jacob Grimm, "Preface to the *German Dictionary* of 1854," is quoted from Peter Ganz, *Jacob Grimm's Conception of German Studies* (Oxford: Clarendon Press, 1973), 11.

6 Biographical information is taken from W. G. Jacobs, *Johann Gottlieb Fichte* (Hamburg: Rowohlt, 1984). On his stay in Berlin see Stefan Reiß, "Fichte in Berlin," in *Fichte in Berlin*, ed. Ursula Baumann (Hannover-Laatzen: Wehrhahn, 2006), 9–46, esp. 11.

7 J. G. Fichte, *Gesamtausgabe der Bayerischen Akademie*, ed. Reinhard Lauth and Hans Jacob (Stuttgart: Friedrich Frommann, 1962–) I, 9, 289.

8 All quotations are taken from Kelly (n. 4), 92, 122, 81, 88. It is Fichte's son (*Fichtes Leben und litterarischer Briefwechsel* [Sulzbach: Seidel, 1830], vol. 1, 538) who mentions Tacitus (mostly, he adds, the books of the *Annals* that deal with Arminius).

9 Fichte (n. 4), 228. See Aira Kemilainen, *Auffassungen über die Sendung des deutschen Volkes um die Wende des 18. u. 19. Jahrhunderts* (Helsinki: Finnish Academy, 1956).

10 See Gregory Moore, ed., *Fichte: Addresses to the German Nation* (Cambridge: Cambridge University Press, 2008), xx–xxiii, esp. xx.

11 Fichte (n. 4), 45, 47, and the following: 47.

12 Stein is quoted from G. S. Ford, *Stein and the Era of Reform in Prussia, 1807–1815* (Princeton: Princeton University Press, 1922), 144.

13 Heinrich Heine, *Geständnisse*, in *Sämtliche Werke*, ed. Oskar Walzel (Leipzig: Insel, 1910–15), vol. 10, 151.

14 Friedrich L. Jahn, *Deutsches Volkstum*, orig. 1810 (Berlin: Aufbau-Verlag, 1991), 26. The following quotation: 22. See *Deutsches Wörterbuch von Jacob und Wilhelm Grimm* (Leipzig: S. Hirzel, 1854–1960), vol. 26, col. 500, on "Volksthum, volksthümlich und -keit."

15 Jahn (n. 14), 157. For the following: *Deutsches Wörterbuch* (n. 14), vol. 22, col. 1876, on "Turnen."

16 Freiherr vom Stein's words on the *Monumenta* are quoted from Walter Goetz, *Historiker in meiner Zeit* (Cologne: Böhlau Verlag, 1957), 92. On the significance of the *Germania* in the field of *Deutsche Altertumskunde*, see Mario Mazza, "La 'Germana' di Tacito: etnografia, storiografia e ideologica nella cultura tedesca dell' ottocento," *Studi Urbinati di Storia, Filosofia e Letteratura* 53 (1979): 167–217.

17 See Grimm's *Selbstbiographie*, in J. u. W. Grimm, *Werke*, part 1, *Die Werke J. Grimms*, vol. 1, *Kleinere Schriften*, 2nd ed. (Hildesheim: G. Olms, 1991), 1–24, esp. 18. See also Denecke (n. 1), 140. The following quotation: Hermann Engster, *Germanisten und Germanen* (Frankfurt am Main: P. Lang, 1986), 16.

18 K. F. Eichhorn, *Deutsche Staats- und Rechtsgeschichte* (Göttingen: Vandenhoeck & Ruprecht, 1808–12), Vorrede.

19 See Kroeschell (as in chap. 4, n. 47).

20 Jacob Grimm, *Deutsche Mythologie*, (Hildesheim: Olms-Weidmann, 2003 [orig. 1835]), Vorrede, vi.

21 Fichte (n. 4), 90. Biographical information on Kohlrausch is taken from his *Erinnerungen* (n. 2).

22 *Jenaische Allgemeine Literatur-Zeitung* (1817), vol. 1, no. 16. The laudatory notes are mentioned by Kohlrausch (n. 2), 168. On school reform: K.-E. Jeismann's introduction in K.-E. Jeismann and Peter Lundgreen, eds., *Handbuch der deutschen Bildungsgeschichte* (Munich: C. H. Beck, 1987), vol. 3, 1–9.

23 Information about publication and editions is taken from Ernst Weymar, *Das Selbstverständnis der Deutschen* (Stuttgart: E. Klett, 1961), 22 (nn. 21–22).

24 See n. 3.

25 Kohlrausch (n. 3), 17. F. A. Eckstein, *Lateinischer und griechischer Unterricht* (Leipzig: Fues' Verlag, 1887), 238–43, in his survey of the pedagogical debate about the suitability of the *Germania* as a school text, asserted that no German youth should leave the Gymnasium without acquaintance of it; this, he added, lay in the interest of the fatherland.

26 All quotations: Kohlrausch (n. 3), 24, 56, 19 (emphasis added).

27 Robert Bernasconi, "Who Invented the Concept of Race? Kant's Role in the Enlightenment Construction of Race," in *Race*, ed. Robert Bernasconi (Malden, MA: Blackwell, 2001), 11–36, 11.

28 Linnaeus is quoted from Lisbet Koerner, *Linnaeus: Nature and Nation* (Cambridge: Harvard University Press, 1999), 25. "Mismeasure" is borrowed from S. J. Gould, *The Mismeasure of Man* (New York: W. W. Norton, 1981).

29 M.-J.-P. Flourens, "Eloge historique de Jean-Frédéric Blumenbach," in *The Anthropological Treatises of Johann Friedrich Blumenbach*, ed. Thomas Bendyshe (Boston: Longwood Press, 1978 [orig. 1865]), 47–64, esp. 50–51.

30 *De generis humani varietate nativa* first appeared in 1775, in a revised edition in 1781, and then again in 1795 greatly enlarged. I am quoting from *Anthropological Treatises* (n. 29), 71, 202, 233, 72. On degeneration: S. J. Gould, "Geometer of Race," *Discover* 15 (1994): 65–69.

31 Blumenbach, *Variety* (n. 29), 269; cf. 224, 226, where he attributes Caucasian characteristics to "the inhabitants of ancient Germany." On him and the Caucasian race, see B. D. Baum, *The Rise and Fall of the Caucasian Race* (New York: New York University Press, 2006), esp. 80–81, 89. For the feud see F. W. P. Dougherty, "Christoph Meiners und J. F. Blumenbach im Streit um den Begriff der Menschenrasse," in *Die Natur des Menschen*, ed. Gunter Mann and Franz Dumont (Stuttgart: G. Fischer, 1990), 89–112.

32 Jahn, *Volkstum* (n. 14), 34. Upon closer reading, Fichte, Arndt, and Jahn

himself held more pluralistic views; see Brian Vick, "The Origins of the German Volk: Cultural Purity and National Identity in Nineteenth-Century Germany," *German Studies Review* 26 (2003): 241–56. On Gall see Gunter Mann, "Franz Joseph Gall (1758–1828) und Samuel Thomas Soemmerring: Kranioskopie und Gehirnforschung zur Goethezeit," in *Samuel Thomas Soemmerring und die Gelehrten der Goethezeit*, ed. Gunter Mann and Franz Dumont (Stuttgart: G. Fischer, 1987), 149–89. For Kohlrausch's studies with Blumenbach see his *Erinnerungen* (n. 2), 48.

33 Kohlrausch, *Erinnerungen* (n. 2), 165.

34 E. M. Arndt, *Reisen, Dritter Teil*, 2nd ed. (Leipzig: Heinrich Gräff, 1804), 85. Stein is quoted from A. G. Pundt, *Arndt and the Nationalist Awakening in Germany* (New York: Columbia University Press, 1935), 92.

35 Arndt, *Fantasien zur Berichtigung der Urteile über künftige deutsche Verfassungen* (orig. 1815), is quoted in the translation by Hans Kohn, "Arndt and the Character of German Nationalism," *American Historical Review* 44 (1949): 787–803, esp. 791–92. On Arndt's racism see Brian Vick, "Arndt and German Ideas of Race: Between Kant and Social Darwinism," in *The Problematic Legacies of Ernst Moritz Arndt*, ed. Walter Erhart and Arne Koch (Tübingen: Niemeyer, 2007), 65–76.

36 *Essai sur l'inégalité des races humaines* (Paris: Librairie de Firmin Didot, 1853–55). The English translation by Adrian Collins, *The Inequality of Human Races* (New York: G. P. Putnam's Sons, 1915), comprises only vol. 1; other translations are mine and marked by a reference to volume, book, and page of the French edition. For biographical information see Jean Boissel, *Gobineau: Biographie: Mythes et réalité* (Paris: Berg International, 1993). On the publication of the *Essai*: Michel Lemonon, "Gobineau, père du racisme? La diffusion en Allemagne des idées de Gobineau sur les races," *Recherches Germaniques* 12 (1982): 78–108.

37 All quotations are taken from the *Essai* (n. 36): 205, 2.3.101 (2x), 53, 209 (modified), xiv (2x). For Gobineau's theory in the context of racist ideas see E. J. Young, *Gobineau und der Rassismus: Eine Kritik der anthropologischen Geschichtstheorie* (Meisenheim am Glan: A. Hain, 1968).

38 *The Works of Sir William Jones* (London: J. Stockdale and J. Walker, 1807), vol. 2, 268.

39 Friedrich M. Müller, *Three Lectures on the Science of Language and Its Place in General Education* (Chicago: Open Court Publishing, 1890), 70.

40 R. G. Latham, one of the most-cited advocates for the European origin, pronounced on this "Aryan question" in his *The* Germania *of Tacitus with Ethnological Dissertations and Notes* (London: Taylor, Walton, and Maberly, 1851), cxlii. For the use of the term "Aryan" see Hans Siegert, "Zur Geschichte der Begriffe 'Arier' und 'arisch,'" *Wörter und Sachen: Zeitschrift für indogermanische Sprachwissenschaft, Volksforschung und Kulturgeschichte* 4 (1941–42): 73–99. The German reviewer is quoted in Lemonon (n. 36), 90.

41 *Essai* (n. 36), 4.6.350, 2.3.105f (2x), 4.6.72–73.
42 *Essai* (n. 36), 4.6.74, 4.6.80.
43 *Essai* (n. 36), 4.6.92. Gobineau's article "Ce qui se fait en Asie" is quoted from Ludwig Schemann, *Gobineaus Rassenwerk* (Stuttgart: F. Frommanns, 1910), 484.
44 The excerpt from Wagner's letter (1 March 1871) is quoted in Winfried Schüler, *Der Bayreuther Kreis von seiner Entstehung bis zum Ausgang der wilhelminischen Ära* (Münster: Aschendorff, 1971), 1–2.
45 For this episode see Young (n. 37), 235.
46 For this observation see Lemonon (n. 36), 92–93.
47 Schemann (n. 43), 333.
48 H. S. Chamberlain, "Dilettantismus, Rasse, Monotheismus," foreword to 4th ed. of *Grundlagen des xix. Jahrhunderts* (Munich: Bruckmann, 1903), 18.
49 Thomas Nipperdey's characterization is quoted from Roger Chickering, *We Men Who Feel Most German: A Cultural Study of the Pan-German League, 1886–1914* (London: George Allen & Unwin, 1984), 25.
50 The program of the Deutschbund is quoted from Uwe Puschner, "Die Germanenideologie im Kontext der völkischen Weltanschauung," *Göttinger Forum für Altertumswissenschaften* 4 (2001): 85–97, esp. 88–89.
51 Otto Ammon, *Die natürliche Auslese beim Menschen: Auf Grund der Ergebnisse der anthropologischen Untersuchungen der Wehrpflichtigen in Baden und anderer Materialien* (Jena: G. Fischer, 1893), 1.
52 See Detlev Rose, *Die Thule-Gesellschaft* (Tübingen: Grabert, 1994), 90–91, for a facsimile of the recruitment flyer.
53 The program of the *Allgemeiner Deutscher Sprachverein* is quoted (slightly modified) from Chickering (n. 49), 36.
54 Gustaf Kossinna, *Altgermanische Kulturhöhe* (Munich: Lehmann, 1927), whence the following quotations (12, 14, 65) are taken. Gustaf Kossinna, *Die deutsche Vorgeschichte: Eine hervorragend nationale Wissenschaft* (Leipzig: Curt Kabitzsch Verlag, 1912). On the Germanic myth around the turn of the century see Rainer Kipper, *Der Germanenmythos im Deutschen Kaiserreich* (Göttingen: Vandenhoeck & Ruprecht, 2002).
55 H. S. Chamberlain, *Lebenswege meines Denkens*, 2nd ed. (Munich: Bruckmann, 1922), 37.
56 Chamberlain's letter is quoted in G. G. Field, *Evangelist of Race: The Germanic Vision of Houston Stewart Chamberlain* (New York: Columbia University Press, 1981), 77.
57 For an outline of the project see H. S. Chamberlain, *The Foundations of the 19th Century*, 2nd ed. (New York: J. Lane, 1912), lxii. The damnation is Oaksmith's (*Race and Nationality* [London: William Heinemann, 1919], 58).
58 All quotations are taken from *Foundations* (n. 57), 320, 494.
59 *Foundations* (n. 57), lxv. The following: 257 (emphasis added), 496 (I have changed the English translation), 574.

60 *Foundations* (n. 57), 256–57, 335, 253.
61 H. S. Chamberlain, *Rasse und Persönlichkeit* (Munich: Bruckmann, 1925), 74. The following: "Dilettantismus" (n. 48), 24.
62 *Foundations* (n. 57), 266 n. The following: ibid., 537.
63 "Deutsche Grundschriften," in *Iduna: Weimarisches Taschenbuch auf 1903*, ed. Ernst Wachler (Berlin: H. Costenoble, 1903), 183.
64 Ludwig Wilser, *Cornelius Tacitus: Germanien. Herkunft, Heimat, Verwandtschaft und Sitten seiner Völker*, 3rd ed. (Steglitz: Hobbing, 1917), vii. The following quotation: v.
65 Wilhelm Schwaner, ed., *Germanen-Bibel, aus heiligen Schriften germanischer Völker*, preface to 4th ed. (Stuttgart: Deutsche Verlags-Anstalt, 1934).
66 For the prize, see *Gnomon* 2 (1926): 688. Norden (chap. 1, n. 40), preface.
67 Hermann Nollau, ed., *Germanische Wiedererstehung* (Heidelberg: C. Winter, 1926), introduction.
68 R. G. Sebottendorff, *Bevor Hitler Kam: Urkundliches aus der Frühzeit der nationalsozialistischen Bewegung* (Munich: Grassingen, 1933). The translation is from R. H. Phelps, "Before Hitler Came: Thule Society and Germanen Orden," *Journal of Modern History* 35 (1963): 245–61, 245. For the classical study of National Socialism as a *völkisch* movement, see G. L. M. Mosse, *The Crisis of German Ideology* (New York: H. Fertig, 1998 [orig. 1964]).

8. 一部国家社会主义的圣经

1 "Das katholische Deutschland spricht," *Baseler Nachrichten*, Jan. 4, 1934.
2 Quoted in Georg Moenius, *Kardinal Faulhaber* (Wien: Reinhold-Verlag, 1933), 10–11.
3 The Security Service (SD) is quoted in Susanne Kornacker, "Die Adventspredigten 1933: 'Judentum, Christentum, Germanentum,'" in *Kardinal Michael von Faulhaber 1869–1952*, ed. Thomas Forstner, Susanne Kornacker, and Peter Pfister (Munich: Generaldirektion der Staatlichen Archive Bayerns, Archiv des Erzbistums München und Freising, 2002), 330. Michael von Faulhaber, *Judaism, Christianity, and Germany*, trans. G. D. Smith (New York: Macmillan, 1934), 8. The title of the fifth sermon is misleadingly translated as "Christianity and Germany" (instead of "Germanicness").
4 Schulhoff's letter can be found in Kornacker (n. 3), 332–33.
5 All quotations in this paragraph are from Faulhaber (n. 3), 94–99.
6 Volker Losemann, "Aspekte der nationalsozialistischen Germanenideologie," in *Alte Geschichte und Wissenschaftsgeschichte*, ed. Karl Christ, Peter Kneissl, and Volker Losemann (Darmstadt: Wissenschaftliche Buchgesellschaft, 1988), 268 (and n. 63). See ibid., 267–68 (and n. 59), and Kornacker (n. 3), 328 for the newspaper articles.
7 Michael von Faulhaber, *Sieben Briefe an den unbekannten Deutschen: Ein*

Nachwort zu den Adventspredigten (Munich: Erzbischöfliches Archiv München, Kardinal-Faulhaber-Archiv, NL 9128), quotes this (p. 6) from an article by Count E. Zu Reventlow in *Reichswart*, Jan. 14, 1934.

8 Quoted in Otto Suffert, "Die Germanen in der Silvesterpredigt des Kardinals Faulhaber," *Germanien* 6 (1934): 67.

9 Faulhaber (n. 7), 14, refers to *Volksgemeinschaft*, Heidelberg, March 23, 1934.

10 Faulhaber (n. 7), 10. The three anonymous pamphlets are *Abraham a S. Clara an Kardinal Faulhaber*, *Teut an Faulhaber*, and *Der Fürsterzbischof Kohn an seinen geliebten Bruder, den Fürsterzbischof Faulhaber*; all appeared in 1934, published by Deutscher Hort Verlag Dessau. The more voluminous refutations are *Blut und Boden, Ehre und Freiheit! Das Vermächtnis Wittekinds und seine Antwort auf die politischen Predigten des Kardinals Faulhaber* (Hannover: C. V. Engelhard, 1934); and J. v. Leers, *Der Kardinal und die Germanen* (Hamburg: Hanseatische Verlagsanstalt, 1934). The former (p. 8) also mentions Enea Silvio Piccolomini.

11 "Declaration": Suffert (n. 8), 66. "Understanding": Herrmann Schneider, "Die germanische Altertumskunde zwischen 1933 und 1938," *Forschungen und Fortschritte* 15 (1939): 1–3.

12 Zimmermann, *Diesterweg-Erläuterungen*, 4th ed. (1943), is quoted in A. A. Lund, *Germanenideologie im Nationalsozialismus: Zur Rezeption der "Germania" des Tacitus im "Dritten Reich"* (Heidelberg: Universitätsverlag C. Winter, 1995), 33, n. 10.

13 Richard Geuß, as in introduction, n. 6.

14 Eugen Fehrle, as in introduction, n. 15.

15 Rudolf Benze, *Nationalpolitische Erziehung im Dritten Reich* (Berlin: Junker und Dünnhaupt Verlag, 1936), 20.

16 Hans Mommsen's thesis is discussed by Hermann Weiß, "Der 'schwache' Diktator: Hitler und der Führerstaat," in *Der Nationalsozialismus: Studien zur Ideologie und Herrschaft*, ed. Wolfgang Benz et al. (Frankfurt am Main: Fischer Taschenbuch Verlag, 1993), 64–77.

17 Dieter Schenk, *Hans Frank: Hitlers Kronjurist und Generalgouverneur*, (Frankfurt am Main: Fischer Verlag, 2006), 236.

18 Werner Maser, *Adolf Hitler: Mein Kampf*, 6th ed. (Esslingen: Bechtle, 1981), image 6.

19 J. C. Fest, *Das Gesicht des Dritten Reichs*, 5th ed. (Munich: Piper, 1963), 171.

20 Adolf Hitler, *Mein Kampf*, trans. R. Mannheim (Boston: Houghton Mifflin, 1943), 360–61. Henry Picker, *Hitlers Tischgespräche im Führerhauptquartier 1941–42*, 2nd ed. (Stuttgart: Seewald Verlag, 1965), 446. See more generally Bernard Mees, "Hitler and Germanentum," *Journal of Contemporary History* 39, no. 2 (2004): 255–70.

21 Ernst Piper, *Alfred Rosenberg. Hitlers Chefideologe* (Munich: Blessing, 2005), 418.

22 Hans-Dietrich Loock, "Zur 'Großgermanischen Politik' des Dritten Reichs," *Vierteljahrshefte für Zeitgeschichte* 8 (1960): 53, n. 83.
23 Quoted in Piper (n. 21), 228.
24 Quoted in Bolko Freiherr von Richthofen, *Die Vor- und Frühgeschichtsforschung im neuen Deutschland* (Berlin: Junker und Dünnhaupt, 1937), 44.
25 Piper (n. 21), 195.
26 For a description of the Germanic room, see Liebetraut Rothert, "Deutsche Vorgeschichte auf dem Reichsparteitage 1936 in Nürnberg," *Germanenerbe* 1 (1936): 194. The following journals are *Der Schulungsbrief*, *Das Schwarze Korps*, *Nationalsozialistisches Bildungswesen*, *Germanenerbe*, *Volk und Rasse*, and *Das Nationalsozialistische Monatsheft*.
27 Walther Schulz, "Germanien von der Familie zum Reich," *Der Schulungsbrief* 2 (1935): 208. See also Richard von Hoff, "Die nordischen Wurzeln des Nationalsozialismus," *Rasse* 2 (1935): 81–94.
28 Hitler (n. 20), 414, and Georg Vogel, *Die Deutsche Frau*, vol. 1, *Die germanische Frau* (Breslau [Wrocław]: Handel, 1935 [?]), 2.
29 Georg Tidl, *Die Frau im Nationalsozialismus* (Vienna: Europaverlag, 1984), 73.
30 Falk Ruttke, "Rassen und Erbplege in der Gesetzgebung des Dritten Reichs," *Der Schulungsbrief* 1 (Oct. 1934): 16.
31 "Deutsche Volksgesundheit aus Blut und Boden," *Der Stürmer* 3 (1935): 1.
32 Rose Woldstedt-Lauth, *Mädel von heute—Mütter von morgen: Gespräche zwischen Mutter und Tochter über das Liebesleben der Menschen* (Stuttgart: Strecker und Schröder, 1940), 12 (abbrev.).
33 Hans F. K. Günther, *Mein Eindruck von Adolf Hitler* (Pähl: Franz von Bebenburg, 1969), 94.
34 M. H. Kater, *Hitler Youth* (Cambridge: Harvard University Press, 2004), 1–12.
35 Ibid., 1. The phrase is a translation of an autobiographical comment by Hermann Graml.
36 International Council for Philosophy and Humanistic Studies, *The Third Reich* (New York: Praeger, 1955), 742.
37 Hitler (n. 20), 408–10.
38 Tacitus, *Germania* 24.1. See, e.g., Schulz (n. 27), 199.
39 Dietrich Klagges, "Geschichte und Erziehung," *Nationalsozialistisches Bildungswesen* 2 (1937): 83. Cf. Reichsministerium für Wissenschaft, Erziehung und Volksbildung, *Erziehung und Unterricht in der Höheren Schule* (Berlin: Weidmannsche Verlagsbuchhandlung, 1938), 11.
40 Hans Strider, "Deutsche Erzieher, deutsche Erzieherinnen," *Nationalsozialistisches Bildungswesen* 1 (1936): 2.
41 Hitler (n. 20), 427.
42 Alfred Rosenberg, "Germanische Lebenswerte im Weltanschauungskampf," *Germanenerbe* 1 (1936): 198–99.

43 Klagges (n. 39), 81–98, esp. 85.
44 Eugen Fehrle, "Die Germania des Tacitus als Quelle für deutsche Volkskunde," *Schweizerisches Archiv für Volkskunde* 26 (1925): 253.
45 Gerhard Röttger, "Die taciteische Germania im heutigen Lateinunterricht," *Neue Jahrbücher für Antike und deutsche Bildung* 2 (1939): 267–82.
46 All quotations are from Carl Schütte and Otto Gaede, *Geschichtsbuch für die Jugend des Dritten Reiches*, 2nd ed. (Halle: H. Schroedel, 1934): esp. 3, 10, 11–14. See also Reichsministerium für Wissenschaft, Erziehung und Volksbildung, "Richtlinien für den Geschichtsunterricht in der Volksschule, 1939," in *Erziehung und Unterricht in der Volksschule* (Berlin: Eher, 1939), 13–14; and the *Stoffverteilungsplan* and *Richtlinien*, as reprinted in Horst Gies, *Geschichtsunterricht unter der Diktatur Hitlers* (Cologne: Böhlau, 1992), 28, 156.
47 This and the following quotation: Gabler (introduction, n. 12), 41–47.
48 All quotations from: Martin Staemmler, *Volk und Rasse* (Berlin: Verl. für soziale Ethik und Kunstpflege, 1933).
49 For Mrs. Best see Peter Padfield, *Himmler: Reichsführer-SS* (London: Macmillan, 1990), 377. I have expanded Himmler's reply by a few words to make it less impenetrable.
50 Quoted in Elvira Weisenburger, "Der 'Rassepapst': Hans Friedrich Karl Günther, Professor für Rassenkunde," in *Die Führer der Provinz: NS-Biographien aus Baden und Württemberg*, ed. Michael Kissener and Joachim Scholtyseck (Konstanz: Universitätsverlag Konstanz, 1997), 161–200, esp. 188–89; cf. 162.
51 Quoted in ibid., 165.
52 Hans F. K. Günther, *Ritter, Tod und Teufel* (Munich: J.F. Lehmann, 1937), 109–10.
53 Slight abbreviation of the quotation in Josef Ackermann, *Heinrich Himmler als Ideologe* (Göttingen: Musterschmidt, 1970), 111.
54 G. D. Stark, *Entrepreneurs of Ideology: Neoconservative Publishers in Germany, 1890–1933* (Chapel Hill: University of North Carolina Press, 1981), 197.
55 Hans F. K. Günther, *Kleine Rassenkunde des deutschen Volkes* (Munich: J. F. Lehmann, 1934), 11. The next quotation: Günter, *Ritter* (n. 52), 189f.
56 The description of the Nordic race is in part quoted, in part adapted from *Günther, Rassenkunde* (n. 55), 21–25.
57 Heinrich Himmler, *Geheimreden 1933 bis 1945 und andere Ansprachen* (Berlin: Ullstein, 1974), 127.
58 Piper (n. 21), 584.
59 All quotations in this paragraph are taken from Hans F. K. Günther, *Herkunft und Rassengeschichte der Germanen* (Munich: J. F. Lehmann, 1935), 149, 152, 139, and 123f.
60 Hitler's library: R. H. Phelps, "Die Hitler Bibliothek," *Deutsche Rundschau* 80 (1954): 923–31. His borrowing from Günther: Lund (n. 12), 22, n. 70.

61 On this law see Karl Kroeschell, "Führer, Gefolgschaft und Treue," in *Die deutsche Rechtsgeschichte in der NS-Zeit*, ed. Joachim Rückert and Dietmar Willoweit (Tübingen: Mohr Siebeck, 1995), 55–76.

62 Schlossarek (introduction, n. 14), 18f. See also K. A. Eckardt, "Widernatürliche Unzucht ist todeswürdig," *Das Schwarze Korps* 1 (22 May 1935): 13.

63 Heinrich Himmler, *Die Schutzstaffel als antibolschewistische Kampforganisation* (Munich: F. Eher Nachführung, 1936), 28–29.

64 Goebbels's entry is quoted from Anna Bramwell, *Blood and Soil: Walther Darré and Hitler's Green Party* (Bourne End, England: Kensal Press, 1985), 54.

65 Richard Walther Darré, *Erkenntnisse und Werden: Aufsätze vor der Zeit der Machtergreifung* (Goslar: Verlag Blut und Boden, 1940), 158f. See also by the same author *Blut und Boden—ein Grundgedanke des Nationalsozialismus* (Berlin: Reichsdruckerei, 1936) and *Um Blut und Boden: Reden und Aufsätze*, 4th ed. (Munich: F. F. Eher Nachführung, 1942), 180–81.

66 Gabler (n. 47), 47.

67 Darré, *Erkenntnisse* (n. 65), 160.

68 Schlossarek (n. 62), 10.

69 Julius Weisweiler, *Tacitus: Germania—Von Blut und Boden, Sitte und Brauch im germanischen Raum* (Leipzig: Velhagen & Klasing, 1936), 8–9 (abbrev.). Hans Naumann, "Die Glaubwürdigkeit des Tacitus," *Bonner Jahrbücher des Rheinischen Landesmuseums* 139 (1934): 21–33 (well discussed in Lund [n. 12], 36–37).

70 Strasser's characterizing comment is quoted in Padfield (n. 49), 80. For biographical information I have also turned to Bradley Smith, *Heinrich Himmler—A Nazi in the Making 1900–1926* (Stanford, CA: Hoover Institution Press, 1971). For Himmler's ideology: Ackermann (n. 53).

71 For Himmler's comments on Jews see Ackermann (n. 53), 28–30.

72 Himmler's letter is quoted from Smith (n. 70), 165.

73 Bundesarchiv Koblenz, NL Himmler, N 1126/9, no. 218.

74 Himmler at a *Führerbesprechung der SS-Gruppe Ost*, quoted in Padfield (n. 49), 101.

75 Himmler (n. 63), 20, whence the following quotation also is taken.

76 Felix Kersten (*Totenkopf und Treue: Heinrich Himmler ohne Uniform* [Hamburg: Robert Mölich Verlag, 1952], 181) learned in 1943 that "the racially pure blood of German heroes [would thus] be transmitted to as many offspring as possible." See also the anonymous articles "Zum neuen Ehescheidungsrecht," "Das Kind heiligt die Ehe," and "Im Mittelpunkt: das Kind," *Das Schwarze Korps* 3 (21 Oct. 1937): 6.

77 Kersten (n. 76), 92–104, 120. Tacitus, *Germania* 8.2, quoted, e.g., in Schulz (n. 27), 193; Margarete Schaper-Haeckel, *Die Germanin: Körper, Geist und Seele* (Berlin: Engelhard, 1943), 89.

78 Padfield (n. 49), 83.
79 Albert Forster, "Vernehmungsprotokoll des Reichssicherheitshauptamtes" (25 May 1943), quoted in Ackermann (n. 53), 36, n. 103.
80 Horst Wagenführ, *Gefolgschaft—Der germanische Kampfbund* (Hamburg: Hanseatische Verlagsanstalt, 1935), from which all following unspecified quotations are drawn. On the Hitler Youth see Kater (n. 34).
81 A clip of one such ceremony can be seen on YouTube ("Die SS Vereidigung am 9 November"), www.youtube.com/watch?v=3necLq4Ynoo. "The loyal Heinrich," as Hitler called Himmler, when the time of trial came, failed his leader. Though he had reaffirmed in front of his men that "there was no mercy for disloyalty among us, *Germanen*" (quoted in Fest [n. 19], 173), he deserted after months of flirtation with oppositional groups and the Allied leadership in the west. See Ian Kershaw, *Hitler 1936–45: Nemesis* (New York: W. W. Norton, 2000), 716–17, 817–19.
82 Himmler (n. 57), 27.
83 Der Reichsführer SS, *Der Weg zum Reich* (Berlin, 1942), 20. SS-Hauptamt, *Lehrplan für die weltanschauliche Erziehung in der SS und Polizei* (Berlin, 1940 [?]), 14. SS-Briga[de]f[ührer] Hermann, "Warum Sport in der SS?" *SS Leitheft* 2, no. 12 (1936): 41–42.
84 Cf. Padfield (n. 49), 204–5.
85 Himmler (n. 57), 38, 127.
86 Himmler is quoted in Padfield (n. 49), 51.
87 Himmler (n. 57), 97. Tacitus, *Germania* 12.1. The practice had also been discussed in the SS journal *Das Schwarze Korps*: Eckhardt (n. 62), 13. For Hitler's decree see Burkhard Jellonnek, *Homosexuelle unter dem Hakenkreuz: Die Verfolgung der Homosexuellen im Dritten Reich* (Paderborn: F. Schöningh, 1990), 30–31.
88 Himmler (n. 57), 29. For the organizational changes see M. H. Kater, *Das "Ahnenerbe" der SS 1935–1945: Ein Beitrag zur Kulturpolitik des Dritten Reiches?* (Munich: R. Oldenbourg, 1997), 59–91. For the three expeditions see Heather Pringle, *The Master Plan: Himmler's Scholars and the Holocaust* (New York: Hyperion, 2006), 63–75, 99–120, 145–63. For the rediscovery of the Codex Aesinas see also Niutta (as in introduction, n. 1) and Schama (as in introduction, n. 1) as well as Marco Vattasso's brief account of his discovery in *Bollettino di Filologia Classica* 9 (1902): 107.
89 Letter dated September 3, 1979, from Prof. Mason Hammond to Prof. Zeph Stewart (Widener Medieval Studies Lib Z105.5.A47 C64 1900z).
90 Kater (n. 88), 72.
91 The correspondence: Bundesarchiv Berlin, Akten NS 21/439 and 381; letter 10/9/1942.

1 Letter dated September 3, 1979 (chap. 8, n. 89). On Wolfenbüttel's interest see Egert Pöhlmann, "Codex Hersfeldensis und Codex Aesinas: Zu Tacitus' Agricola," *Würzburger Jahrbücher für die Altertumswissenschaft* 27 (2003): 153–60, 155, n. 15. I am once more grateful to Giovanni Baldeschi-Balleani for providing me with details pertaining to the codex.

2 Beatus Rhenanus, *Commentariolus uetusta Germaniae populorum uocabula paucis explicans et obiter alia quaedam*, in Schardius (as in chap. 4, n. 5), 70–77 (mistakenly attributed to Henricus Glarianus).

3 James Hirstein, "L'œuvre philologique de Beatus Rhenanus et le devenir de la 'philologie humaniste,'" in *Beatus Rhenanus (1485–1547) Lecteur et editeur des texts anciens*, ed. James Hirstein (Turnhout, Belgium: Brepols, 2000), 1–20, 19–20.

4 Rhenanus, *Commentariolus* (n. 2), 70.

5 Beatus Rhenanus, *Rerum Germanicarum libri tres* (orig. 1531), ed., trans., comm. Felix Mundt (Tübingen: Niemeyer, 2008), 194 and 614f. for a good summary. The second observation, as quoted, had already been made in the *Commentariolus* (n. 2), 70. On Beatus Rhenanus's method, see Ada Hentschke and Ulrich Muhlack, *Einführung in die Geschichte der klassischen Philologie* (Darmstadt: Wissenschaftliche Buchgesellschaft, 1972), 14–59.

6 C. M. Wieland, "Wenn Sie fortfahren die Teutschen des achtzehnten Jahrhunderts für Enkel Tuiskons anzusehen," *Der Deutsche Merkur* 1 (1773): 183. Quoted from Wieland, *Werke*, ed. Fritz Martini and H. W. Seiffert (Munich: Hanser, 1964–68), vol. 3, 273.

7 Heinrich Böll, "Germania," *Die Zeit*, March 2, 1979. All following quotations are taken from there. Manfred Fuhrmann, "Die *Germania* des Tacitus und das deutsche Nationalbewußtsein," in *Brechungen*, ed. Manfred Fuhrmann (Stuttgart: Klett-Cotta, 1982), 113–28, esp. 115, was rightly critical.